5-7, rue de l'Ecole-polytechnique, 75 005 Paris

http://www.harmattan.fr

ISBN : 978-2-343-11590-0
EAN : 9782343115900

L'homme, la nature et le développement

Diaboado Jacques THIAMOBIGA

L'homme, la nature et le développement

L'Harmattan
Burkina Faso

SOMMAIRE

À Tous mes défunts parents,
Diégou, Malo, Taladi, Bénédicte, ma gratitude !

Que Dieu de Bonté, de Beauté et de Bien
vous comble de son Amour infini !

REMERCIEMENTS

Le présent ouvrage est le fruit du travail et des efforts conjugués des amis, des parents, des collègues. Aussi, avant de le présenter, voudrions-nous exprimer notre profonde gratitude à vous tous qui, d'une manière ou d'une autre, avez contribué à son élaboration et sa soutenance. Nous remercions particulièrement :

- Tous les enseignants de tous ordres qui ont assuré notre formation du primaire au supérieur en passant par le scondaire ;

- Monseigneur Anselme Titianma SANON, Archevêque émérite de Bobo-Dioulasso, Excellence, merci pour tout ce que vous êtes et vous faites pour nous ;

- Notre épouse, Solange et nos enfants, (Emmanuel, Christian, Auguste, Philippe, David), nos belles-filles, Alida Hervine, Masarran, Grâce, et nos petits-fils Vince, Bénédicte et Joël pour leurs soutiens multiples et multiformes ;

- Nos amis, nos connaissances, nos collègues, nos étudiants et tous ceux qui nous ont toujours soutenu.

Que Dieu nous donne grâce sur grâce pour la gloire de son Nom !

LES DIFFÉRENTES FIGURES

SIGLES ET ABREVIATIONS

ADP	Assemblée des Députés du Peuple
ARPE	Agence Régionale de la Promotion de l'Emploi
BEPC	Brevet d'Etudes du Premier Cycle
CEP	Certificat d'Etudes Primaires
CIRDES	Centre International de Recherche Développement sur l'Elevage en zone Subhumide
CMA	Centre Médical avec antenne Chirugicale
CNR/PRES	Conseil National de la Révolution/Présidence
DRASA	Direction Régionale de l'Agriculture et de la sécurité Alimentaire
DREDD	Direction régionale de l'environnement et du Développement Durable
DPEBA	Direction Provinciale de l'Enseignement de Base et de l'Alphabétisation
DPASA	Direction Provinciale de l'Agriculture et de la Sécurité Alimentaire
ECOLOC	Economie Locale
FAO	Organisation des Nations Unies pour l'Alimentation et l'Agriculture
FP/PRES	Front Populaire/Présidence
GRADI	Groupe de Recherche et d'Appui au Développement Intégré
INERA	Institut de l'Environnement et de Recherches agricoles
INSD	Institut National de la Statistique et de la Démographie
MAE	Ministère de l'Agriculture et de l'Elevage
MEBA	Ministère de l'Enseignement de Base et de l'Alphabétisation
MET	Ministère de l'Environnement et du Tourisme
MECV	Ministère de l'Environnement et du Cadre de Vie
PAGREN	Projet d'Appui à la Gestion participative des Ressources Naturelles
PCD	Plan Communal de Développement
RAF	Réorganisation Agraire et Foncière

SONACOR	Société Nationale de Commercialisation du Riz
SOFITEX	Société des Fibres et des Textiles
UCAO	Université Catholique de l'Afrique de l'Ouest
UNESCO	Organisation des Nations Unies pour la Science et l'Education
UICN	Union Internationale pour la conservation de la Nature
UPB	Université Polytechnique de Bobo-Dioulasso
ZATA	Zone d'Appui Technique en Agriculture
ZATE	Zone d'Appui technique en Elevage

INTRODUCTION

La fin du XXè siècle et le début du XXIè ont été essentiellement marqués par une plus grande prise de conscience de l'humanité de la triple nécessité de préserver l'environnement, (Rio, 1992), de réaliser le développement durable, (Johannesburg, 2002), de faire face aux nombreux changements climatiques, COP-Paris, 2015. Cette prise de conscience s'inscrit dans la perspective du Créateur de l'univers (Dieu) qui s'était résolu à ne plus jamais détruire l'humanité par l'alliance qu'il a établie avec Noé.

Cette alliance a été scellée en ces termes, « Voici le signe de l'alliance que j'institue entre moi et vous et tous les êtres des générations à venir. Je mets l'Arc dans la nuée. Il deviendra le signe de l'alliance et quand l'arc sera dans la nuée, je le verrai et me souviendrai de l'alliance éternelle ... », (Genèse 9, 12 à 16). Ces versets bibliques constituent le fondement spirituel du développement durable dont le premier penseur et acteur est Dieu lui-même.

En réalité, la prise de conscience de l'humanité de la nécessité de réaliser le développement durable répond aux véritables préoccupations de nos sociétés contemporaines en général et des sociétés émergentes comme celles du Burkina en particulier. Ces sociétés sont à la croisée des chemins en termes de développement. Leur environnement se dégrade de plus en plus ; la paix qui était la source de leur progrès social, économique et politique a été durement ébranlée voire éprouvée par toutes sortes de mouvements socio-politiques.

Dans ces conditions, il est légitime de se demander si elles ont suffisamment pris conscience de la nécessité de trouver les voies et moyens susceptibles de les aider à réaliser leur développement durable. Car, le comportement, tant des décideurs politiques que des acteurs du développement à la base montrent que ces sociétés sont dans des zones de turbulence qui tendent à hypothéquer leur développement durable.

Ce contexte montre qu'il y a véritablement une problématique du développement durable de ces sociétés qui se résume en une conjonction des facteurs endogènes et exogènes peu favorables au développement durable de ces sociétés surtout que ces sociétés tendent à dormir sur la natte des sociétés occidentales qui sont elles-mêmes en pleine crise économique, écologique, politique. Or, comme l'affirme KI-ZERBO, (2002), dormir sur la natte d'autrui, c'est dormir à terre.

À la lumière des pratiques observées, l'approche actuelle du développement de ces sociétés se révèle, partielle, surtout pernicieuse. Elle ne prend pas suffisamment en compte les logiques et les pratiques écologiques locales dans leur processus de développement. Cela aboutira à terme à un « mal-développement voire à un non-développement » de ces sociétés qui ne réaliseront certainement pas de cette manière leur développement durable.

Au demeurant, l'une des conclusions majeures de nos recherches sur la société madaré du Burkina Faso a été de dire que cette société ne peut réaliser son développement durable que si elle arrive à enraciner les technologies modernes et par voie de conséquence la modernité dans sa culture. Le présent ouvrage qui se veut héritier des approches culturelles du développement, va au-delà du culturalisme classique pour faire de la culture non seulement un objet de recherches et d'études scientifiques mais surtout la pierre angulaire du développement. Il s'inscrit de ce fait dans la perspective voire la prospective de la théorie de l'enculturation développée notamment par SANON (1978).

Ce faisant, nous avons bâti nos analyses autour d'une approche holistique. En effet, tout processus d'enracinement culturel est un phénomène social, total ou un mouvement de déstructuration et de restructuration (GURVITCH, 1967). Il en résulte que la théorie de l'enculturation ou de la connexion du développement moderne à la culture d'une société, couvre un champ complexe.

Aussi, soutenons-nous que l'enracinement du développement moderne dans la culture des sociétés burkinabè en général et à celle des communes urbaines et rurales de notre zone de recherche en particulier est le gage de leur développement durable. C'est à ce niveau épistémologique que nous situons le présent essai socio-anthropologique du développement durable des six communes dont deux communes urbaines (Bobo-Dioulasso et Houndé) et quatre communes rurales (Bama, Koumbia, Péni, Karrangasso-Vigué.

Le présent ouvrage se veut aussi la capitalisation des résultats de nos travaux de recherche que nous menons sur le développement des sociétés burkinabè depuis trente ans. La grande leçon que nous tirons de nos travaux se résume en une trilogie **« Homme, Nature, Développement ».**

Cette trilogie constitue le fondement existentiel de la pensée écologie de toute société des savanes ! Aussi, en avons fait le titre du présent ouvrage qui s'articule autour des trois chapitres. Le premier décrit le champ sémantique du développement durable, le second présente la méthode de travail et le troisième, analyse les problématiques des logiques et des pratiques de développement des communes ciblées.

CHAPITRE I

CHAMP SÉMANTIQUE

Le champ sémantique porte essentiellement sur les savanes du Burkina et le développement durable.

1. SAVANES DU BURKINA

Le Burkina est un pays sahélien qui est situé au cœur de l'Afrique occidentale, (Cf Figure 1).

Figure 1 : Situation du Burkina en Afrique

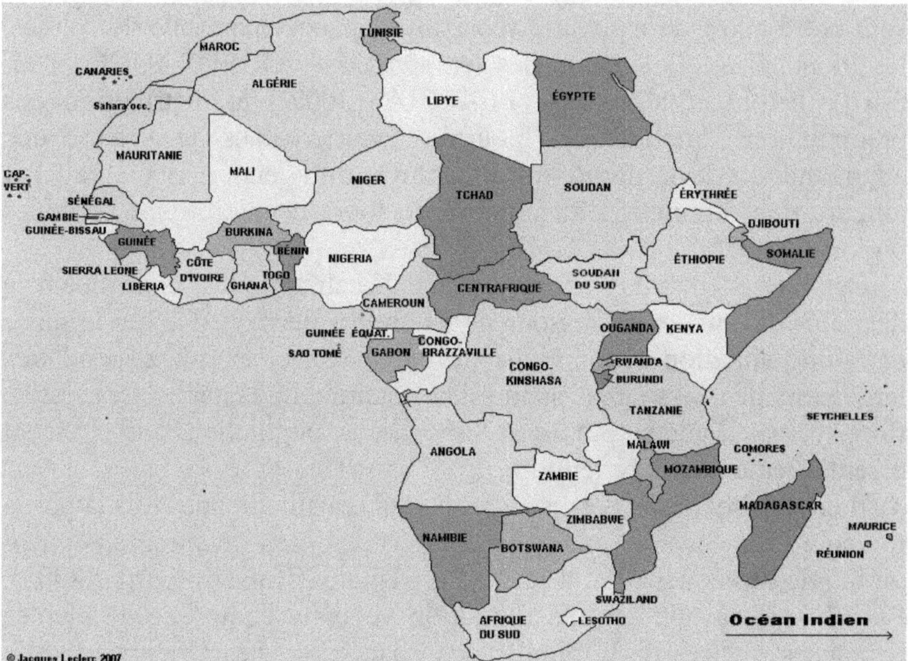

Cette position le rend particulièrement exposé.

Au plan agro-écologique, le Burkina se situe au centre de la zone soudano-sahélienne de l'Afrique de l'Ouest (GUINKO, 1984) comme le montre la figure 2.

L'un des défis que le Burkina est appelé à relever est d'assurer son développement durable sous sa triple dimension environnementale, économique et socio-culturelle, et ce, en référence aux recommandations des sommets mondiaux, de planète-terre de Rio, (1992) du développement durable, (Johannesburg, 2003), de la COP Paris, 2015, COP Marrakech, 2016. Ce défi devient d'autant plus grand pour lui du fait qu'il soit dans un contexte de la dégradation continue de son environnement en général et de ses ressources naturelles (terres, eau, flore) en particulier.

Sa position géographique décrite dans la figure 2 ci-dessus l'expose particulièrement aux effets des variations climatiques. En effet, les aléas climatiques qu'il vivait déjà, deviennent de plus en plus récurrents et tendent à compromettre les productions agro-sylvo-pastorales qui constituent pourtant l'épine dorsale de son économie.

Il subit les effets induits des changements climatiques. Ces effets, sont entre autres la mauvaise répartition spatio-temporelle des pluies, les inondations, l'élévation des températures, (OUEDRAOGO *et al.* 2010 ; PANA, 2007. selon PEREIRA (2007), la distribution des précipitations quotidiennes pourrait évoluer dans le sens d'une augmentation de la proportion des pluies diluviennes. Il y aurait par ailleurs une diminution du nombre de jours de pluie dans certaines régions.

Ces effets induits des changements climatiques contribuent à dégrader davantage les ressources naturelles du pays. Ce qui le place dans une situation économique difficile. Son économie dépend très largement des ressources naturelles notamment la terre, l'eau et la flore, et ce, d'autant plus que 86 % de sa population active vivent essentiellement de l'agriculture.

Il en résulte que sa zone soudienne qui constituait autrefois la partie forestière est devenue une zone des savanes. Les savanes constituent un biome des zones semi-arides de la planète, (Roland Pourtier 2003). Pour lui, la savane est une formation végétale composée de plantes herbacées vivaces de la famille des Poacées ou des Graminées. Elle est constituée d'arbres ou d'arbustes dont la densité permet de répartir la savane en savane arbutive et en savane arborée.

Les savanes se trouvent essneitellement en Afrique soudanienne mais aussi en Asie et en Amérique du Sud, particulièrement au Brésil et en australie. En afrique, son climat est de type tropical qui comporte une saison humide allant de mai à octobre et une saison sèche allant de novembre à avril.

Sa flore est formée essentiellement d'herbe (*Pennistum* ou herbe à éléphant, *Imperata* ou herbe à paillottes, Andropogon et d'arbres à feuilles caduques (cas du Baobab, du Tamatinier, du Karité, etc.

Au plan pédologique, les sols de savane sont variés dont les principaux sont les sols ferigneux, les sols noirs riches en matières organiques, etc.

Pour Shorrocks, B., les écosystèmes de savanes se caractérisent par une strate herbacée supérieure continue, composée essentiellement de graminées vivaces et parsemée plus ou moins densément d'arbres ou d'arbustes à port fréquemment tortueux. Par ailleurs, les savanes sont d'origine anthropique. Elles sont en effet marquées par de nombreuses actions des hommes (défriche, feu de brousse et autres actions de déboisement). Tous ces faits anthropiques contribuent à changer de manière durable la nature physique et physionomique des savanes.

S'agissant des pratiques agricoles, les paysans des savanes ouest-africaines pratiquent presque les mêmes grandes cultures céréalières (Mil, Maïs, Riz, Sorgho, Fonio). Dans leur ensemble, les savanes ouest-africaines regorgent d'un potentiel appréciable de bas-fonds où les femmes pratiquent la riziculture dite riculture de bas-fond. Par ailleurs, les paysans des savanes ouest-africianes pratiquent une culture grande consommatrice de l'espace rural le Coton qui constitue la principale source de revenus des paysans des savanes.

Enfin, les savanes ouest-africaines constituent des zones riches en pâturages. Elles sont sur ce plan, propices à l'élevage ou, plus simplement, savanes vivrières restées hors de la dynamique cotonnière pour des raisons d'enclavement. Les savanes représentent aussi un grand domaine d'élevage, bovin en particulier, et ce d'autant plus que la pression anthropique fait progressivement reculer les espaces boisés et donc réduit les gîtes à glossines (mouches tsé-tsé), vectrices de la trypanosomiase. Les troupeaux peuvent ainsi, au gré des saisons, exploiter des pâturages allant des steppes sahéliennes jusqu'aux mosaïques savanes-forêts.

Géographiquement, les savanes se situent dans les zones sahéliennes et soudaniennes de l'Afrique. Ces zones sont formées des pays groupés autour du quartorzième parallèle, (Banque mondiale, 1985).

Elles couvrent aussi les parties septentrionales du Cameroum, du Nigéria du Togo, du Bénin, du Ghana et de la Côtel d'Ivoire, Leur pluviométrie est surtout décrite par NICHOLSON, (1982). Cet auteur soutient que les différents isohyiètes sont compris entre :

- 200 à 350 mm pour la zone sahélienne ;
- 350 à 600 mm pour la zone sahélo-soudienne ;
- 600 à 800 mm pour la zone soudanienne ;
- plus de 800 mm pour la zone soudano-guiénne.

Partant de ces données scientifiques, nous pouvons dire que la zone de notre recherche, notamment celle des sociétés des savanes ouest-africaines, se situe dans les zones soudanienne et soudano-guineénne. Autrement dit, elle est comprise entre les isohyiètes 600 à plus de 800 mm, cf. figure 3.

Figure 2 : Isohyètes du Burkina

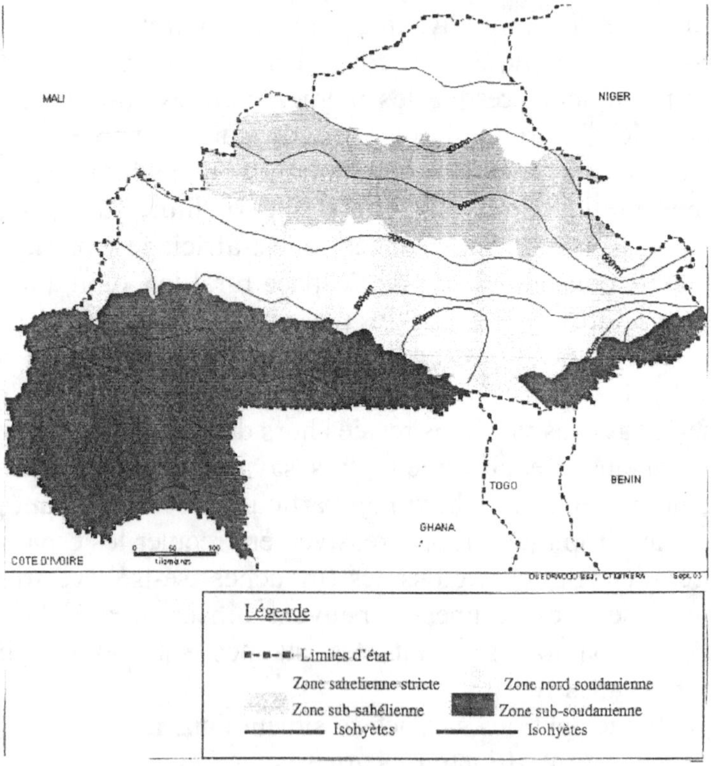

Source : OUEDRAOGO, S., 2002

Au plan pédologique, la plupart des sols des zones sahélienne et soudanienne sont pauvres en Azote, en Phospohore et en Humus. Ils sont structurellement fragiles. C'est pour cela que BREMAN, et al. (1983) parlent de la faible fertilité et de la vulnérabilité à l'érosion des sols de cette zone.

Pour Roland POUTIER (2003), les savanes africaines se situent entre le local et le global. Il soutient que les savanes constituent un biome des zones semi-arides de la planète. Au plan floristique, la savane est une formation végétale composée de plantes herbacées vivaces de la famille des Poacées ou des Graminées. Elle est constituée d'arbres ou d'arbustes dont la densité permet de répartir la savane en savane arbustive et en savane arborée.

Les savanes se trouvent essentiellement en Afrique soudanienne mais aussi en Asie et en Amérique du Sud, particulièrement au Brésil et en Australie. En afrique, son climat est de type tropical qui comporte une saison humide allant de mai à octobre et une saison sèche allant de novembre à avril.

Enfin, les savanes ouest-africaines constituent des zones riches en pâturages. Elles sont sur ce plan propices à l'élevage.ou, plus simplement, savanes vivrières restées hors de la dynamique cotonnière pour des raisons d'enclavement. Les savanes représentent aussi un grand domaine d'élevage, bovin, en particulier, et ce d'autant plus que la pression anthropique fait progressivement reculer les espaces boisés et donc réduit les gîtes à glossines (mouches tsé-tsé), vectrices de la trypanosomiase. Les troupeaux peuvent ainsi, au gré des saisons, exploiter des pâturages allant des steppes sahéliennes jusqu'aux mosaïques savanes-forêts.

La présentation du concept savane montre qu'il s'inscrit dans le cadre global de l'écologie qui, au sens étymologique, est composé de deux concepts grec « oikos » qui signifie maison et « logos » qui veut dire discours. L'écologie est donc la science de la maison. Elle est de ce fait la science qui étudie les rapports qui existent entre les êtres vivants dans un espace donné. Elle est une branche de la biologie qui étudie :

- L'espace des êtres vivants (la bicénose) ;
- Le milieu physique ou l'espace physique qui abrite les êtres vivants (le biotope).

L'ensemble de cet espace de vie des êtres vivants forme l'écosystème. Il en résulte que l'écologie étudie aussi les différents flux d'énergie et de matière qui circulent dans cet espace. Il convient alors de dire que l'écosystème est la communauté biotique et son environnement abitoique (KREBS, 2001).

Historiquement, le concept « écologie » a été employé pour la première fois par THOREAU, (1852). Cependant, il est admis aujourd'hui que HAEKEL, (1866), est le fondateur de l'écologie moderne. Il a défini l'écologie comme étant la science des relations des organismes avec le monde environnant, c'est-à-dire dans un sens large, la science des conditions d'existence. Il en découle que l'écologie est fortement liée à de nombreuses sciences. Citons, entre autres, la biologie, la génétique, la physiologie. De nos jours, l'écologie est assimilée à la science de l'environnement. Elle se présente sous plusieurs formes (écologie politique, l'écologie sociale et même l'écologie économique ou économie de l'environnement.

De ce qui précède, il se dégage que l'écologie fait partie des sciences biologiques qui traitent de la thématique de la vie et des êtres avec leur environnement. Son étude nécessite l'emploi de plusieurs sciences. Aussi, est-elle en réalité une science holistique (science qui emploie une approche globale. Elle se susbvise en :

- écophysiologie établissant ainsi des liens entre les processus physiologiques et les facteurs de l'environnement ;
- écologie des populations ou démo-écologie ou l'étude d'une population d'individus d'une même espéce dans leur milieu de vie ;
- éco-développement qui étudie les rapports qui existent entre le développement et l'environnement ;
- synécologie ou l'étude des relations entre une communauté d'individus d'espèces différentes et son environnement.

L'écologie est au centre des relations interdisciplinaires voire pluridisciplaires (économie, urbanisme, démographie, sociologie, santé, industrie, politique, etc.

La biodiversité est la diversité biologique. Elle représente à la fois l'écosystème et la diversité des espèces. Au plan écologique, chaque être vivant est en relation continuelle avec tout ce qui constitue son environnement. Les écosystèmes sont souvent classés par référence aux biotopes concernés. On parlera :

- d'écosystèmes continentaux (ou terrestres), tels que les écosystèmes forestiers (forêts), les écosystèmes prairiaux (prairies, steppes, savanes), les agro-écosystèmes ou systèmes agricoles ;
- d'écosystèmes des eaux continentales, pour les écosystèmes lenthiques (lacs, étangs) ou écosystèmes lotiques, (rivières, fleuves) ;
- d'écosystèmes océaniques (les mers, les océans).

Au plan, agro-forestier, il convient d'exploiter de manière judicieuse la pratique de l''asssociation « cultures et arbres ». C'est dans cette optique qu'est apparu le concept de l'agroforesterie qui est le fait ou la tehcnique qui consiste à faire des cultures (Mil, sogho, etc.) avec des plantes ligneuses pérennes, et ce, pour tirer le maximum de profit de léinteraction écologique voire économique avec des cultures saisonnières traditonnelles ou les cultures fourragères.

Cette technique agricole présente de nombreux intérêts dans les systèmes agroforestiers et même dans les systèmes de production. Si les interactions écologiques en agroforesterie sont complexes, il convient d'admettre que la complémentarité voire la concurrence entre ces deux types de cultures est formellement établie par les spécialistes de l'agro-foresterie.

De ce qui précède, il se dédage que les savanes du Burkina et leurs sociétés, se situent dans un contexte écologique fragile voire fragilisé. Dans ces conditions, il est légitime de se demander si elles peuvent réaliser leur développement durable.

2. DEVELOPPEMENT DURABLE

2.1. APPROCHES

Il n'est pas aisé de définir le concept du développement durable sans se référer aux approches expérimentées et.ou en cours d'expérimentation dans le monde en général et au Burkina en particulier.

À titre d'illustration, l'approche du PNUD s'articule autour du développement humain durable, autrement dit, autour de la qualité de la vie humaine (éducation, santé, économie). Cette approche ne prend pas en compte l'environnement qui constitue le cadre de vie des hommes et qui joue énormément sur la qualité de leur vie. De même, elle ne met pas l'accent sur les aspects socio-anthropologiques qui sont les facteurs dynamiques de la qualité de la vie humaine.

Au niveau de l'approche dite écodéveloppement, elle est bâtie autour de l'exploitation rationnelle de l'environnement et de son corollaire (les ressources naturelles) par l'homme qui, fondamentalement est au centre de cette exploitation. Cette approche ne met pas suffisamment l'accent sur les aspects socio-anthropologiques et les aspects technico-économiques.

Il en résulte que ces approches n'abordent pas suffisamment la problématique du développement durable de nos sociétés contemporaines avec une démarche pluridimensionnelle. C'est fort de cette critique que nous avons jugé utile de recourir à cette démarche dont nous allons maintenant définir les concepts clés qui se résument à ceux des savanes ouest-africaines et du développement durable.

Le développement durable est synonyme de développement soutenable, ce qui est une traduction littérale du concept anglo-saxon « sustainable development ». Il a pour objet fondamental de permettre aux générations actuelles d'exploiter de manière rationnelle les ressources notamment naturelles disponibles pour satisfaire leurs besoins économiques, socio-culturelles, tout en les préservant pour les générations futures. Il en reste qu'ils doivent chercher à allier le développement des sociétés contemporaines de façon équitable et une politique de protection de l'environnement (auteur, année).

C'est dans cette optique que la Commission mondiale sur l'environnement et le développement (BRUNDTLAND, 1987) définit le développement durable comme étant un développement qui répond aux besoins des générations du présent sans compromettre la capacité des générations futures à répondre aux leurs. Cette définition s'articule autour de deux concepts clés qui sont les besoins et la limitation sur la capacité de l'environnement à répondre aux besoins actuels et à venir.

C'est sans doute l'un des fondements des nombreuses crises alimentaire, financière et écologique que vivent nos sociétés contemporaines qui n'épargnant aucune d'elles. Ainsi, la crise écologique se manifeste entre autres, par les changements climatiques liés à l'effet de serre, la raréfaction des ressources naturelles, l'explosion démographique, la pauvreté voire la paupérisation des pays en développement, les catastrophes naturelles. Il s'avère donc nécessaire pour l'humanité de faire face à ces nombreux défis si elle veut assurer à moyen et à long termes son développement durable.

C'est à ce niveau que le développement durable devient un phénomène social total de destruction et restructuration des sociétés. Il devient à la fois écologique, social, culturel et humain, ce qui crée nécessairement des nouvelles visions de notre univers et par voie de conséquence, de nouvelles valeurs économiques, sociales, culturelles et de nouveaux systèmes de valeurs et de représentations. Il en résulte de nouvelles responsabilités et responsabilisations qui deviennent mondiales. C'est ainsi que les dirigeants du monde en ont pris véritablement conscience même s'ils ne sont pas arrivés à prendre des mesures idoines à Copenhague, en décembre 2009.

Si fondamentalement, les sociétés contemporaines ont le droit d'utiliser les ressources naturelles disponibles, elles ont aussi le devoir d'en assurer la pérennité pour les générations futures. Il en résulte que chaque homme a le droit non seulement d'accéder aux ressources naturelles mais de les utiliser pour satisfaire ses besoins fondamentaux. Car, les ressources naturelles constituent des biens qui appartiennent à tous les hommes. Il en découle alors le principe de destination universelle de ces ressources.

Par ailleurs, le champ sémantique du développement durable est multidimensionnel. Il couvre de nombreux domaines. Citons entre autres, l'agriculture, l'élevage, l'industrie, l'habitat, la sylviculture, la pêche, etc.

Historiquement, le concept de développement durable a émergé d'un long processus qui est parti de l'idée d'un développement capable de réduire à la fois les inégalités sociales et les pressions sur l'environnement. C'est ainsi que le Club de Rome a été créé en 1968. Il regroupait d'éminentes personnalités qui se sont préoccupées des problèmes de l'évolution du monde pris dans sa globalité et des limites objectives de l'exploitation des ressources disponibles. Ce club a publié en 1972 le rapport « the limits to growth » Les limites de la croissance).

Ce rapport a été d'un intérêt stratégique pour avoir proposé des simulations informatiques sur l'évolution de la population humaine en fonction de l'exploitation des ressources naturelles. Il a surtout fait des projections jusqu'en 2 100. Les experts du Club soutiennent que si la croissance économique de l'époque devrait continuer, elle induirait nécessairement au cours du XXIè siècle une chute brutale des populations à cause de la pollution, de l'appauvrissement des sols cultivables et de la raréfaction des énergies fossiles. Si la chute brutale de la population ne s'est pas produite, il convient de noter que l'appauvrissement des sols et son corollaire la paupérisation de la population sont, de nos jours, une réalité incontournable. D'ailleurs, les auteurs de ce rapport ont révisé leurs positions par la publication en 2004 d'un document intitulé « Limits to Growth. The 30-Year Update ».

Au demeurant, il eut en 1972 à Stockholm, la conférence des Nations Unies sur l'environnement humain qui établit de manière formelle les interactions entre l'écologie et l'économie ; d'où le concept de l'écodéveloppement. Ce fut le premier Sommet de la Terre qui a eu le mérite de poser la problématique de faire de l'environnement un patrimoine mondial. D'ailleurs, HANS (1979) a défini le principe de la responsabilité de l'environnement. C'est ainsi qu'apparut en 1980 pour la première fois le concept de « développement durable ». Il est une traduction littérale du terme anglo-saxon « sustainable development ». Ce concept aurait pu être traduit en termes de « développement soutenable ou supportable ».

En 1987, la Commission mondiale sur l'environnement et le développement (Rapport BRUNDTLAND, 1987) propose une définition du concept de développement durable. Au cours de la même année, le protocole de Montréal a été signé. Il est relatif aux substances qui appauvrissent la couche d'ozone. Il se veut plus un signal qu'un engagement collectif.

En 1992, l'ONU organise le deuxième Sommet de la Terre à Rio de Janeiro. Le concept "développement durable" est largement médiatisé. Il y a eu surtout l'adoption de la convention de Rio qui donna naissance à l'agenda 21. La définition Brundtland, axée prioritairement sur la préservation de l'environnement et la consommation prudente des ressources naturelles non renouvelables, sera modifiée par la définition des « trois piliers » qui doivent être conciliés dans une perspective de développement durable : le progrès économique, la justice sociale et la préservation de l'environnement. En 1994, la charte d'Aalborg sur les villes durables, au niveau européen est adoptée.

Comme nous l'avons indiqué plus haut, le Burkina est sahélien et enclavé, (situé au centre de l'Afrique de l'Ouest). Il est un pays essentiellement agricole aux ressources naturelles limitées. En effet, 86 % de sa population active vivent de l'agriculture qui contribue pour près de 35% au PIB et procure 60% des recettes d'exportation. (FAO, 2011). Cette agriculture se pratique dans un contexte marqué par les changements climatiques, les activités humaines ont été à l'origine d'une érosion croissante du capital naturel et d'une dégradation de la diversité biologique. En effet, le territoire est caractérisé par un processus de désertification et de dégradation accélérée des terres du fait de l'extension des activités agro-pastorales.

Les terres, les ressources en eau, les ressources pastorales, les ressources forestières, fauniques et halieutiques sont les principales ressources naturelles sur lesquelles le Burkina Faso fonde en grande partie son développement économique et social. Ainsi, la croissance économique du pays est pour une bonne partie fonction de l'évolution de l'activité Agricole, qui elle-même reste très dépendante des conditions agro-climatiques (PNSR 2011-2015).

Le potentiel des ressources en eau régresse de manière significative, à cause de la baisse du volume et de la qualité des pluviométries dûe aux changements climatiques. La pluviométrie est dans son ensemble faible (environ 1200 mm dans le Sud-ouest et 300 mm dans le Sahel par an), irrégulière et mal répartie. Ces dernières années, il ya une baisse tendancielle de cette pluviométrie avec un déplacement des isohyètes du nord vers le sud du pays et une conséquence négative sur la nappe souterraine dont le niveau enregistre une baisse. Ces phénomènes placent de plus en plus le pays dans une situation de stress hydrique, (PNSR 2011-2015).

Pour y faire face, le pays a signé et/ou ratifié une vingtaine de Conventions et d'Accords internationaux relatifs au développement durable. Citons entre autres :

La Convention Cadre des Nations Unies sur les Changements Climatiques, ratifiée par Décret 93-287 RU du 20 septembre 1993 ;

La Convention sur la Diversité Biologique, ratifiée par Décret 93-292 RU du 20 septembre 1993 ;

La Convention des Nations Unies sur la Lutte Contre la Désertification, ratifiée par Décret 95-569 du 29 décembre 1995 ;

La Convention de Bâle sur le Contrôle des mouvements transfrontières de déchets dangereux et de leur élimination, ratifiée par Décret 98-424 du 5 octobre 1998 ;

La Convention de Rotterdam sur la Procédure de Consentement Préalable en connaissance de cause applicable à certains produits chimiques et pesticides dangereux qui font l'objet d'un commerce international, ratifiée par décret 2002-294 du 2 août 2002 ;

Le Protocole de Cartagena sur la prévention des risques biotechnologiques, ratifié par décret n°208/PRES/PM/MAECR/MECV du 25 avril 2003 ;

La Convention de Stockholm sur les Polluants Organiques Persistants ratifiée par décret n°2004-300 du 20 juillet 2004 ;

Le Protocole de Kyoto à la Convention Cadre des Nations Unies sur les Changements Climatiques, ratifié par Décret N° 2004 536/PRES/PM/MAECR/MECV/MFB du 23 novembre 2004.

Il s'est ainsi engagé dans le processus du développement durable à travers les politiques et stratégies nationales suivantes :

- Les engagements nationaux (notamment, 8000 villages, 8000 forêts, et une école, un bosquet) ;
- La Lettre de Politique de Développement Rural Décentralisé (LPDRD) ;
- La Stratégie de Développement Rural (SDR) à l'horizon 2015 ;
- La Politique Forestière ;
- La Politique Nationale en matière d'Environnement (PNE),
- La Politique Nationale de Sécurisation Foncière (PNSF) ;
- La Lettre de Politique de Développement du Secteur de l'Energie ;
- La Politique Nationale de Population (PNP) ;
- La Politique Nationale Genre (PNG) ;
- Les lois d'orientation sur le pastoralisme et la gestion de l'eau ;
- En 2010, l'adoption et la mise en œuvre de la Stratégie de Croissance Accéléré et de Développement Durable (SCADD) qui fait office de Stratégie Nationale de Développement Durable ;
- Et en 2013 la politique nationale de développement durable.

La question du développement durable est donc devenue la préoccupation des communautés à la base. Elles sont appelées à concevoir elles mêmes leur développement selon leur vision en tenant compte des exigences du présent et des mutations à venir. Ce développement se veut authentique et capable de s'inspirer des expériences des générations précédentes pour penser et fonder le présent mais aussi et surtout projeter le futur.

Le développement durable est un mode de développement qui répond aux besoins du présent sans compromettre la capacité des générations futures de répondre aux leurs. Apparue au début de la décennie 1980, l'expression développement durable a été adopté par l'Organisation des Nations unies en 1987 (Rapport Brundtland, 1987) de la Commission mondiale sur l'environnement et le développement.

Le développement durable est un processus de transformation dans lequel l'exploitation des ressources naturelles, le choix des investissements, l'orientation des changements techniques et institutionnels sont rendus cohérents avec l'avenir comme avec les besoins du présent.

De ce fait, le développement durable se veut un processus de transformations d'une société sur les plans social, culturel, politique, économique et technologique. Ces transformations ont pour objet d'aboutir à la réalisation d'un "plus avoir" et d'un" mieux être" de la société. Le "plus avoir", en termes économiques, est l'accroissement des richesses ou l'ensemble des biens et des services que produit la société pour satisfaire les besoins sociaux et économiques. Il en résulte qu'il a des dimensions sociales, économiques, écologiques, etc.

L'objectif de toute société est de réaliser au plan social son "mieux être" qui passe nécessairement par l'amélioration de la qualité de la vie des hommes qui la composent. Le concept de "mieux être" de la société est très difficile à appréhender dans toute sa profondeur. Le bonheur ayant des contours imprécis (relevant à la fois du psychique, du social, du culturel, du politique, de la profondeur de la vie humaine). Cette approche théorique du développement révèle qu'il représente les aspirations réelles de la société non seulement à produire davantage des richesses matérielles (plus avoir) mais à améliorer la qualité de vie (mieux être).

Il en résulte que le développement n'est pas une simple croissance économique, mais un ensemble d'actions qui concourent à l'amélioration de la qualité de la vie. Or, le concept de la qualité de la vie des hommes et de la société est difficile à définir parce qu'il représente des domaines difficilement quantifiables tels que le social, le culturel, le psychique. De tout ce qui précède, nous donnons une définition provisoire au concept du développement. Le développement de la société est un processus de transformations socio-culturelles, politiques, économiques, techniques et technologiques dont la finalité est d'aboutir à un "plus avoir" et à un "mieux être" tant au niveau de l'individu qu'à celui de sa communauté toute entière. Le développement de la société doit donc être non seulement perçu sous le double aspect individuel et communautaire mais surtout il doit être placé sous le double angle technico-économique et social.

La société ne peut réaliser son développement véritable sans partir de sa culture, si elle veut éviter un développement exogène. Car comme le montre ClOUET, (1987), en parlant de l'évolution de l'agriculture traditionnelle du Yémen du Nord, « la situation a évolué par basculement : abandon du passé qu'on n'a pas pu ou pas voulu faire évoluer au profit d'un modernisme qu'on ne sait pas maîtriser ».

Nous pouvons dire à partir de ce constat que la société rurale encourt le risque d'une déperdition de ses valeurs humaines et sociales (son passé) si elle s'approprie les technologies industrielles et si elle prend la société industrielle pour modèle de son développement. Elle doit chercher à dresser son propre itinéraire de développement en tenant compte des exigences du progrès technologique et de la nécessité de sauvegarder son propre patrimoine culturel et technologique si elle veut minimiser les incertitudes et les limites des innovations technologiques, en somme, si elle veut réaliser un développement local dont le concept est défini par DATAR, (1987).

Pour lui, « le développement local se caractérise comme la mise en oeuvre, le plus souvent, mais pas exclusivement dans le cadre de la coopération internationale, d'un projet global associant les aspects économiques, sociaux, culturels du développement, généralement initié par les élus locaux, un processus de développement s'élabore à partir d'une concertation large de l'ensemble des citoyens et des partenaires concernés et trouve sa traduction dans une maîtrise d'ouvrage commune. En termes plus simples, nous disons que le développement local est propre à un terroir donné. Il tire de sa substance fondamentale de sa propre culture. Le développement local est donc un développement original.

Une analyse critique indique que nous avons été assez sobre sur le concept de la société rurale. Nous n'avons pas jugé utile de nous étendre sur ce concept parce que nous y reviendrons lorsque nous parlerons de la société rurale madarè. Ce qui nous apparaît important dans la définition des concepts clés de la thèse c'est l'élaboration d'une définition provisoire que nous confirmerons et/ou infirmerons au terme de notre étude. Pour l'heure, essayons d'identifier la problématique de la recherche.

Le concept du développement durable serait issu d'une traduction littérale des concepts anglo-saxons « sustainable development ». Il se veut de ce fait une approche qui met un accent particulier sur la capacité des matériaux dont l'exploitation judicieuse permet aux sociétés de réaliser leur dévleoppement, et ce, en les dégradant. Ces matériaux sont entre les ressources naturelles. Cest dans cette perspective que soutient .., (année) que l'objet fondamental du développement durable de permettre aux générations actuelles d'exploiter de manière judicieuse en vue de satisfaire leurs besoins en les préservant pour les générations futures.

Pour la commission mondiale de l'environnement (rappport BRUNTLAND, 1987), le développement durable est celui qui répond aux besoins des générations du présent sans compromettre la capacité des générations futures à répondre aux leurs. Dans ces conditions, le développement durable implique l'existence des besoins et les limites objectives que l'environnement et les ressources naturelles peuvent supporter les activités que mènent les hommes pour satisfaire ces différents besoins d'où le concept anglo-saxon de développement soutenable ou supportable.

Il en résulte que les différentes activités économiques, socioculturelles de sociétés comptemporaines peuvent susciter des crises notamment écologiques. D'ailleurs ces crises n'épargnent aucune société. Elles se manifestent, entre autres, par les changements climatiques dûs à l'effet de serre, la rafection des ressources naturelles, l'explosion démographique, la pauvreté voire la paupérisation des pays en développement, les catastrophes naturelles. Il s'avère donc pour l'humanité, de faire face à ces crises si elle veut assurer à moyen et à long termes son développement durable.

C'est à ce niveau que le développement durable devient un phénomène social total de déstruction et restructuration des sociétés. Il devient à la fois écologique, social, culturel et humain, ce qui crée nécessairement des nouvelles visions de notre univers et par voie de conséquences de nouvelles valeurs économiques, sociales, culturelles et de nouveaux systèmes de valeurs et de représentations. Il en résulte de nouvelles responsabilités et responsabiliations qui devienent mondiales. C'est ainsi que les dirigeants du monde en ont pris véritablement conscience même s'ils ne sont pas arrivés à prendre des mesures idoines à Copenhague en décembre 2009.

Si fondamentalement, les sociétés contemporaines ont le droit d'utiliser les ressources naturelles disponibles, elles ont aussi le devoir d'en assurer la pérennité pour les générations futures. Il en résulte que chaque homme a le droit non seulement d'accéder aux ressources naturelles mais de les utiliser pour safitaire ses besoins fondamentaux.

Car les ressources naturelles constituent des biens qui appartiennent à tous les hommes. Il en découle alors le principe de destination universelle de ces ressources. Par ailleurs, le champ sémantique du développement durable est multidimensionel. Il couvre de nombreux domaines. Citons entre autres, l'agriculture, l'élevage, l'industrie, l'habitat, la sylviculture, la pêhce, etc.

Au plan historique, le concept de développement durable est le résultat d'un long processus de prise de conscience par les hommes, de la nécessité de réaliser un développement équitable et profitable à tous. Il en résulte qu'ils doivent chercher à réduire les inégalités socio-économiques et les pressions anthrophiques sur l'environnement et les ressources naturelles. C'est dans cette perspective que le club de Rome a été créé dans les années 68. Constitué de ceux qui se préoccupaient de la manière dont les ressources naturelles sont exploitées.

C'est dans ce cadre que le club parle des limites objectives de la croissance économique qui ne va passouvent de pair avec la croissance démographique. Il s'est surtout inquiété de l'évolution de la population humaine et son impact sur l'exploitation des ressources naturelles.

Analysant les projections qu'il a faites sur l'évolution de la population d'ici 2 100, il affirme que si la croissance économique actuelle devrait continuer, elle provoquera nécessairement au cours de ce siècle, une chute brutale des populations. Cette chute est dûe à la pollution de l'environnement, la baisse sensible de la fertilié des sols arables. Il résulterait aussi d'une paupérisation grandissante de la population humaine. Si le club a révisé sa position en 2004 à travers le rappport « Limits to Growth ou les limites de la croissance, 2004), il n'en demeure pas moins que la préoccupation fondamentale qui sous-tendait cette vision, est encore d'actualité. En attestent les risques climatiques que vivent au quotidien les sociétés contemporaines.

HANS (1979) s'était posé la question stratégique de savoir : qui est responable de l'environnement ? Il propose en1980 une stratégie mondiale pour la conservation de l'environnement. C'est à cette occasion que la problématique et le concept de développement durable sont apparus. Cette problématique se pose en termes de savoir comment réaliser la préservation de l'environnement et les ressources naturelles. Pour y répondre, le rapport de Brundtlan (1987), a défini trois piliers qui doivent être pris en compte dans toute stratégie visant à promouvoir le dévelooepement durable. Il s'agit du progèes économique, de la justice sociale et de la préservation de l'environnement.

C'est dans ce contexte que les sommets mondiaux de Rio (1992), de Johannesburg (2003), de Copenhague, (2009) se situent dans cette perspective. Ils établissent de manière formelle des liens entre l'économie et l'écologie. C'est dans ce contexte qu'est apparu le concept « éco-développemnt ».

Le sommet de Rio (1992), a a analysé la problématique du dévelopement durable qui s'est posée en termes de savoir ; comment préserver l'environnement pour les générations futures, tout en l'exploitant pour satisfaire les besoins des générations actuelles ? Ce sommet a abouti à l'élaboration et surtout à l'adoption de la convention dite convention de Rio qui se présente sous la forme d'un agenda dénommé agent 21. C'est en 1994 que la charte d'Aalborg sur les villes durables, au niveau européen a été adoptée.

C'est en 1997 que le protocole de Kyoto a été adopté. Il porte sur les changements climatiques (effets de serre).

Le sommet de Johannesburg (2002) s'est essnetiellment consacré à l'analyse approfondie de la problématique du développement. Ce sommet a été surtout marqué par la ratification du traité sur la conservation des ressources naturelles et de la biodiversité. Le protocole de Kyoto est entré en vigueur. Il porte sur la réduction des émissions de gaz à effet de serre au niveau de l'Union européenne.

Au plan socio-anthropologique, que représentent les concepts de développement et de durabilité ? Cette question mérite d'être posée quand on sait que ces deux concepts sont complexes et spécieux et réprésent des réalités qui ne sont pas souvent de consenus encore bien moins d'unanimité au niveau des spécialistes du développement.

Il n'est pas aisé de définir le concept du développement. Disons que le développement est un processus de transformations d'une société sur les plans social, culturel, politique, économique et technologique. Ces transformations ont pour objet d'aboutir à la réalisation d'un "plus avoir" et d'un"mieux être" de la société. Le "plus avoir" est un terme économique qui signifie l'augmentation des richesses ou l'ensemble des biens et des services que produit la société pour satisfaire les besoins sociaux et économiques. Le "mieux être", au sens sociologique, est l'amélioration de la qualité de la vie des hommes, de la société. Il s'apparente au terme très employé en philosophie, à savoir, le bonheur.

Le concept de "mieux être" de la société est très difficile à appréhender dans toute sa profondeur. Le bonheur ayant des contours imprécis (relevant à la fois du psychique, du social, du culturel, du politique, de la profondeur de la vie humaine). Cette approche théorique du développement révèle qu'il représente les aspirations réelles de la société, non seulement à produire davantage des richesses matérielles (plus avoir), mais à améliorer la qualité de vie (mieux être).

Il en résulte que le développement n'est pas une simple croissance économique, mais un ensemble d'actions qui concourent à l'amélioration de la qualité de la vie. Or, le concept de la qualité de la vie des hommes et de la société est difficile à définir parce qu'il représente des domaines difficilement quantifiables tels que le social, le culturel, le psychique. De tout ce qui précède, nous donnons une définition provisoire au concept du développement. Le développement de la société est un processus de transformations socio-culturelles, politiques, économiques, techniques et technologiques dont la finalité est d'aboutir à un "plus avoir" et à un "mieux être" tant au niveau de l'individu qu'à celui de sa communauté toute entière. Le développement de la société doit donc être non seulement perçu sous le double aspect individuel et communautaire, mais surtout, il doit être placé sous le double angle technico-économique et social.

Il est de plus en plus question du développement local voire du développement endogène dont le principe de base est que la société ne peut se réaliser pleinement que si elle accepte les progrès scientifiques et technologiques comme base de son évolution vers le modernisme et que si elle est convaincue que cette évolution doit se faire à partir de sa culture, si elle veut éviter un développement exogène. Car comme le montre CLOUET, (1987), en parlant de l'évolution de l'agriculture traditionnelle du Yémen du Nord, « la situation a évolué par basculement : abandon du passé qu'on n'a pas pu ou pas voulu faire évoluer au profit d'un modernisme qu'on ne sait pas maîtriser ».

Nous pouvons dire à partir du constat de CLOUET que la société encourt le risque d'une déperdition de ses valeurs humaines et sociales (son passé) si elle s'approprie les technologies industrielles et si elle prend la société industrielle pour modèle de son développement. Elle doit chercher à dresser son propre itinéraire de développement en tenant compte des exigences du progrès technologique et de la nécessité de sauvegarder son propre patrimoine culturel et technologique si elle veut minimiser les incertitudes et les limites des innovations technologiques, en somme, si elle veut réaliser un développement local dont le concept est défini par DATAR,(1987).

Pour lui, « le développement local se caractérise comme la mise en oeuvre, le plus souvent, mais pas exclusivement dans le cadre de la coopération internationale, d'un projet global associant les aspects économiques, sociaux, culturels du développement, généralement initié par les élus locaux. Mieux, un processus de développement s'élabore à partir d'une concertation large de l'ensemble des citoyens et des partenaires concernés et trouve sa traduction dans une maîtrise d'ouvrage commune. En termes plus simples, nous disons que le développement local est propre à un terroir donné. Il tire sa substance fondamentale, de sa propre culture. Le développement local est donc un développement original.

Le concept du développement fait l'objet de l'étude de la sociologie. Il s'agit d'une sociologie spécialisée qui est communément appelée sociologie du développement qui, actuellement, constitue au plan conceptuel, une source de polémique laquelle se situe selon SAWADOGO, (1990), à trois niveaux qui sont : l'objet et le statut de la sociologie du développement, les stratégies de cette science et la théorie de la sociologie du développement.

L'objet et le statut de la sociologie du développement au plan théorique, ne sont pas encore définis clairement ou du moins aucune définition de ceux-ci ne requiert ni unanimité, ni consensus des sociologues. Pouvait-il en être autrement lorsque l'on sait que le concept du développement (objet de cette science est difficile à appréhender). Sans revenir sur ce concept que nous avons essayé de définir dans la première partie de la thèse, nous avons trouvé utile de nous attarder un peu sur la nature de l'objet et du statut de la sociologie du développement, en l'examinant à travers la compilation des données théoriques existantes.

De l'analyse critique faite par SAWADOGO, premier auteur que nous citons en références, il ressort que l'existence de la sociologie du développement en tant que science sociale du développement, répond à trois exigences à savoir l'équité et la justice, la probité intellectuelle et la pratique professionnelle.

Pour cet auteur, la sociologie du développement répond au devoir qu'ont les sociologues à situer, pour une raison d'équité et de justice, cette science sociale dans l'univers scientifique. Cette équité s'impose à la sociologie par la nécessité que cette science a à répondre aux questionnements critiques qui ont été adressés à l'anthropologie en tant que science des sociétés sauvages, barbares, primitives. C'est donc une remise en cause du primitivisme et de toutes les théories y afférentes. Nous avons déjà montré que la théorie eurocentriste du développement se révèle, aujourd'hui, désuète parce que les problèmes de développement ne constituent pas un fait spécifique aux sociétés primitives (comme elle aime le dire).

Ils sont aussi et surtout un fait des sociétés industrielles dites avancées ou développées. Mieux le développement est un fait de la société dans sa globalité et dans ses multiplicités. Il faudrait rectifier le tir en réhabilitant la sociologie du développement dans un cadre sain et favorable à la réflexion sociologique. Autrement dit, il convient, pour plus de justice, de repenser les théories anthropologiques en redéfinissant l'objet de l'anthropologie qui n'est autre que le développement. C'est d'ailleurs la tentative de JACOB (1991) et des anthropologues africains et africanistes, disons tiers mondistes.

Parlant de la contribution de l'anthropologie à l'examen des échecs des projets de développement, cet auteur soutient que "l'anthropologie a son mot à dire dans l'élucidation des raisons aux échecs du développement dans la mesure où cette discipline, de par ses objets (les représentations collectives des sociétés dans les domaines qui sont abordés de front par le développement, les relations sociales etc.) peut aider à préciser la place que les sociétés du Tiers monde accordent au développement comme théorie et pratique.

Le développement est une théorie qui a des domaines d'application concrets (la production, la santé, l'éducation, la nutrition à propos desquels les groupes cibles ont déjà des théories). Dans ces conditions, la tâche de l'anthropologue est de voir d'abord s'il y a convergence entre les théories ou s'il y a place dans le système intellectuel local pour des théories nouvelles et quels sont les rapports qu'entretient la théorie avec la pratique". De cette longue définition, il se dégage que l'anthropologie a pour objet le développement de la société quelque soit son niveau de développement. C'est l'une des exigences de la sociologie du développement ou de l'anthropologie du développement.

La deuxième exigence de cette science, est la probité intellectuelle qui réside dans le fait même de l'existence des nombreuses littératures portant sur la sociologie du développement. Elles sont constituées des analyses critiques du statut scientifique et de l'objet spécifique de cette science. Le problème de statut scientifique selon GOUSSAULT et GUICHAOUA cités par SAWADOGO se situe au niveau de la double origine de la sociologie du développement. Pour ces deux auteurs, cette science a une origine politique et économique qui d'ailleurs, selon eux, est illégitime parce que la sociologie du développement ne semble être engendrée par aucune science d'une part, d'autre part, elle a étendu ses activités sans unité réelle ni cohésion.

Ils sont appuyés par SIGAL, citée par SAWADOGO qui en faisant la part des choses entre la sociologie du développement et la sociologie des sociétés périphériques (le périphérisme) présente la sociologie du développement comme une science qui existe généralement, dans les Etats formellement indépendants des années 60. Elle est, pour cet auteur, un outil ou un moyen qui permet d'atteindre aux moindres coûts sociaux, des objectifs des projets ou d'agents extérieurs à la sociologie qui d'ailleurs, sont proches du pouvoir ou du capital.

Dans ce cas, SIGAL dénonce le fait que ces sociologues non professionnels assimilent la sociologie du développement à l'anthropologie des années 1940-50. Cet auteur a établi, de manière formelle, une différence entre l'objet du périphérisme et celui de la sociologie du développement. L'objet du périphérisme serait l'étude des formes de domination impérialistes ou l'analyse des rapports sociaux et politiques des sociétés en situation de dépendance vis-à-vis de celles qui les dominent ; c'est le sens réel du périphérisme (sociétés périphériques situées en marge du développement de type occidental, les sociétés dites sous-développées, etc.).

Quant à la sociologie du développement, elle a pour objet (selon *Sylva Sigal)*, l'étude des voies et des moyens de réaliser la croissance économique. C'est l'analyse des facteurs non économiques des "non economic factors" en termes anglais qui sont beaucoup plus explicites. Il s'agit là d'analyser la problématique du développement de la société dans sa globalité. C'est à cette seule condition que la sociologie du développement peut être une science jouissant d'une légitimité et d'une probité intellectuelle. Elle pourrait alors se départir de toute prise de position préalable, des préconçus, des préjugés eurocentristes ayant détourné cette science de sa vocation première qui est le développement de la société pour en faire un instrument d'assujettissement des sociétés périphériques, tiers mondistes, aux métropoles.

Enfin le troisième niveau de la difficulté de définir l'objet et le statut de la sociologie du développement comme une science du développement de la société : est celui de la pratique professionnelle, à partir de laquelle est né ce type de sociologie. En clair, cette science est issue des pratiques, des travaux anthropologiques, bref des pratiques de terrain. Elle a été, dès sa naissance, une science des thématiques et des pratiques portant sur les sociétés périphériques dites émergentes. Il en découle que la sociologie du développement a existé et même a été plus ou moins professionnalisée avant d'avoir un objet et un statut scientifiques conçus et élaborés sur la base des principes épistémologiques précis. Cet objet et ce statut restent encore à définir. Or, toute science naît à partir d'un objet et d'un statut bien définis, sans lesquels elle n'a ni principes élémentaires, ni théories, ni méthodes de travail, encore bien moins de stratégies.

Retenons donc que la sociologie du développement est une science sociale du développement visant à apporter des solutions concrètes aux problèmes réels du développement de la société nous comprenons pourquoi elle n'est pas née à partir d'un objet et d'un statut scientifique précis. Néanmoins, il convient de signaler qu'il existe, au plan épistémologique, le problème de son objet et de son statut, tout en acceptant qu'elle est une voie d'accession des sociétés dites sous-développées au développement, il est utile d'en définir les stratégies qui lui permettent de réaliser cette accession.

Il n'est pas aisé de concevoir ces stratégies d'autant plus qu'il n'existe aucun modèle de développement applicable à toutes les sociétés. En effet, chaque société a son propre modèle de développement. De même, comment peut-on accepter d'office que le modèle occidental devienne une formule magique du développement pour les sociétés qui ont une éthique sociale et une logique de développement fondamentalement différentes de celles de la société occidentale ? Si, a priori, nous acceptons que la sociologie du développement est une sociologie des stratégies, il faut alors concevoir des stratégies qui conviennent aux aspirations fondamentales de chaque société, ce qui n'est pas une chose aisée en soi.

De tout ce qui précède, nous pouvons dire qu'il n'est pas possible d'élaborer, au stade actuel des recherches, une théorie de la sociologie du développement qui fasse l'unanimité. Ceci est d'autant plus difficile quand on sait qu'il existe une pluralité des approches des problèmes de développement. Nous retiendrons de l'analyse de la sociologie du développement, qu'elle est une science sociale naissante dont l'objet, le statut et les attributions sont encore mal définis ou même s'ils l'étaient, aucune définition ne requiert l'unanimité des sociologues. Si cela est vrai pour la sociologie du développement dans sa globalité, c'est aussi vrai pour cette science dans ses spécificités.

Il n'est donc pas aisé de parler d'une sociologie de développement spécialisée, comme la sociologie du développement de la société rurale ou la sociologie du développement rural. Au-delà de toutes les polémiques que suscite cette science, nous avons tenu à inscrire notre thèse dans le cadre de la sociologie du développement rural. Nous appelons sociologie du développement rural, la science sociale qui étudie l'ensemble des problèmes de développement de la société rurale et de la dynamique socio-culturelle des groupes sociaux qui la composent. A cet effet, nous avons cherché à découvrir la dynamique de groupe.

Quant au développement durable, il laisse voir en filgrane, une dimension temporelle. Ainsi, une chose est durable lorsqu'elle reste dans un temps long voire très long. Par ailleurs, la durabilité peut porter non suelement sur un objet doné mais surtout sur son emploi dans le temps. C'est à ce niveau que sont apparues les divergences des spécialistes du développement durable, surtout lorsqu'il s'agit de l'exploitation de l'environnement et des resssources naturelles. A ce niveau précis, il ya deux approches qui sont contraires l'une de l'autre. Les deux approches s'entendent sur la nécessité de préserver l'environnement et les ressources anturelles en tant que « capital naturel », il n'en est pas de même de son exploitation. L'une des approches perçoit le « captital naturel » sous l'angle de ressources non renouvuelables (cas des sols). C'est le cas de la biodiversité à l'échelle humaine. La deuxième approche perçoit le « capital naturel » sous l'angle de ressources non renouvelables (l'eau, la flore.)

La première approche du développement durable est de type technico-économique. Elle part du principe qu'à chaque problème environnemental coorespondrait une solution technique, solution disponible uniquement dans un monde économique prosper d'où le concept de « durabilité faible ». C'est dans cette perspective que se situe le concept de croissance durablea.

Elle est défendue par BOURDILLON, qui implorait les jeunes ingénieurs à ne pas rénoncer à la croissance. Il soutient que l'humanité a le plus besoin de cette croissance, même sous le prétexte de la « soutenabilité ». Aussi, convient-il de rechercher la meilleure technologie disponible pour le besoin identifié. Cette approche est en réalité bâtie autour de la théorie économique néoclassique défendue par SOLOW, et al.,, qui font apparaître les concepts de « capital naturel et de capital artificiel ». Dans ce cas précis, il faut envisager exploiter le catipal artificiel si le capital naturel n'est pas renouvelable, d'où la nécessité pour les générations actuelles de créer et de transmettre le capital artificiel aux générations futures.

La deuxième apporche de la durabilité du dévelopement est soutenue par les organisations de la société civile. Certains acteurs, et notamment de nombreuses organisations non gouvernementales ou associations environnementales, ont un point de vue tout à fait opposé à l'approche technico-économiste. Pour eux, les activités économiques sont nécessairement liées aux activités qui se réalisent dans un environnement donnée ou une biosphère. Cette approche est bâtie essentiellement autour de ce qu'il est convenu d'appeler le "capital naturel" qui ne peut être remplacé dans la réalisation des activités économiques. C'est ainsi que cette approche préfère le concept de développement soutenable. Cette approche est proche de celle des anglo-saxons qui parlent en effet de développment soutenable ou « *sustainable development* ».

Cette approche va donc au-delà de la dimension économique du développement pour parler du développement systémique qui fait de celui-ci un ensemble d'éléments cohérents agissant les uns sur les autres et par voie de conséquence interdépendants (JOËL de Rosnay, 1975, Nicolas GEORGESCU-ROEGEN, 1975).

En outre, il existe d'autres approches du développement durable. C'est le cas des approches des Nations Unies à travers l'organisation des sommets de RIO (1992, de Johannesburg (2002) de Copenhague (2009), Cancun (2010). Citons celles du PNUD et de l'Eglise catholique.

Les Nations Unies ont énormément contribué à l'émergence de l'approche du développement durable qui est en réalité le fruit des négociations à l'échelle mondiale, sur les questions existentielles de l'environnement et du développement durable.

Historiquement, la première conférence sur le développement durable s'est tenue à stockholm en 1972. Elle a été suivie vingt années après en 1992, du sommet de Rion qui adopté et proclamé les 27 principes de base qui constituent l'essentiel de la déclarion de Rio, dénommée Agenda 21.

Les Nations Unies ont organisé à Jonhannesburg en 2002, un sommet mondial consacré à la question du développement durable. Ce sommet a défini, entre autres, les conditions de réalisation du développement durable à l'échelle mondiale. Il a instruit chaque Etat de prendre les dispositions en vue de la réalisation du développement à l'échelle nationale.

Le sommet de Rio a été à l'origine d'une grande prise de conscience des nations du monde, de la nécessité de protéger la planète terre dont l'existence est menacée par les effets de serre ou les effets de rechauffement de la terre. Ce sommet a abouti à la définition et à l'adoption d'une charte dénommée agenda 21. Cet agenda est articulé autour de principes de base :

- plaçant l'homme au centre des préoccupations du développement durable ;
- accordant un droit aux Etats, d'exploiter leur environnement en prenant toutefois soin de le protéger ;
- définissant les conditions de réalisation du développement durable notamment en intégrant la protection de l'environnement dans le processus du développement des sociétes, etc.

Les principaux résultats du sommet de Johannesburg se résument comme suit :

- Quant au sommet de Copenhague, il n'a pas permis aux nations du mode, de s'accorder sur le financement des risques climatiques. Cela a été obtenu lors du sommet de Cancum (2010).

Par ailleurs, le Programme des Nations Unies pour le développement a développé une approche du développement humain durable. Cette approche est bâtie autour de l'indice du développement humain qui comporte trois variables à savoir : le niveau de la pauvreté, (dimension économique du développement, les niveaux de l'éducation et de la couverture sanitaire (dimension sociale du dévelopement. En référence à ces trois variables majeures, il arrive à établir le classement des pays selon leur niveau de développement humain durable. Il en résulte que cette approche est centrée essentiellement sur l'homme (approche à connotation anthropologique et économique).

Pour sa part, l'Eglise catholique a sa propre approche du développement qui est la promotion de « tout homme et tout l'homme ». C'est l'un des fondements de sa doctrine sociale. Notons toutefois que l'Eglise catholique accorde une place importante à la dimension environnementale du développement. C'est ainsi que dans l'encyclique « Caritas in Veritate, 2009 », elle décrit sa préoccupation face aux problèmes environnementaux que vit notrte planète. Il en de même de la nécessité pour les acteurs au développement, de se constituer en associations pour mieux participer au développement de leurs communautés de base. Par option, l'Eglise met un accent particulier sur la prise en compte des plus démunis dans les programmes et projets de développement.

C'est dans cette perspective que le pape Benoît XVI soutient que les acteurs de la vie économique ne peuvent se limiter au marché seul, car l'économie doit impliquer l'Etat et la société. Il résume sa pensée comme suit « la vie économique a sans aucun doute besoin du contrat pour réglementer les relations d'échange entre valeurs équivalentes. Mais elle a tout autant besoin de lois justes et de formes de redistribution guidées par la politique, ainsi que d'œuvres qui soient marquées par l'esprit du don. L'économie mondialisée semble privilégier la première logique, celle de l'échange contractuel mais, directement ou indirectement, elle montre qu'elle a aussi besoin des deux autres, de la logique politique et de la logique du don sans contrepartie ».

De ce fait, le développement durable d'une société doit s'inscrire voire s'enraciner dans la logique de la société qui le réaliser. C'est dans cette perspective que nous présentons la logique madaré du développement.

2.2. LOGIQUE MADARE DU DEVELOPPEMENT

Nous définissons la logique ici, comme étant l'ensemble des approches philosophiques, socio-historiques et technico-économiques propres à la société madaré en somme sa vision du monde, son éthique.

Son éthique est essentiellement fondée sur les rapports qui existent entre l'homme et la nature. Elle fait de l'homme l'acteur et le bénéficiaire du développement. Il est donc au centre du développement. Cette société définit l'homme comme un ensemble de valeurs morales, spirituelles, politiques et économiques. L'homme s'identifie à ces valeurs à travers les coutumes comme le masque.

Pour SANON, (1986), "la réalité du masque échappe à toutes les dimensions tangibles ou visibles pour être une synthèse ou "mieux une expérience vivante". Le masque est le trait d'union entre le monde réel (matériel) et le monde immatériel (invisible). Il est la communion existant entre les vivants, les ancêtres, les divinités. Il est au centre de la vie des hommes dans de nombreuses sociétés. En Afrique, il n'est pas le seul fait de ce groupe socio-culturel. Il se rencontre au Mali dans la région de Djenné, (zone d'origine de cette société) en Guinée, au Nord de la Côte d'Ivoire, au Ghana, etc.

Le masque est surtout le symbole de la nature, (deuxième pilier du développement). Il fait du Madarè un "homme nature ". C'est dans cette optique que cette société pratique les rites agraires qui représentent l'ensemble des cérémonies qui ont, à la fois, un caractère religieux et agraire (ayant trait à l'exploitation de la terre). Ils sont très nombreux et variés dans cette société. Leur fondement se situe à trois niveaux. Premièrement, l'homme vient de la nature, de la terre. Il doit chercher non seulement à la respecter mais surtout à ne pas couper le lien ombilical entre la nature et lui. Il est un "homme-nature". Deuxièmement, venant de la terre, il y retournera après la vie terrestre, la terre constituera alors sa demeure éternelle. Troisièmement, la nature est le temple du Do et de toutes les divinités notamment le dieu de la brousse ou de la nature : Sogo. Il reçoit à cet effet, une éducation écologique et humaine.

Toutes ces valeurs sont transmises de génération en génération par l'éducation qui se fait à travers l'initiation de l'homme viril. L'initiation constitue un monde intangible. SANOU, (1983), présente l'initiation comme étant "l'entrée des Madarè dans les secrets de leur communauté". L'homme est un croyant (valeur spirituelle). C'est pourquoi, il pratique la religion du Do. Le Do se vit à travers des pratiques socio-religieuses dont le masque, l'initiation, etc. Elle est donc une éducation communautaire et solidaire. L'homme est un agent économique. La logique économique de cette société est de type socioculturel et socio-religieux.

Elle est essentiellement agricole puisque le Madarè est un cultivateur sédentaire. Il exerce le travail agricole conformément à la logique du Do. Pour lui, l'activité agricole est non seulement un "gagne pain" mais surtout le prolongement de la vie, de la nature dans l'homme. Les anciens décrivent cette vision comme suit : " Dieu crée les biens, notamment les récoltes qu'il confie au Do qui en devient le dispensateur (distributeur). Le Do, à son tour, confie les récoltes à la nature qui en devient le pourvoyeur. La nature les confie aux ancêtres qui en deviennent les véritables gardiens (dépositaires) sans lesquels les hommes ne peuvent accéder aux récoltes. Les hommes sont éduqués dans cette logique économique.

Le troisième pilier du développement est la société. A cet effet, nous avons décrit les caractéristiques socioculturelles, socio-politiques, socio-économiques de cette société. Nous les avons regroupées selon deux modes d'assemblage, suivant leur similarité. Ainsi, le premier mode est constitué par les cadres sociaux dans lesquels s'écoule, mieux, se meut leur vie. Le deuxième représente l'ensemble des paliers (strates ou niveaux) en profondeur de la société. Ce sont les systèmes d'éducation socio-politique et culturelle.

Au niveau des cadres sociaux, nous les avons répartis en quatre types sociaux que sont les communautés de vie, de biens, des actions et de destin. En effet, la vie des hommes se résume à "être ensemble", "avoir ensemble", "agir ensemble", "avoir une destinée commune". L'existence des quatre cadres sociaux implique nécessairement celle des paliers en profondeur. Il s'agit de la nature, de l'organisation sociale, des coutumes, du Do. La nature représente un ensemble complexe composé des terres, de l'habitat, des cours d'eau. Il s'agit de l'environnement au sens le plus large du terme.

L'organisation sociale est mise en place par les Madarè en vue d'occuper et d'utiliser la nature. Elle est de type villageois. Elle est bâtie sur les coutumes qui forment l'ensemble des faits, des actes, des gestes qu'ils ont élaborés, au cours des âges et qui représentent leur "je suis né et j'ai vu." Les coutumes trouvent leur fondement dans le Do qui est la plus grande divinité de cette société après Dieu (Wuro). Ces paliers correspondent aux différents niveaux des systèmes traditionnels d'éducation des Madaré.

La technologie est le quatrième pilier du développement. Ce terme, au sens étymologique, signifie l'étude de la technique. Il dérive de deux mots grecs tekknê qui désigne technique et logos, étude, discours ou encore science. C'est aussi la définition du petit Larousse (1982) pour qui la technologie est l'étude des outils, machines, techniques, utilisés dans l'industrie ; c'est aussi l'ensemble des savoirs et des pratiques fondés sur des principes scientifiques dans un domaine technique.

Pour les agronomes, la technologie est non seulement l'étude de la technique mais la pratique de la technique. Ainsi, une technologie agricole est la technique ou l'ensemble des techniques qui interviennent dans le processus de la production agricole. C'est dans la même optique que se situe la définition d'AKUETO et EKLU N. (1988). Pour eux, la technologie est l'ensemble du savoir, du savoir-faire accumulé et des instruments créés par une société pour maîtriser son environnement et produire tous les biens et services dont elle a besoin pour la bonne marche de ses activités. Son emploi implique nécessairement une éducation appropriée.

La culture, (cinquième pilier), central du développement chez les Madarè. Pour eux, la culture est l'ensemble des coutumes qui leur ont été léguées par les ancêtres et qu'ils doivent léguer aux générations futures. Ces coutumes vont de pair avec leur manière de vivre, de penser et d'être de cette société. Cette conception de la culture ressemble à celle de beaucoup d'auteurs qui ont défini la culture. A titre d'illustration, examinons les définitions de quelques auteurs. Le Robert (1974) commence par la définition étymologique. Pour lui, la culture est l'action de cultiver la terre. Il retient aussi que la culture est le développement de certaines facultés de l'esprit par des exercices intellectuels appropriés.

L'approche historique va de pair avec l'approche socioculturelle ou socio-anthropologique de l'éducation des organisations paysannes dans les sociétés ouest africaines. En effet, si le mouvement associatif a des fondements historiques (tradition ouest africaine), il a aussi des fondements socioculturels et socio-éducatifs. (Il fait partie des pratiques socioculturelles des sociétés ouest-africaines. Pour le démontrer, il est indispensable d'avoir une approche théorique socioculturelle des organisations paysannes. Cette approche nous permettra d'étudier les organisations paysannes en tant que faits sociaux (Emile DURKHEIM), ou phénomènes sociaux totaux (Marcel MASUSS et Jeanne CAZANEUVE) ou encore phénomènes sociaux totaux en mouvement de déstructuration et de restructuration de la réalité sociale (Georges GURVITCH).

Partant de l'approche de Georges GURVITCH, nous pouvons situer l'éducation des organisations paysannes dans la perspective de la dynamique de groupe, des mutations sociales, du changement social, de l'action sociale. Ce qui nous amène à nous intéresser aux théories de la dynamique de groupe (D. ANZIEU, 1971).

Enfin, l'étude sociologique serait incomplète si nous n'analysions pas l'un des éléments qui confèrent à un groupe d'individus, son caractère socio-éducatif. Cet élément est l'interaction que nous définissons comme étant l'ensemble des liens organiques (fonctionnels) qui amènent les individus d'un groupe social à agir les uns sur les autres (sociabilité et socialisation). Aussi allons-nous nous intéresser particulièrement aux interactions qui existent entre les nombreux groupes sociaux qui composent les organisations paysannes.

Ces interactions créent des dynamiques socioculturelles de grande importance sociale et économique. Ces dynamiques ont contribué à déstructurer et à restructurer des sociétés qui sont de ce fait en perpétuelle mutation et sujettes à des changements en profondeur. Or, nous ne saurions expliquer ces faits sociaux sans recourir à des procédés de raisonnement (mise en œuvre des idées, des concepts), sans les rattacher ou les intégrer à un ensemble de phénomènes sociaux. Car, l'un des champs sémantiques de ces phénomènes est l'éducation qui façonne les consciences individuelles et collectives des hommes vivant en société.

C'est donc en connaissance de cause que nous situons l'étude dans la perspective des approches sociologiques d'Emile DURKHEIM, (988), de Marcel MAUSS qui sont les principaux théoriciens des faits et des phénomènes sociaux. C'est ainsi que Marcel MAUSS, (1969) soutient que "le principe et la fin de la sociologie, c'est de décomposer le groupe entier et son comportement entier". Pour Georges GURVITCH, (1987),le domaine de la sociologie est la réalité sociale envisagée sous tous ses aspects aussi bien astructurels que structurels et à travers toutes les échelles et tous ses paliers en profondeur, ...c'est cet ensemble indissociable qui correspond au phénomène social total." Cette perspective situe la recherche dans l'approche holistique des faits ou des phénomènes sociaux totaux.

Les différents concepts que nous venons de définir gravitent autour de deux autres non moins importants à savoir l'éducation et les organisations paysannes. Sans nous étendre, pour l'heure, sur la définition de ces deux concepts, nous avons fait une revue de littérature qui nous a permis de circonscrire le champ de la réflexion. L'éducation par définition étymologique est le processus de transmission du patrimoine culturel d'une génération à l'autre ou d'un groupe social à l'autre. C'est dans ce sens que l'éducation est assimilée à la socialisation des adolescents (leur entrée dans le système des adultes par l'éducation). De nos jours, l'éducation ne s'adresse plus uniquement aux enfants, elle d'adresse aussi aux adultes. Mieux, les sciences de l'éducation en ont fait une spécificité en consacrant ce qui est convenu d'appeler "l'éducation des adultes ». Ce type d'éducation est souvent appelé andragogie. Au plan socio-anthropologique, l'éducation occupe une place importante.

C'est ainsi qu'Auguste COMTE, dans la loi des trois états fait de la connaissance, la base du progrès scientifique. La notion de connaissance a donné naissance à la sociologie des connaissances. Elle a surtout évolué suivant le niveau du développement technologique et scientifique. Chaque fois que l'homme a créé une invention (les technologies par exemple), il a eu le besoin d'être formé pour l'utiliser rationnellement.

Cette évolution a abouti à l'émergence de nombreuses théories dont celle du capital humain. Le principe de base de cette théorie est de faire de l'homme un capital, le capital humain. Elle fait donc de l'homme un instrument de travail dont la performance peut être améliorée en fonction de l'éducation reçue. Cette théorie a surtout été échafaudée au cours des âges, et ce, en fonction de l'évolution des progrès scientifiques et technologiques. Cette évolution est allée crescendo allant du travail manuel à la robotisation de la fin du 20è siècle en passant par l'ère de la machine à vapeur et celle du taylorisme (travail à la chaîne).

C'est dans cette optique que l'un des pères fondateurs de l'économie moderne Adam SMITH (1776) présentait l'homme comme étant "une des coûteuses machines. Ce qui amène les entreprises qui se veulent performantes à former leur personnel. La formation sur le tas devient une formation insuffisante.les entreprises s'engagent de plus en plus dans la spécialisation sinon dans la professionnalisation. L'éducation devient de ce fait un investissement qui mérite d'être engagé. C'est dans ce cadre que STALINE fait de "l'homme un capital précieux".

Théodore SCHULTZ, (1962), parlant de l'éducation, a identifié cinq grands domaines de l'investissement du capital humain à savoir :

- les services de la santé (amélioration de l'espérance de vie, de la force de travail) ;
- la formation sur le tas ;

- l'éducation formelle nécessitant des investissements plus importants que ceux de la formation sur le tas ;
- l'éducation des adultes ou programme d'animation rurale par exemple (pas toujours appréciée à sa juste valeur) ;
- la migration interne des ruraux vers les villes qui est aussi une forme d'investissement du capital humain.

Pour Ivan ILLICH (1971), l'éducation est la mère des institutions additives qui font dépendre l'individu des produits de l'école.

Parlant de la formation sur le tas et de l'éducation formelle, Garry BECKER a établi un lien entre les deux. Car dit-il, les deux ont les mêmes effets sur les gains. MONTMOLLIN M. (1981) parle du taylorisme à visage humain.

Quant à MALGLAIVE G. (1990) l'un des spécialistes de l'éducation moderne, particulièrement de la formation des adultes, note que "les vingt dernières années ont vu tant en France qu'à l'étranger une multitude d'actions éducatives touchant tous les secteurs de la société, les entreprises comme les collectivités locales, les administrations touchant tous les publics. Dans la même optique, il constate que "les mutations de notre société entraînent des besoins éducatifs nouveaux d'ordre technique, scientifique ou culturel qu'il n'est pas souvent possible de dissocier des strictes nécessités professionnelles."

Les fondements socio-anthropologiques résident dans le fait que la question du développement durable est avant tout une question couvrant une double dimension humaine et sociale et par conséquent, une dimension socio-anthropologique. En effet, elle se résume à la question de savoir comment les hommes peuvent s'organiser mieux pour exploiter l'environnement et les ressources naturelles de manière à les préserver pour les générations futures ?

Certes, nous savons que les hommes ne sont pas les seuls à exploiter l'environnement et les ressources naturelles. Il y a des millions voire des milliards d'animaux qui les exploitent. Si cela est indéniable, il est tout aussi indéniable que les hommes sont les plus destructeurs de l'environnement et des ressources. Par ailleurs, l'ordre naturel des choses établit toujours des ratios écologiques entre les animaux et l'environnement et les ressources naturelles.

D'ailleurs, ce sont les hommes qui mettent au point des technologies d'exploitation massive et parfois non contrôlée, de l'environnement et des ressources naturelles. De même, les hommes par l'explosion démographique agissent négativement sur l'environnement et les ressources naturelles. Enfin, ils détruisent l'environnement par les actions technico-économiques, (productions, constructions des routes et des habitats, les guerres, les pollutions chimiques et nucléaires (cas survenu au Japon en février 2011, etc.).

Aux plans politique et idéologique, la question du développement durable des sociétés contemporaines, est devenue une problématique mondiale. Si des efforts sont entrepris au plan international, il convient de dire que les nations ne s'entendent pas toujours sur le prix à payer pour la préservation de l'environnement et les ressources naturelles. Les uns (les pays pauvres ou dits pauvres) pensent que ce sont les autres (les pays riches ou dits riches) qui doivent payer au plus fort prix. Cette vision consiste à soutenir que ce sont les plus grands pollueurs (les pays riches qui sont aussi les plus industrialisés) qui doivent payer le prix pour la préservation de l'environnement et les ressources naturelles. Ces différentes prises de position ont abouti à l'échec du sommet mondial de Copenhague en 2009. Elles ne facilitent pas une approche consensuelle des stratégies et des ressources à mettre en œuvre pour la préservation de l'environnement et des ressources naturelles.

Au niveau des pays des sociétés des savanes ouest-africaines, les situations complexes de pauvreté, d'ignorance, et de conflits socio-politiques internes à chaque pays, voire, entre les trois pays (cas qu'ils vivent depuis septembre 2002), ne permettent l'élaboration et la mise en œuvre des politiques efficaces de préservation de l'environnement et des ressources naturelles.

Quant aux fondements culturels, ils peuvent être déduits des liens intimes qui existent entre la nature (environnement), les hommes des sociétés des savanes ouest-africaines. En effet, culturellement, les hommes de ces sociétés (les Bobo et les Sénoufo) se considèrent comme des « hommes-nature » autrement des hommes qui sont tellement liés à la nature par leurs activités voire leur existence qu'il est pratiquement difficile, et même impossible, de les séparer en entités autonomes et indépendantes les uns de l'autre.

Or, ces sociétés tendent à perdre ces pratiques culturelles. Ce qui ne contraint plus les hommes à respecter la nature et à en faire leurs fondements existentiels. Les hommes de ces sociétés jusqu'à une époque récente vivaient essentiellement des fruits de la nature à travers l'agriculture, la pêche, la chasse. Certes, ils ne sont plus à l'ère de la civilisation de la cueillette mais leur mentalité a eu du mal à s'en détacher.

En effet, leurs sociétés se situaient dans une zone qui reste longtemps très généreuse, fait d'elle le grenier céréalier de ces trois pays. Ce qui explique leur attitude de rejet des technologies agricoles modernes notamment la culture attelée dans les années 1965. Ils estimaient à l'époque que ces technologies ne convenaient pas à leurs modes d'exploitation de la nature (environnement) et que leur adoption entraînerait des perturbations profondes au niveau de leurs rapports avec la nature (sanctuaires des génies et surtout des mânes ancestrales). Leur entrée forcée dans cette nouvelle civilisation agricole les a amenés à perdre leurs pratiques culturelles (rapports intimes avec la nature) et culturales (modes d'exploitation de la nature).

À propos des fondements technico-économiques, il convient de dire que nous vivons actuellement dans des sociétés qui sont entrées de force dans la recherche effrénée des profits ou des plus-values pour ne pas dire en termes simples, de l'argent. Cette mutation bouleverse fondamentalement la pensée technico-économique des sociétés des savanes ouest-africaines. Selon cette pensée, les hommes doivent utiliser de manière raisonnée voire rationnelle les technologies disponibles pour exploiter sans perturbations majeures la nature.

Ces sociétés qui étaient dans leur ensemble des sociétés agricoles et rurales ne cherchaient pas à rompre le pacte qui les lie à la nature par une exploitation massive et dévastatrice de la nature. C'est pour cela qu'elles employaient des outils non destructeurs de la nature. Maintenant qu'elles sont dans la civilisation des technologies agricoles modernes et dans un système économique bâti autour des échanges monétaires, elles tendent de plus en plus à pratiquer une agriculture consommatrice de grands espaces agricoles, et ce, par l'adoption des cultures qui exigent de grandes superficies. C'est le cas de la culture du coton qui constitue la principale culture d'exportation de ces sociétés.

De même, ces sociétés ont changé de pensée voire de logique économique. Pouvait-il en être autrement quand on sait qu'elles sont entrées de fait dans la mondialisation économique dont les valeurs de référence sont, entre autres, la monnaie, le marché, la capacité à échanger et surtout à consommer. Elles sont ainsi amenées à produire ce qu'elles peuvent vendre sur le marché mondial ou mondialisé, à savoir le coton.

Par ailleurs, ces sociétés étant situées dans la zone propice à l'agriculture, elles sont devenues la zone d'accueil des migrants qui viennent s'y installer pour des raisons essentiellement économiques. Elles vivent surtout dans le contexte de la décentralisation ou de la communalisation intégrale, en cours au Burkina depuis 2006. Elles sont appelées de ce fait à réaliser le développement local durable.

2.3. DECENTRALISATION ET DEVELOPPEMENT LOCAL DURABLE

Ces sociétés sont de plain-pied dans le contexte de la décentralisation qui estune opportunité pour elles de réaliser le développement local durable. La décentralisation est un levier du développement local, elle est également un cadre propice pour la participation des différents acteurs à la base, à la gestion des affaires de leur localité.

Pour OUATTARA (2007), il ne peut effectivement avoir de développement véritable et durable qui ne passe pas par la participation motivée de tous les citoyens à l'effort de développement. Il soutient également que les Etats africains sont confrontés au défi de trouver les stratégies et les mécanismes pour canaliser au mieux, les énergies communautaires à la base et susciter l'esprit collectif et participatif au développement.

Selon KI ZERBO (1998), le véritable développement est le développement « clé en main », développement conçu et réalisé par des compétences nationales. Ce développement s'oppose au développement « clé en tête » appelé encore développement « prêt à porter », conçu à l'extérieur par des compétences qui n'ont aucune connaissance des réalités du pays. Un tel développement ne permet pas une participation active de la population à la base.

SAWADOGO (2001), fait de la décentralisation la voie indiquée, sinon la voie obligée pour sortir du sous-développement. Elle permet la réalisation d'une synthèse sociale et offre un cadre approprié pour une bonne gestion et un partage équitable et équilibré des pouvoirs et des ressources économiques.

DABIRE et al (1996), estiment que la décentralisation appelle une démocratie de proximité C'est un moyen d'impulser le développement local qui est une interpellation de tous les acteurs de développement. Il a pour ambition de démystifier les approches classiques du développement, de donner le pouvoir à la base, de promouvoir l'autopromotion des populations, de libérer les énergies populaires, de contribuer en l'enracinement de la démocratie et à la satisfaction des populations locales. Il vise une transformation profonde des communautés locales.

Pour HASSANE (1999), le développement local est la conséquence de l'échec du modèle de développement centralisé et des opportunités qu'offrent les collectivités locales en matière de développement participatif.

En somme, il ressort de la plupart des ouvrages lus, que la participation des acteurs à la base c'est-à-dire les populations et les associations peut être considérée comme le socle du développement local et de la décentralisation. La participation signifie responsabilité des populations dans le processus de décisions locales.

La Banque Mondiale (1992), soutient que le développement participatif est à la fois une fin et un moyen de développement.

En affirmant que le développement participatif est une fin, cette institution financière mondiale entend se référer à l'idéal selon lequel le développement durable résulterait de l'action responsable de citoyens politiquement mûrs et qui agiraient au travers d'institutions électives, d'associations ou d'organismes, dans le cadre d'une société démocratique et libre. Un tel idéal devrait être compris comme un processus continu et de longue haleine qui tiendrait à améliorer sans cesse la capacité des communautés à s'autogérer.

La seconde idée est celle du développement participatif conçu comme un moyen de développement dans le contexte d'une responsabilisation politique des communautés concernées. Cette responsabilisation ne concernait auparavant que la gestion d'une activité et n'avait qu'un sens opérationnel.

TREMBLAY (1999), estime que l'approche du développement local et participatif repose sur une démarche volontaire d'acteurs, se réunissant sur un territoire à taille humaine, pour envisager l'avenir de leur territoire. Cela, en perspective avec d'autres niveaux d'administration et d'autres échelons politiques de la nation. C'est une vision du local dans le global, qui fait du territoire un système de relation avec d'autres systèmes et d'autres acteurs. Pour lui, les acteurs œuvrent à l'amélioration des conditions de vie de leurs populations à travers les activités de production, de la santé, de l'éducation, l'approfondissement de la démocratie et de la gouvernance locale.

Pour la Banque Mondiale (1992), la participation des acteurs varie en intensité. Elle distingue quatre degrés dont le plus bas est celui du « partage de l'information ». Il s'applique aux relations entre les agents extérieurs et les participants aux projets. Le deuxième degré est celui de la « consultation des participants ». Le troisième degré implique une « participation à la décision » « Enfin, le dernier est celui de « l'initiative dans l'action.

Selon la FAO (1995), les premières étapes du processus d'intervention en milieu rural sont marquées par l'identification des personnes de ressources, ainsi que des organismes qui travaillent dans la localité. Selon cet organisme, ce sont les membres de la communauté qui choisissent l'initiative à mener et non les agents de développement, car le rôle de ces derniers, est de faciliter et d'appuyer le processus de décision.

Les actions de développement participatif exigent au départ, un soutien important pour que les dynamiques locales puissent se créer et fonctionner de façon autonome. Aussi, pouvons-nous dire que sans une responsabilisation conséquente et une valorisation des compétences locales, on ne peut parler de véritable développement local sans la participation communautaire. C'est à ce niveau que le développement local est synonyme de développement. Il s'inscrit nécessairement dans le cadre de la décentralisation.

Dans la démarche classique, les programmes de développement, animés par des soutiens extérieurs et tributaires de ceux-ci, associaient passivement les bénéficiaires. Dans la conception actuelle, la participation s'inscrit, selon MONDJANAGNI (1984), dans un processus de développement axé sur les populations et dirigé par la demande, soit un processus fondé sur la dynamique, les connaissances, les valeurs, les priorités, les possibilités et les ressources des bénéficiaires. Il est synonyme d'un partenariat, élaboré sur la base d'un dialogue entre les différents acteurs, et au cours duquel le programme est fixé conjointement.

Pour cet auteur, le processus de participation ne se limite pas seulement à la réalisation physique d'ouvrages, de technologies visant la protection de l'environnement et de la santé publique. Mais pour être durable, tout programme doit aussi comprendre un développement des capacités des acteurs locaux (particuliers, groupements, institutions) susceptible de promouvoir le bien être économique et social. La participation doit se faire à toutes les étapes de la vie d'un programme : décision, planification, mise en œuvre et suivi-évaluation.

Dans notre contexte la participation communautaire se rapporte aux actions multiples et multiformes déployées par les populations comme contribution aux efforts de développement de leur localité.

Pour GUILLAUMONT cité par GUENE et al, (1999), le développement est justement la résultante de la croissance économique à long terme, une transformation qualitative des structures sociales et économiques de la société. Il peut par conséquent être défini comme une transformation qualitative et quantitative des conditions d'existence de la population d'un milieu donné. L'œuvre de développement est d'abord interne. Elle exige des facteurs exogènes (formation, sensibilisation, acquisition d'outils et de moyens, d'infrastructures, etc.). C'est à ce niveau que l'intervention des associations et autres structures de la société civile devient nécessaire et complémentaire.

SAGBOHAN (1991), relève trois significations du concept de communauté. La première définition conçoit la communauté comme un groupe d'individus vivant dans le même espace géographique, partageant les mêmes valeurs de base et la même organisation. La deuxième traduit la communauté comme étant un groupe. Enfin, la troisième fait référence à la santé publique. Elle est relative à la population cible ou groupe à risque homogène par rapport à des caractéristiques données.

Le développement communautaire se définit comme étant « la stratégie par laquelle les habitants d'une localité prennent en main la construction de leur territoire et de leur avenir, cela en fonction d'un projet résultant d'une dynamique collective, spécifique à ces habitants tout en considérant les mutations de la société. GUENE et al, (1999).

La loi N° 18/ AL du 31 août 1959 définit en son article1er l'association comme « convention par laquelle plusieurs personnes mettent en commun d'une façon permanente leurs connaissances ou activités dans un but autre que de partager des bénéfices… »

Dans la même logique la loi N° 10/92/ADP du 15 décembre1992 portant liberté d'association au Burkina Faso définit l'association comme « tout groupe de personnes physiques ou morales nationales ou étrangères à vocation permanente, à but non lucratif et ayant pour objectif la réalisation d'objectifs communs notamment dans les domaines culturel, sportif, social, spirituel, religieux, scientifique, professionnel ou socio-économique. »

Selon GUENE et al, (1999), la théorie de la décentralisation part du principe que pour amorcer un développement local et participatif, il faut accorder un certain pouvoir à des collectivités locales reconnues par la constitution ou la loi. Elle tient d'un système d'organisation et de gestion par lequel l'Etat accorde à d'autres entités reconnues légalement par la constitution ou par la loi, la personnalité juridique, l'autonomie administrative, financière et de gestion. Pour cet auteur, elle est un mode d'organisation institutionnelle qui consiste à faire gérer par des organes délibérants élus les affaires propres d'une collectivité territoriale ou locale. La décentralisation a pour effet de rapprocher la décision politique du territoire où elle s'inscrit de la population à laquelle elle s'adresse.

De la présentation de la construction théorique, il se dégage que la recherche s'est inscrite dans une approche holistique du problème de développement durable des sociétés des savanes ouest-africaines. Cette approche justifie notre option méthodologique qui est pluridisciplinaire et interdisciplinaire. Enfin, cette approche nous autorise à définir le développement durable des sociétés des savanes ouest-africaines comme étant le processus de transformations qualitatives et quantitatives de ces sociétés de type diachronique. Ces transformations doivent se faire dans une perspective de gestion rationnelle de l'environnement et des ressources naturelles.

CHAPITRE II

MÉTHODE DE TRAVAIL

1. CAPITALISATION DES PRATIQUES

Au stade actuel de nos recherches sur la société madarè, nous y avons découvert des nombreuses pratiques. Nous appelons pratiques l'ensemble des expériences, des habitudes approfondies, des comportements, des attitudes que cette société a acquis et entretenus au cours des âges. C'est cet ensemble que nous voudrions capitaliser ou faire fructifier ce capital, ou ce patrimoine accumulé au cours des temps. Cette capitalisation consiste à montrer en quoi ces pratiques typiquement madarè et acquises au contact des autres sociétés peuvent constituer voire constituent un enrichissement et/ou un appauvrissement de cette société. Pour ce faire, nous établirons le bilan de l'ensemble de ces pratiques. Ce qui nous permettra de montrer si oui ou non elle est arrivée à mettre en valeur son propre patrimoine en vue d'en tirer un profit immédiat et ultérieur.

La capitalisation des pratiques consiste donc à faire leur bilan critique. Etablir le bilan revient, en termes comptables, à déterminer l'actif et le passif d'une entreprise ou d'une société. L'actif désigne l'ensemble des emplois du capital, ou des réalisations économiques, financières, matérielles ou encore l'ensemble des biens, des services et des liquidités financières d'une entreprise. Il s'agit, en toute réalité, de l'enrichissement ou des richesses accumulées par l'entreprise au cours d'une période donnée de son existence. La constitution de l'actif ou des emplois de l'entreprise est la résultante de la mise en valeur de l'ensemble des ressources dont elle dispose. Ces ressources ne représentent rien d'autre que l'ensemble des dettes (court, moyen et long termes), assorti du capital propre de l'entreprise, de ses réserves, de ses provisions à risques. Cet ensemble (dettes et capital propre) est le passif de l'entreprise.

Le passif représente les engagements à court, moyen, long termes, non honorés par l'entreprise vis à vis des tiers. Ces engagements peuvent être les impayés (engagements dont l'échéance est arrivée à terme et qui n'ont pas été honorés) les encours (engagements dont l'échéance n'est pas parvenue à terme). Hormis le capital propre, le passif ou les endettements constituent un danger qui peut, à tout moment, compromettre l'avenir de l'entreprise. C'est comme si elle avait du plomb dans ses ailes qui freinent son essor économique et financier. Ne dit-on pas que les endettements placent l'entreprise sous la dépendance des autres ? Partant de la définition de ces termes comptables, nous voudrions les appliquer à la société madarè que nous assimilons à une entreprise qui met en valeur son capital d'expériences ou des pratiques. Cette mise en valeur l'amène à s'enrichir ou à constituer un actif et/ou à s'appauvrir ou à perdre une partie de son capital propre.

Ainsi, dresser le bilan de ses pratiques, c'est établir la balance entre l'actif et le passif de l'ensemble de ces pratiques, en vue de montrer si elle tire véritablement, un profit de ces pratiques ou au contraire enregistre une perte ou encore reste la même en capitalisant ses pratiques. Dans ce cas, il n'y a ni enrichissement, ni appauvrissement. L'actif est égal au passif. Nous le saurons en faisant une étude descriptive et analytique de ses pratiques socio-culturelles, économiques, techniques et socio-politiques. Voilà l'objet que nous assignons à la capitalisation des pratiques de cette société.

2. DEMARCHE GLOBALE

De la présentation des différentes approches, il ressort que la démarche de la recherche se veut à la fois holistique et pluraliste. Elle est holistique parce qu'elle présente le développement durable des sociétés comme un phénomène social total en mouvement de déstructuration et de restructuration des sociétés ouest africaines. Elle est pluraliste parce que l'analyse des phénomènes sociaux ne peut se faire que par l'emploi de plusieurs méthodes.

Elle a consisté à exploiter les données existantes et à en faire la synthèse. Il s'agit notamment de ceux des plans communaux de développement au niveau des communes qui s'en sont dotées. Au niveau du Burkina, nos travaux ont été menés particulièrement sur les communes de Bobo-Dioulasso et Bama qui font partie de la société madaré. Nous avons exploité des données monographiques faites généralement par l'administration. Nous avons fait un choix raisonné des sociétés qui font l'objet d'étude dans la présente thèse. Ainsi, nous avons retenu la société bobo ou madaré, (société ayant fait l'objet d'étude dans la précédente thèse et quelques sociétés voisines situées selon les quatre points cardinaux (est, ouest, sud, nord) notamment les sociétés bwa à l'Est, siamou et sénoufo à l'Ouest, tiéfo au Sud, marka au Nord.

Nous avons alors choisi de faire nos travaux sur quatre sociétés de la zone d'étude notamment :

- la société madaré que nous avons étudiée dans la thèse de 3è cycle, (THIAMOBIGA D. Jacques, 1998), société se trouvant au centre ;
- la société bwa qui comme la société madaré est venue du Mali, elle se trouve à l'est de cette société ;
- la société vigué qui se situe au sud-est de la société madaré ;
- la société tiéfo qui se trouve au sud de la société madaré.

Notons que toutes ces sociétés sont venues du Mandé (actuel Mali). Elles font partie d'une réalité multiculturelle et ont entre elles des rapports de tous ordres. Nous avons opté de faire de la commune, le site de la recherche. Cette option est faite en lien avec la corrélation étroite que nous établissons entre les approches du développement durable et le développement local. Partant des différents critères socio-culturels et géographiques et des vairables de vérification, nous avons choisi sept sites suivants :

- Bobo-Dioulasso
* Chef-lieu de région administrative, de la province du Houet ;
* Capitale économique et culturelle du Burkina ;
* Importance des économies réelles et des unités indutrielles :
* Ville carrefour de l'Afrique de l'Ouest :

- Bama
* Commune rurale
* Economie bâtie sur la production et l'étuvage du riz ;
* Village célèbre de la société bobo (bataille de Bama) :
* Zone de fortes migrations

- Koumbia
* Commune rurale située à l'Est de Bobo-Dioulasso
* Commune rurale en territoire bwa
* Economie agricole bâtie sur le coton

- Houndé
* Commune urbaine située à l'Est de Bobo-Dioulasso
* Commune rurale en territoire bwa
* Economie agricole bâtie sur le coton

- Karangasso-vigué
* Commune rurale située au sud-est
* Terroire vigué
* zone des migrations
* Economie à dominance coton

- Koloko
* Commune rurale située à la frontière du/Mali
* Commune rurale en territoire sénoufo
* Economie agricole bâtie sur la diversification des cultures agricoles

- Péni
* Commune rurale située au sud de Bobo-Dioulasso
* Territoire tiéfo
* Economie agricole à dominance céréales.

Au niveau de chaque site, nous avons réalisé les travaux de recherche à travers les observations directes et indirectes. Les observations directes ont consisté en des séjours ou en des voyages d'études que nous avons effectués au cours des travaux de recherche. Les observations indirectes ont été faites par des nombreux étudiants (plus d'une cinquantaine) que nous avons encadrés au cours des trente dernières années) sur des thèmes variés s'inscrivant dans le cadre de nos recherches.

C'est dire donc que la méthodologie de recherche que nous avons employée a consisté en une réelle capitalisation des résultats de nos travaux de recherche que nous avons effectués principalement à Bobo-Dioulasso et à Bama qui ont été deux des huit sites de la thèse antérieure. En outre, nous avons fait de nombreux travaux de recherche au niveau des autres sites qui représentent des chefs-lieux des terroirs des groupes ethniques limitrophes de la société madaré (société qui fait l'objet de la thèse antérieure). C'est ainsi que nous avons échangé avec 1 000 personnes, femmes et hommes, toutes catégories socioprofessionnelles confondues, et ce, à travers des enquêtes que nous avons réalisées dans les différents sites de la recherche.

Fondamentalement, nous avons opté pour des enquêtes qualitatives et quantitatives. Cette option répond mieux à notre recherche socio-anthropologique qui a été bâtie sur la qualité des personnes (celles qui connaissent mieux la problématique du développement durable des sites des enquêtes). Ensuite, nous avons opté pour des analyses qualitatives. Outre cette raison scientifique, nos moyens matériels et financiers modestes (financement de la recherche sur fonds personnels) ne nous ont pas permis objectivement d'opter pour des enquêtes quantitatives.

Enfin, nous avons choisi de faire une série d'enquêtes thématiques étant donné que le champ sémantique de la sociologie et de l'anthropologie du développement et surtout du développement est complexe et spécieux.

Délibérément, nous avons eu une approche méthodologique, pluridimensionnelle et plurielle tout en restant dans une approche holistique du développement qui, au-delà de ses dimensions plurielles, se veut un phénomène social total en mouvement de déstructuration et en restructuration des sociétés contemporaines en général et des sociétés des savanes du Burkina en particulier. Nous inscrivons ainsi notre analyse dans l'approche méthodologique de Georges GURVITCH, (1977).

Précisons que pour chaque cas d'enquête, le choix de l'échantillon s'est fait de manière raisonnée (basée sur des critères définis). Les principaux critères ont été :

- la connaissance des sites et de la thématique de la recherche ;
- l'expérience vécue en matière de développement durable ;
- la connaissance des savoirs, savoir-faire et savoirs-être en matière de développement ;
- le genre (jeunes, femmes, hommes), tous acteurs du développement ;
- l'expertise en matière de développement durable notamment au niveau des décideurs politiques, ONG et autres associations) ;

- l'appartenance à un groupe ou association de développement (le développement durable étant une œuvre collégiale).

La collecte des données s'est faite par l'emploi de plusieurs méthodes qui sont, entre autres, la méthode accélérée de recherche participative, la dynamique de groupe, la discussion de groupe, le genre et développement, la bonne gouvernance, la communication pour le développement.

La Méthode accélérée de recherche participative est la manière de collecter les informations au niveau d'une population avec sa participation active et réelle. Cette méthode a été mise au point dans les années 70 pour enrichir les méthodes jusque là employées qui étaient lourdes, longues et chères. Elle est à la fois :

- accélérée ou rapide pouvant aider à obtenir vite les informations recherchées ;
- intensive, elle se fait par un gros travail en peu de temps ;
- itérative qui se fait par des apprentissages répétés plusieurs fois ;
- pluridisciplinaire, se réalisant par une équipe composée de plusieurs spécialistes au moins trois (interactions par complémentarité) ;
- valorisante ou permettant de donner une valeur aux savoirs locaux par des apports extérieurs modernes.

Généralement, cette méthode s'applique à travers la réalisation des diagnostics exploratoire et thématique. Le diagnostic est une étude qui permet de faire le point d'une situation par des études et analyses approfondies. Il permet de connaître les atouts ou qualités, les contraintes ou niveaux de blocage et des solutions qui peuvent convenir à la situation. Le diagnostic participatif est celui qui se fait avec la population concernée.

À ce niveau, les outils suivants peuvent être employés seuls ou associés :

- le transect qui permet de faire la carte du village, faisant ressortir toutes les ressources naturelles du village (eau, faune, flore, terres, etc.) ;
- le profil historique qui permet de retracer toute l'histoire du village en mettant l'accent sur les événements les plus importants portant sur la vie du village ;

- le diagramme de VENN est le dessin qui permet d'analyser les différents éléments qui composent un village et la nature de leurs relations (jeu d'influences réciproques) ;
- les calendriers qui permettent de programmer les activités dans le temps et l'espace ;
- les interviews semi structurées ou guides d'entretien.

La dynamique de groupe est essentiellement liée au concept de groupe. Il serait d'origine européenne mais se serait développée aux Etats Unis au niveau duquel beaucoup des travaux ont été réalisés par des sociologues, des psychologues et des psychiatres.

Le sociodrame est un instrument de mesure du degré d'interdépendance et d'interaction qui existe entre les membres d'un groupe social. Il étudie les mécanismes de cette interdépendance intra-groupe. C'est le cas du jeu de rôle. Le psychodrame est similaire au sociodrame. Il en diffère par le fait qu'il s'applique à l'individu seul chez lequel on cherche à opérer une prise de conscience, un changement d'attitudes, de comportement. L'éducateur de groupe est employé surtout dans la formation. Il est basé sur le rôle d'animateur. Il se comporte comme un éducateur ou comme celui qui éveille les consciences.

La discussion de groupe est un outil d'animation. Son emploi implique une réelle préparation de discussion à travers un choix judicieux des procédés à employer, de la taille du groupe, etc. Il convient toutefois de prendre les dispositions appropriées, tels que la procédure, le contenu, le climat.

La procédure est l'ensemble des procédés opératoires ou des mesures organisationnelles de la discussion, notamment les modalités des interventions, les modalités de prise de décisions, la disposition du groupe dans la salle, le maintien de l'ordre, etc. La disposition du groupe dans la salle est laissée à l'appréciation du groupe.

Les procédés des interventions et de la prise de décisions seront définis par le groupe au début de la discussion (le tour de table, interventions spontanées, interventions par questionnement, etc.). Les interventions spontanées favorisent la créativité des membres du groupe. Elles présentent l'avantage d'être souvent sincères, objectives parce que dénouées de tous préjugés, de tous détours. Quant aux modalités de la prise de décision, il serait bien d'amener le groupe à prendre des décisions consensuelles, et à défaut, majoritaires.

Le maintien de l'ordre est lié à chaque groupe qui doit définir les lois qui régissent la discipline intérieure. Dans un groupe de notables, l'ordre est assuré par le respect mutuel de ceux-ci ou par âge. Par contre, dans un groupe à tempérament chaud, il est nécessaire d'asseoir un système de maintien de l'ordre accepté de tous.

Le contenu est l'ensemble des idées, des concepts socio-psychologiques, socio-économiques que nous voulons faire développer par la discussion de groupe. Il doit être défini très clairement avec un ordre précis des idées allant des plus simples au plus complexes. Le contenu peut créer et favoriser l'intéressement du groupe aux débats et un climat social agréable à la discussion.

Le climat social est un paramètre important qui permet de connaître réellement un groupe social donné (sa cohésion sociale, sa sérénité, etc.). Il permet de définir les caractéristiques sociales des groupes, d'en établir la typologie que nous venons de décrire.

Dans tous les cas, ces exemples montrent que la discussion de groupe a des qualités et des limites. La plus grande qualité de la discussion de groupe se situe au niveau de la participation enthousiaste, spontanée et effective de tous ses membres aux débats, c'est le signe d'un climat social agréable qui règne dans un groupe social.

La plus grande limite de la discussion de groupe est la non-participation à la discussion. Les participants peuvent refuser de discuter ou peuvent faire la discussion sans intérêt réel pour le thème qui fait l'objet de discussion. C'est dire qu'il convient de savoir employer la discussion de groupe comme un outil d'animation de groupe. Il faut donc lever la méfiance, la réticence, la fin de non recevoir, etc.

Le Genre et développement est une approche du développement qui étudie les rapports qui existent entre les catégories sociales dans les activités de développement économique, politique et culturel. Cette approche met un accent particulier sur la prise en compte des intérêts des groupes défavorisés notamment celui des femmes dans le processus du développement. Elle a mis au point huit outils de travail (outils d'analyse entre les genres et outils pour définir le travail de développement). Chaque type d'outils est réparti en quatre procédés.

Ainsi, les procédés des outils d'analyse des rapports entre les genres sont :

- la division du travail (planification et spécification des activités, le ciblage de groupe etc.) ;
- les types de travail (production des biens et services marchands, la gestion sociale activités non-marchandes visant au maintien de la cohésion sociale, reproduction ou les activités visant à l'entretien de la progéniture) ;
- l'accès et contrôle des ressources matérielles, humaines, financières et bénéfices/avantages par un partage équitable des revenus ;
- les facteurs d'influence internes et externes pouvant agir négativement ou positivement sur les actions de développement, facteurs culturels, économiques, politiques, environnementaux.

Ceux des outils pour définir le travail de développement se présentent comme suit :

- les besoins pratiques et intérêts stratégiques ;
- le niveau de participation (récipiendaires, comportements liés aux prescriptions ou l'ordre établi, consultation, responsabilisation) ;
- les conditions/situations (matérielles, financières, sociales) ;
- les possibilités de transformation (changement lié aux rôles, au statut et perception et conduite du changement, volonté de création de modèle, passage au futur etc.).

En outre, nous avons employé dans l'analyse des données, les différents procédés de la méthode hyper-empirico-dialectique de GURVITCH, (1967), notamment la complémentarité dialectique, l'implication dialectique, l'ambiguïté dialectique, la polarisation dialectique, la réciprocité de perspectives. Le premier procédé comporte la complémentarité, les complémentarités des alternatives, de la compensation, et des choses ayant la même direction ou non. La complémentarité des alternatives est celle par laquelle les choses qui ont des rapports se cachent l'une, l'autre. C'est le cas du culturel et du social, de l'économique et du politique. La complémentarité de la compensation se caractérise par les rapports par lesquels, une chose ne peut exister que si elle a une autre qui la compense, ou la complète. La complémentarité des choses ayant tantôt la même direction, tantôt une direction inverse est le cas des rapports qui existent entre Moi, Autrui, Nous.

L'implication dialectique mutuelle est un procédé qui consiste à retrouver dans les éléments apparemment contraires des secteurs qui se recoupent à un certain degré. Pour Gurvitch G. " il est, par exemple, impossible de préciser le rapport entre la vie psychique et la vie sociale sans recourir à l'éclairage dialectique de l'implication mutuelle". Il y a donc une implication dialectique mutuelle entre le psychique et le social.

Le procédé de l'ambiguïté dialectique part du constat de Freud "tout ce qui relève de la réalité humaine porte le sceau de l'ambiguïté". Georges Gurvitch soutient que "les totalités humaines qui sont en marche dans leurs mouvements soit de totalisation, soit de dé totalisation impliquent une large part d'ambiguïté". Ainsi, il considère la réalité sociale comme étant le domaine privilégié de l'ambiguïté, voire de l'ambivalence. En effet, l'étude des rapports sociaux qui existent au niveau d'un groupe social indique qu'ils peuvent devenir très étroits, permettant au groupe de devenir une communauté, comme ils peuvent se dilater de manière à disloquer ce groupe. L'ambiguïté dialectique présente la réalité sociale comme une totalité ayant plusieurs têtes à partir de ses propres contradictions.

La polarisation dialectique est le procédé qui part du principe que, dans la réalité humaine et spécialement dans la réalité sociale, on ne rencontre et on ne peut rencontrer d'éléments contradictoires ou antinomiques qui le resteraient dans toutes les circonstances et dans tous les lieux. Ce qui revient à dire que les contraires absolus n'existent pas.

La mise en réciprocité de perspectives, consiste à faire ressortir, dans les éléments qui n'admettent ni identification, ni séparation, leur immanence réciproque laquelle devient si intense qu'elle conduit à un parallélisme ou à une symétrie plus ou moins rigoureuse entre leurs manifestations.

Quant au pluralisme des déterminismes sociaux, disons qu'il y a autant de déterminismes sociaux que des faits sociaux. Georges Gurvitch soutient que chaque palier en profondeur de la réalité sociale, chaque temps social, chaque type de connaissance, chaque cadre social, a son déterminisme. Nous avons choisi la méthode de Gurvitch pour son relativisme, sa variabilité, sa pluralité.

De tout ce précède, nous pouvons dire que le développement durable d'une société est intimement lié à sa vision du monde et à la manière de vivre, de penser, en somme, à sa culture. Il en résulte que la culture est la pierre angulaire du développement. Il est de ce fait un phénomène culturel d'où la dimension culturelle du développement durable.

Or, tout phénomène culturel est aussi humain. C'est l'homme qui est à la fois acteur et bénéficiaire du développement. Aucun développement durable ne peut se réaliser sans l'homme qui en devient nécessairement le centre de gravité. D'ailleurs, la communauté internationale fait du développement un droit humain. Elle affirme, en effet que « tout homme a droit au développement », (Déclaration universelle sur le droit au développement, Nations Unies, 1981). Ce droit a fait maintes fois l'objet d'attention particulière de l'humanité. C'est dans cette optique que les Nations Unies ont organisé les sommets mondiaux dont les plus importants ont été ceux de « Planète terre, Rio 1992 » et « développement durable, Johannesburg, 2003).

Du reste, l'un des corollaires du développement durable est le développement humain durable. En réalité, nous faisons de l'homme « l'alpha et l'oméga » du développement. Autrement dit, la finalité du développement est l'homme (objet socio-anthropologique du développement). D'ailleurs, la doctrine sociale de l'Eglise catholique fait de l'homme la vocation première de toute action et tout projet de développement « développement de tout homme et de tout l'homme ».

À l'analyse, ces différentes approches du développement peuvent se résumer en un principe socio-anthropologique de base qui fait de l'homme l'acteur du développement durable. À ce principe, nous ajoutons un autre qui fait de la culture, la pierre angulaire du développement durable. Le corollaire de ces deux principes permet d'établir une corrélation étroite entre les deux qui nous autorise à soutenir que tout développement durable d'une société passe nécessairement par l'enracinement des actions et projets de développement à sa culture, « théorie de l'enculturation du développement ».

Culturellement, elles ont été désarticulées par une succession de mutations dues entre autres à la traite négrière, à la colonisation et aux évènements socio-politiques récents qu'elles vivent depuis le discours de la Baule (1990).

Économiquement, elles sont dans leur ensemble pauvres, faisant partie des pays émergents voire des pays pauvres et très endettés. Ecologiquement, elles sont très fragilisées suite aux nombreuses migrations internes et externes. Elles sont aussi les zones où la culture du coton a connu un grand essor au cours des deux dernières décennies.

3. SITES DE LA RECHERCHE

Dans le présent chapitre, nous décrivons les sites de la recherche, notamment les communes et les sociétés qui ont fait l'objet de notre recherche à savoir, Bobo-Dioulasso, Bama, Houndé, Koumbia, Karrangasso-Vigué, Koloko, Péni.

3.1. BOBO-DIOULASSO

3.1.1. GEOGRAPHIE

La commune de Bobo-Dioulasso est à 365 kilomètres à l'ouest de Ouagadougou. Elle est limitée à l'Est par la commune de Léna, au Sud-est par celle de Karrangasso-vigué, au Sud par la commune de Péni, à l'Ouest par celles de Karangasso-Sambla et Orodara, au Nord par celle de Bama et Nord-Est par celle de Satiri.

La commune est le chef lieu de la Région des Hauts-Bassins et de la Province du Houet ; Elle est composée de sept arrondissements.

Le climat de la région est du type soudanien caractérisé par une saison sèche et une saison de pluie variant respectivement de 5 à 7 mois. La pluviométrie relativement abondante est comprise entre 800 et 1200 mm. Le réseau hydrographique est dense et équilibré et alimenté par des eaux souterraines abondantes.

L'agriculture se pratique essentiellement dans des exploitations familiales. Les cultures vivrières (Sorgho, Mil, Maïs, riz) occupent plus de 80 % des surfaces cultivées. Les autres productions agricoles sont le Coton, le Sésame, l'Arachide, les fruits et légumes. La région regorge également d'énormes potentialités dans le domaine pastoral (petits ruminants et bovins et volaille). La ville de Bobo-Dioulasso est essentiellement arrosée par le marigot dénommé le Houet.

Selon D'ARONDEL 1972, on y rencontre deux grands types de sol :

- Les sols des vallées et des plaines. Ils sont formés de matériaux alluvionnaires et colluvionnaires provenant des roches

gréseuses. Ce sont des sols hydromorphes de texture assez grossière ;
- Les sols des interfluves et de la falaise. Ils sont formés de blocs de carapace provenant de la mise à nu et de l'induration des horizons d'accumulation. La roche mère en voie de décomposition affleure par endroits.

La ville de Bobo-Dioulasso est dominée par un plateau de grés à l'intérieur duquel on distingue :

- Des formations superficielles épaisses et très dures que sillonnent des marigots au nord et au sud de la ville ;
- Des zones de remblai présentant des affleurements argilo sableux et des versants très adoucis ou des ravinements profonds par endroits.

D'une manière générale, les principaux sols de la région sont des sols ferrugineux tropicaux peu lessivés ou lessivés et des sols hydromorphes. Sur le plan chimique, la majorité des sols de la région de Bobo-Dioulasso est acide. Leur pH est de l'ordre de 5 à 6. Ils ne sont donc pas favorables aux cultures vivrières dont le développement exige un minimum de fertilité. Mais étant mieux drainés que le reste du pays, ces sols réussissent aux plantes. Ils ont une nappe phréatique peu profonde. Ce qui explique en partie l'importance de la production fruitière et maraîchère dans la zone de Bobo-Dioulasso.

La végétation de type soudanien présente un développement important des espèces ligneuses formant des savanes boisées, des forêts galeries le long des cours d'eau et des parcs d'agrumes ou de manguiers. Dans la nature, de nombreuses espèces végétales donnent des fruits (*Parkia biglobosa ; Butyrospermum parkii, Khaya senegalensis*, etc.) qui font l'objet de cueillette, des bois d'œuvre et de service.

Une gamme variée d'espèces végétales couvre la ville de Bobo-Dioulasso et sa périphérie. Bien que située dans le domaine soudano-guinéen, on y rencontre beaucoup d'espèces du domaine soudanien. Sur le sol des vallées, pousse une végétation plus ou moins hygrophile. Les espèces les plus rencontrées sont : *Cola cordifolia, Berlina grandiflora etc.*

Le long des galeries forestières des cours d'eau, sont fréquentes *Carapa procera et Elaeis guineensis (palmier à huile). Le Phoenis reclinata, le Raphia sudanica* sont dans les zones marécageuses. Sur les sols de la falaise, la végétation est clairsemée et composée surtout des essences plus épanouies du domaine soudanien. Les espèces les plus fréquentes sont le karité (Butyrospermum parkii), le néré *(Parka Biglobosa), le caïlcédrat (Khaya senegalensis*).

En contrebas des collines poussent des graminées pérennes. Elles forment un tapis continu composé de nombreuses andropogonées *(Andropogon Gayanus Cym-bopogon...).*

Une importante ceinture verte limite la ville au nord. Elle est constituée des vergers et de la zone maraîchère de Dogona, Sakabi, Kiri et Niénéta. Au nord-ouest, la forêt de Dindéresso constitue la limite naturelle. À l'intérieur de la ville, le long des voies, une dense plantation d'arbres composée de caïlcédrats, kapokiers, manguiers, contribue au maintien d'un micro climat.

Ainsi, la ville de Bobo-Dioulasso et sa zone périphérique présentent un cadre idéal pour la vie humaine. Comparée au reste du pays, la pluviométrie est moins capricieuse à Bobo, les températures y sont clémentes, les sols fertiles et des eaux de surface et souterraine abondantes, qui rendent la ville attrayante. Elle accueille toujours les immigrants parmi lesquels des familles entières des autres zones défavorisées du Burkina.

3.1.2. DEMOGRAPHIE

Divers écrits de l'histoire de Bobo-Dioulasso s'accordent à dire que le village de Bobo serait créé vers 1050 par des agriculteurs bobo, originaires du Mandé. Ils se seraient installés à leur arrivée sous un grand arbre appelé « KIBI » en langue Bobo-fing, d'où le nom « Kibidoué » qu'ils donnèrent à leur village. Une légende raconte aussi, à l'origine, Bobo-dioula et Bobo-fing seraient deux frères de la même famille.

Un des frères qui s'étant intéressé aux activités commerciales se converti à l'Islam grâce au contact des populations musulmanes dioula. Il prit le nom de « bobo-dioula ». Le deuxième frère (Bobo-fing), très attaché à la terre, resta animiste. Mais peu après, séjournèrent dans le village, des vagues successives de « dioulas » venant du sud en Côte d'Ivoire et du nord (Mali). Les premiers, venant de Kong occupèrent vers 1200 les quartiers Kombougou et Yoro Koko, ceux venant du Mali, les quartiers Farakan et Dogona.

À l'arrivée des Français en 1897, Bobo était toujours connu sous le nom de « Sya » (paix en langue bobo), du nom d'une vendeuse de bière locale (dolo) reconnue pour sa générosité. Les français y installèrent une base militaire et construisirent plus tard en 1906, le premier camp militaire français de l'ouest africain. Ils organisèrent la ville suivant le modèle occidental et la ville devient un poste administratif, rattaché à la Côte d'Ivoire. Sya sera débaptisée en 1904 par le Commandant français CANDRILLIER qui lui donnera le nom de « Maison des bobos et des dioula » ou « Bobo-Dioulasso » en langue Bobo-Djula.

Sa population va ainsi augmenter avec l'arrivée de 3.000 européens et surtout des ouvriers d'origines diverses, commis pour les chantiers des travaux forcés. C'est à cette période que furent réalisés les premiers aménagements urbains avec l'ouverture dans la ville de grandes voies de circulation et les installations des services territoriaux. Bobo-Dioulasso devient une ville attrayante et une importante métropole de l'ouest africain. De nombreuses rencontres s'y organisent à travers des échanges entre éleveurs, agriculteurs de savane, producteurs des zones forestières et les marchands des confins des grands empires (mossi, bambara, peulh). La ville devient un important centre dans la collecte et joue un rôle très actif dans la distribution entre les colonies.

La prospérité économique amena l'administration coloniale à ériger Bobo-Dioulasso en commune mixte de premier degré en 1926 et en commune de plein exercice en 1954. Elle le restera jusqu'à l'indépendance du pays le 5 août 1960. Après l'indépendance en 1960, Bobo-Dioulasso va connaître une évolution particulière. Les grands services administratifs, les directions de nombreuses sociétés commerciales et industrielles sont transférés à Ouagadougou, la capitale. Conséquemment, la ville voit le départ des soldats français ainsi qu'un nombre important d'expatriés.

Toutefois, des fonctionnaires nationaux y sont affectés avec leurs familles par la nouvelle Administration voltaïque. Et la ville présente un cadre idéal pour l'installation humaine et la réalisation des activités. Des unités industrielles s'y établissent et offrent des emplois. Sa position de ville carrefour des axes reliant le Mali, le Niger, la Côte d'Ivoire et le Ghana fait d'elle un important centre économique de la sous région.

Sur le plan de l'organisation actuelle, la commune de Bobo-Dioulasso est composée de sept arrondissements qui comporte chacun un certain nombre de secteurs et de villages, (cf. carte ci-après).

Les premiers occupants de Bobo vivaient essentiellement de cultures vivrières et de produits d'échanges commerciaux. La ville partage la célébrité historique des cités qui étaient des places tournantes du commerce sous régional. C'est aussi une importante ville touristique, culturelle avec une population cosmopolite qui remonte à l'époque coloniale.

La situation géographique de la ville a entraîné son essor économique avec l'ouverture de nombreuses sociétés commerciales et industrielles. Attirées par le développement de la ville, des populations de l'intérieur du pays, de la sous région et aussi d'expatriés occidentaux s'y installent.

De nos jours, « la population de la commune urbaine de Bobo-Dioulasso est estimée à plus de 400.000 habitants résidents » (ANONYME, 2006). Presque toutes les ethnies du pays y sont représentées : bobo et dioula, mossé, san, bwa, turka, sénoufo, etc.

La croissance démographique dépendant à la fois du mouvement naturel de la population (naissance, décès) et du solde migratoire (arrivants et partants), la population de Bobo-Dioulasso a connu une évolution particulière depuis l'époque coloniale, en témoigne le tableau 4 que nous avons établi à partir des recoupements de plusieurs auteurs.

La ville a connu une augmentation particulière au cours de la décennie (1975-1985). Elle a presque doublé au cours de cette période. Elle est passée de 115 063 habitants à 228 668 habitants, soit une augmentation de 113 605 habitants. De 1985 à 1996, la population a seulement augmenté de 81 103 habitants, passant de 228 668 habitants à 309 771 habitants. C'est aussi une population jeune, avec plus de 57 % de personnes en âge de travailler (15 à 60 ans). La tranche d'âge comprise entre 0 et 14 ans représente 41 % de l'ensemble de la population urbaine.

Cette jeunesse de la population constitue un important défi économique et social pour les autorités locales, qu'il s'agisse de santé, de scolarité et d'emplois, etc. Il faut lui assurer des revenus et des conditions de vie décente. Le même recensement de 1996 indiquait, que le nombre d'actifs dans la ville, s'élevait à plus de 102.000 personnes soit environ 33 % de la population totale et une moyenne de

1,9 actifs par ménage. L'ECOLOC, 2000 a « identifié un total de 73 512 emplois dans la ville de Bobo-Dioulasso ».

Une étude réalisée par le Ministère de l'Economie et du Développement dans le cadre stratégique régional de lutte contre la pauvreté (MEDEV, 2003), révèle que « parmi la population qui travaille dans la région de Bobo, seulement 7,7 % ont un emploi régulier. Il existe à Bobo-Dioulasso, un phénomène de sous emploi. Plus de 80 % des sous employés se retrouvent dans le secteur agricole, lequel secteur occupe environ 74 % des travailleurs ».

Quant à la pauvreté urbaine des ménages, elle croit d'année en année. Ainsi de 9,9 % en 1994, l'indice de pauvreté dans la ville est passé de 12,2 % en 1998 à 19,9 en 2003.

La majorité des ménages pauvres se trouve parmi les agriculteurs indépendants. Ensuite, viennent les ménages exerçant dans le privé informel et ceux installés à leur propre compte. Les ménages les moins pauvres sont ceux exerçant essentiellement dans le public et le privé formel. La répartition de la population est majoritairment musulmane. En effet, 77 % de cette population pratiquent cette religion, (INSD, 2006).

Selon les statistiques du Ministère de l'Enseignement de Base et de l'Alphabétisation, (MEBA) les taux de scolarisation dans la région de Bobo-Dioulasso en 2003 étaient de l'ordre de 61,1 % pour les filles et 72,5 % pour les garçons. Plus de 69.674 enfants sont scolarisés à l'enseignement primaire cette année dans la ville de Bobo-Dioulasso (source : Direction Provinciale de l'Enseignement de Base du Houet (DPEBA, 2006).

En ce qui concerne l'enseignement secondaire, la ville de Bobo-Dioulasso compte 68 établissements dont 51 pour l'enseignement général. Seuls 17 établissements présentent des programmes d'enseignement technique et professionnel. En matière d'infrastructures scolaires, l'état construit au compte goutte. Dans l'enseignement primaire, la fréquence d'ouverture des écoles est de 3 par an dont 2 dans le privé et 1 dans le public. Dans le cycle supérieur, l'état et la municipalité n'ouvrent qu'un établissement d'enseignement secondaire tous les 10 ans contre 1 par an dans le secteur privé (ECOLOC, 2000).

À tous les niveaux de l'enseignement, les rendements scolaires sont faibles à Bobo-Dioulasso. Au primaire, les taux annuels d'admission se situent autour de 46 % pour les filles et 55 % pour les garçons. Aux examens de fin de cycles pour l'année 2006, sur le plan national, la région de Bobo-Dioulasso occupe la huitième et la dixième position sur les treize régions que compte le Burkina, avec des taux de réussite de 24,01 % et 36,10 % respectivement au Baccalauréat et au Brevet d'Etudes du Premier Cycle (BEPC) (source : Direction Régionale de l'Enseignement Secondaire, Supérieur et de la Recherche Scientifique des Hauts-Bassins (2006).

En matière d'enseignement supérieur, la ville abrite deux importantes universités : l'Université Polytechnique de Bobo (UPB) et l'Unité Universitaire de l'Université Catholique de l'Afrique de l'Ouest (UCAO). La première est une université nationale publique, la seconde est une université internationale privée. En outre, elle abrite une douzaine d'établissements privés d'enseignement supérieur.

Enfin, pour le supérieur et la formation professionnelle, l'emploi n'étant pas toujours assuré en fin de formation, les diplômés vont grossir le nombre des chômeurs dans la ville, ou s'exercer dans les activités informelles (débrouille), en attendant d'occuper un emploi plus stable.

Plus de 3.800 demandeurs d'emploi, toutes catégories confondues, ont été enregistrés courant 2005 par les services de l'Agence Régionale pour la Promotion de l'Emploi (ARPE). Déjà en ce premier semestre de l'année 2006, 1753 demandeurs d'emplois sont inscrits sur les registres de l'ARPE dont 1266 pour la période de janvier à mars (source ARPE, août 2006). Ces chiffres sont en deçà de la réalité sur le terrain, ils ne prennent pas en compte les demandeurs d'emploi non instruits et ceux qui ignorent l'existence d'un tel service de placement.

La région sanitaire de Bobo-Dioulasso couvre une superficie totale de 34.635 km2 repartie sur trois provinces que sont le Houet, le Kénédougou et le Tuy. La population est estimée à 1.165.428 habitants avec une densité de 34 habitants au km2. La ville de Bobo-Dioulasso abrite les directions de la plupart des Départements Ministériels et de certaines institutions. Initialement, les soins se faisaient par des agents ambulants.

C'est à partir de 1920 que fut créé l'hôpital de Bobo-Dioulasso. D'une simple ambulance militaire jusqu'en 1955, cet hôpital est devenu le second hôpital national du pays. Il est baptisé depuis 1981 Hôpital SANOU Souro, nom d'un prince bobo qui fut un guérisseur généreux et intègre. Erigé en Centre Hospitalier Universitaire (CHU) de référence, il est à vocation régionale. Son rayon d'action couvre toute la région ouest et sud-ouest du Burkina. Il a une capacité d'accueil initiale de 700 lits. Et est présentement dans une phase de réhabilitation avec la construction de nouveaux édifices d'accueil.

La santé urbaine comprend deux principaux districts sanitaires (Bobo 15 et Bobo 22) qui administrent une vingtaine de structures sanitaires publiques : dispensaires, centres de santé et de promotion sociale, etc. et deux importants Centres Médicaux avec Antenne chirurgicale (CMA) aux secteurs 15 et 22 de la ville de Bobo-Dioulasso. Elle compte aussi en plus des cabinets privés d'infirmiers, de nombreuses formations sanitaires privées de médecins. Le coût, encore élevé de leurs services n'est pour le moment pas à la portée de la grande majorité de la population.

Toutefois, en l'absence d'un système opérationnel d'assurance santé, ces cabinets rendent d'énormes services aux mieux nantis. Et proposent aussi bien des services de médecine générale, de radiologie, d'ophtalmologie et de pédiatrie. Bobo-Dioulasso compte également une trentaine de pharmacies dont vingt six privées et une Centrale d'Achat de Médicaments Génériques. Elles vendent les produits pharmaceutiques courants et sont pour l'essentiel situées au centre ville.

3.1.3. ECONOMIE

De par sa position géographique, Bobo-Dioulasso a toujours constitué une véritable plaque tournante dans les transports en matière de transport international et national aussi bien pour les marchandises que pour les personnes. Le parc automobile est constitué de véhicules dont 90 % sont acquis de seconde main avec un âge moyen de 10 ans. La ville abrite de nombreuses sociétés de transport routier et une société de voie ferrée, ouverte en 1934 et reliant Bobo-Dioulasso à Ouagadougou et à Abidjan.

Le trafic ferroviaire est de moins en moins important à cause de la crise ivoirienne. Quant au transport aérien, il s'est amélioré avec la réfection de l'aéroport de Bobo. Il est cependant moins intense que le transport routier.

La ville de Bobo-Dioulasso est éclairée par la Société Nationale Burkinabé d'Electricité (SONABEL). Grâce à l'interconnexion électrique avec la ville de Bouaké en Côte d'Ivoire entreprise au début des années 2000, l'électricité a atteint les quartiers périphériques.

Mais avec le renchérissement du cours mondial du pétrole, la baisse de la subvention de l'Etat et l'augmentation du prix de l'énergie importée, la société nationale vient de procéder au réajustement des prix du kilowatt/heure. Ils sont pour compter du mois de septembre 2006 à 75 F le kilowatt tarif social et 96 F chez le particulier en basse tension. La moyenne tension à usage industriel est à 118 F le kilowatt. Cette augmentation rend davantage le coût d'électricité burkinabè le plus élevé de la sous région.

En matière d'eau courante, l'adduction d'eau dans la ville date des années 1945. La ville était alors alimentée grâce à un forage de 180 m de profondeur. Un système de pompes refoulantes permettait l'alimentation des châteaux d'eau installés dans la ville. A l'heure actuelle, Bobo-Dioulasso est alimentée en eau potable à partir d'une source pérenne. Cette source est située à Nasso, une localité touristique à environ 17 km à l'Ouest de la ville.

L'exploitation et la distribution de l'eau dans la ville sont assurées par l'Office National de l'Eau et de l'Assainissement (ONEA). Les quartiers populaires abritent des bornes fontaines qui permettent de ravitailler en eau les couches défavorisées de la population. Le prix du mètre cube (m3) d'eau est actuellement de 118 F CFA.

La ville de Bobo-Dioulasso dispose d'une variété de sites naturels et historiques. C'est aussi la ville commerciale et culturelle du pays. Elle reçoit un nombre important de voyageurs, des opérateurs économiques et autres commerçants étrangers et nationaux, des visiteurs nationaux et de nombreux touristes attirés par les activités culturelles. Bobo-Dioulasso bénéficie d'une nature verdoyante et abondante.

L'existence de sites touristiques variés (mosquée et maison mère de Dioulasso-ba, mausolée de Guimbi OUATTARA, musée, gare ferroviaire, etc.) constitue un environnement favorable au développement du tourisme et de l'hôtellerie. Elle est caractérisée par une prédominance des hôtels utilitaires. On dénombre dans la ville, environ trente sept (37) hôtels à deux étoiles (MEDEV, 2005).

En matière de sport et loisirs, la ville a bénéficié à la faveur de l'organisation de la Coupe d'Afrique des Nations en 1998, d'importantes infrastructures dont un stage omnisports de 35.000 places et trois terrains modernes pour les entraînements.

À la différence de l'augmentation sans cesse de la population depuis le début des années 1970, les activités économiques à Bobo-Dioulasso accusent un marasme réel. Cette situation s'observe par la fermeture des quelques unités industrielles. En 1997, les enquêtes ECOLOC ont identifié plus de 74.000 postes d'emplois répartis dans la commune urbaine de Bobo-Dioulasso. Les emplois formels représentent seulement 17.328 postes, (23,3 %). L'étude révèle que l'essentiel de l'emploi dans la ville est assuré par des activités informelles, plus généralement des activités populaires ou des activités informelles qui ne sont pas réglementées par des normes légales, (KONE, 2005). Leur organisation ainsi que les acteurs impliqués, échappent le plus souvent au contrôle et à la fiscalité qui se fonde sur la tenue de documents administratifs et comptables et sur la disponibilité des pièces justificatives des opérations effectuées par l'unité de production.

Les autres caractéristiques des activités informelles sont la taille réduite des unités de production et des investissements, l'utilisation d'une main d'œuvre à dominance souvent familiale ou non salariée, l'accès difficile au crédit et l'absence de statut juridique bien défini.

Partant de cette définition et de ces différences références bibliographiques, il est établi que plus de 70 % des emplois dans la ville de Bobo-Dioulasso font partie des activités informelles. Elles regroupent entre autres, les vendeuses de bière de mil, les cireurs de chaussures, les mécaniciens, les jardiniers, les vendeuses de fruits et légumes.

Pour l'ECOLOC (2000) les activités informelles sont dans la ville de Bobo-Dioulasso, « les premières pourvoyeuses des ressources des ménages (64 % des revenus). Elles contribuent à la moitié (49,5 %) de la richesse productive de la ville. Elles sont surtout influencées par les activités de commerce qui représentent environ 56 % du secteur informel ».

La même étude indique que « les activités du secteur formel » contribuent pour plus de la moitié de la richesse de la ville (50,5 %) et sont surtout dominées par les activités industrielles (52 % du secteur). Cependant, elles procurent seulement 10 % des emplois et 26 % de revenus distribués dans la ville.

La ville de Bobo-Dioulasso possède d'énormes ressources qui permettent l'exploitation d'une gamme de produits industriels. Elles offrent à la ville des opportunités pour le développement d'activités industrielles, commerciales et des activités de transport. La ville abrite quatre types d'industries, les agroalimentaires, les industries mécaniques et métallurgiques, la chimie et ses dérivés, le bâtiment. Le tableau 5 présente quelques unités industrielles de la ville.

En dehors de la Société (burkinabé) des Fibres Textiles (SOFITEX) dont le nombre de salariés atteint le millier, le reste des unités industrielles ont des effectifs réduits (de 7 personnes à moins de 100 personnes). Cette société a hérité de la Compagnie Française pour le Développement des Fibres Textiles. Elle réalise chaque année ? Grâce au coton, d'importants financements du monde rural.

La ville de Bobo-Dioulasso est au centre des transactions commerciales entre le Burkina Faso, le Mali, la Côte d'Ivoire, le Ghana, le Togo, le Niger, etc. C'est un pôle commercial important des produits de la savane et de la forêt. De ce fait, la ville est le siège de plusieurs maisons de commerce et un entrepôt pour la distribution des produits vers les autres régions du Burkina et même au delà. Les débuts du commerce moderne remontent à l'époque coloniale avec l'installation et l'ouverture dans la ville d'un magasin en 1917 par M. VINCENS, premier commerçant européen. Plus tard se sont s'installées des succursales des grandes firmes capitalistes.

Le commerce général doit surtout son essor à des maisons de traite qui ont cultivé le goût des nationaux pour les produits étrangers. Elles font de l'import-export dans la quincaillerie, les matériaux de construction, les cycles, la papeterie, l'automobile, la cire, les noix de karité, etc. A côté de ce commerce qui s'adresse à une clientèle riche, le commerce de détail intéresse toute la population puisque ce sont les produits alimentaires locaux qui sont concernés.

Dans le commerce de détail, les femmes représentent 47% et les hommes 53%, (ECOLOC, 2000). Les femmes font le commerce des condiments : gombo, oseille, tomate, poivre, etc. Elles tiennent les étalages devant les supermarchés pour les clients européens. Elles vendent aussi dans les quartiers aux abords des grandes routes des fritures, des arachides, du maïs frais, etc. Elles sont très peu présentes dans les activités de production et de fabrication industrielles. Mais elles excellent dans la transformation agroalimentaire qui demande un minimum d'investissement et souvent un apprentissage préalable.

La plus grande activité commerciale se trouve au centre ville. C'est de ce centre que partent les différents relais de distribution dans la ville. Le grand marché est le principal lieu où se trouvent les plus importants commerçants. Il occupe une surface de 5,5 ha dans la zone commerciale. Sa première construction date de 1952. Le commerce de gros et demi-gros y prédomine.

Dans les marchés de quartiers, le choix des marchandises est limité. Les femmes y sont les plus nombreuses. Elles mènent de petites activités commerciales : vente de condiments et légumes, fruits, beignets, etc. Elles alimentent, à coté des marchands de bijoux, friperie, cireurs de chaussures, vendeurs d'objets divers, le secteur informel dans les quartiers.

À partir de la ville de Bobo-Dioulasso s'organise aussi l'import-export de certains produits vers les localités ou vers les pays limitrophes. Ce commerce porte aussi bien sur les produits industriels (huile, savon, etc.) que sur les produits agricoles (fruits, légumes, céréales, etc.). La ville importe des pays voisins, les produits de consommation courante :

- de la Côte d'Ivoire ; la banane plantain, l'ananas, l'avocat, l'atiéké, etc.
- du Mali ; le thé, le bazin, le bogolan, le poisson, etc.

Elle exporte aussi d'importantes quantités de produits tels le sésame, le kadkardé, les noix d'acajou, de karité, la mangue, le sucre, etc. Pour les quantités de produits agricoles exportées, elles sont fonction de leur période de production. La période d'exportation de la mangue se situe entre mi-février et fin septembre.

La Région des Hauts-Bassins est l'une des zones les plus favorables à l'agriculture et à l'élevage. C'est ainsi que la ville de Bobo-Dioulasso est le chef-lieu de la Direction Régionale de l'Agriculture, de l'Hydraulique et des Ressources Halieutiques et de celle des Ressources Animales.

3.2. BAMA

3.2.1. GEOGRAPHIE

La Commune rurale de Bama fait partie de la Région des Hauts-Bassins et de la Province du Houet. Elle est limitée à l'est par la commune de Satiri, à l'ouest par les communes de Kourouma (Province du Kénédougou) et Karangasso-Sambla, au nord par les communes de Koundougou, Padéma et Dandé et au sud par la commune de Bobo-Dioulasso. Située à trente (30) kilomètres de

Bobo-Dioulasso sur l'axe Bobo-Faramana, la commune de Bama est traversée du nord au sud par le Kou, affluent du fleuve Mouhoun, qui permet d'irriguer sa plaine rizicole. Les coordonnées géographiques de Bama sont les suivantes : 11°22 latitude Nord et 4°22 longitude Ouest, (cf. Figure 3).

Figure 3 : Carte de la Commune rurale de Bama

Source : PCD-Commune de Bama, 2013

Le climat est du type sud-soudanien. D'après le découpage phytogéographique, Bama est du secteur soudanien méridional (Fontès et Guinéo, 1995).Selon GUINKO cité par KABRE (2000), la commune rurale de Bama est située dans la zone sud soudanienne et se caractérise par l'alternance d'une saison sèche (octobre à avril) et d'une saison humide (mai à septembre). La température moyenne journalière est d'environ 18°C en période froide (octobre à janvier) et de 37°C en période chaude (février à septembre). L'insolation annuelle moyenne est de 8H/J, tandis que l'évaporation moyenne vaut

2 882 mm. Bama est située dans une zone assez bien arrosée comme l'indique la Figure 4.

Figure 4 : Relevé pluviométrique de Bama

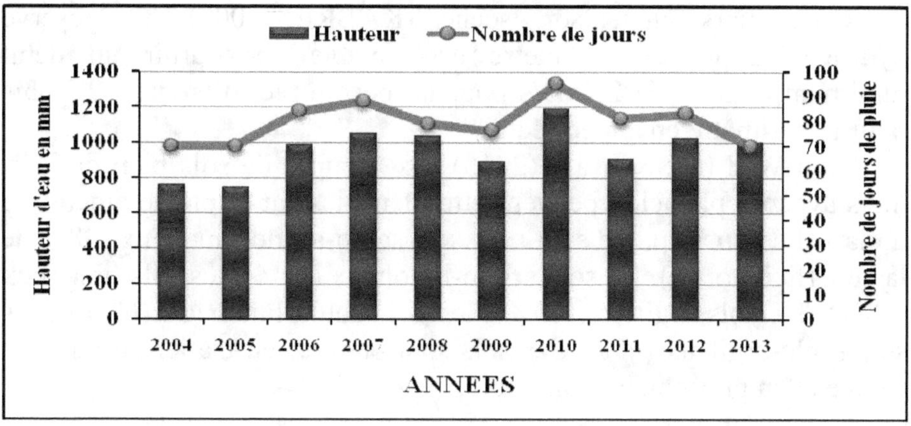

Source : Enquêtes de terrain, 2013

La phytogéographie décrite par GUINKO cité par KABRE (2000) classe la vallée du Kou dans le secteur soudanien méridional. La végétation est constituée par :

- la savane arborée se développant dans les pénéplaines et dont les espèces les plus communes sont Butyrospermum parkii, Vitellaria paradoxa, Sclerocari abirrea, Anogeissus leicarpus et Terminalia sp.
- la savane boisée évoluant sur les terrasses fluviales dont les espèces dominantes sont *Mitragyna inermis, Terminalia macroptera et Piliostigma reticulatum.*
- la savane arbustive sur les collines et les buttes cuirassées est caractérisée par Acacia macrostachya, A. seyal, Guiera senegalensis, Loudetia togoensis, Schizachirium exile et Cymbopogon sp.
- la prairie humide rencontrée dans les plaines inondables où les sols sont très profonds et argilo-limoneux. Les espèces caractéristiques sont *Andropogon gayanus, A. tectonum et Vetiveri anigritana.*

La végétation des habitations se compose généralement de Mangifera indica (manguier), Azadiracta indica (neem) et Eucalyptus camaldulensis.

Le réseau hydrographique est dominé par le fleuve Kou, un affluent du fleuve Mouhoun (voir carte 1). Le débit de cette rivière à la prise d'eau du canal principal d'alimentation de la plaine est de 14 m3/s au mois d'août. Les plus faibles débits peuvent atteindre 3,09 m3/s au mois de mars en saison sèche (KABRE, 2000). La réserve hydrogéologique du périmètre est capable de fournir un débit minimum continu de 2,4m3/s pour un besoin réel d'environ 2,2m3/s pour le périmètre en année sèche.

Selon WELLENS et al., (2010), six groupes de sols bien drainés, mais avec un pH acide peuvent être identifiés sur la plaine aménagée de la vallée du Kou. Ce sont : les sols sablo-argilo-limoneux (38% de la superficie totale), les sols argilo-limoneux (24%), les sols limoneux (18%), les sols argileux (10%), les sols sablo-limoneux (6%) et les sols sablo-argileux (4%). Ces sols sont pauvres en matière organique azotée et en phosphate assimilable.

3.2.2. DEMOGRAPHIE

Bama, selon la légende racontée par Lassina SANOU, Chef de village en 1998 soutient que ce village a été créé par un jeune chasseur de mère sembla du village de Toronso. Elle aurait été mariée au Mali probablement dans la région de Sikasso d'où elle fuira pour revenir dans son village natal. Déjà enceinte, elle accoucha d'un garçon qui quittera, plus tard, sa famille pour aller à la chasse. Il parvint à un endroit très giboyeux et poissonneux où il élit domicile et ne revint plus à la maison familiale. Un jour, son frère cadet le retrouva à cet endroit et essaya, en vain, de le ramener en famille.

Il demeura à cet endroit en disant à son frère en bobo "Bamban" ce qui veut dire littéralement je vais "me débrouiller". Son frère cadet repartit. Plus tard, le fondateur du village aurait reçu le message d'un caïman qui lui aurait dit notamment "moi je m'appelle Banwo, tu auras une grande prospérité si tu acceptes de demeurer ici et si tu acceptes de suivre ce que je te dis". Le chasseur accepta ce message et nomma la rivière banwo en souvenir du nom du caïman et son village Bama. Il se maria et eut un fils qu'il appela Bamassin (enfant de Bama) qui lui succédera à sa mort.

Dans l'histoire des Madaré, Bama a été le point de mire de la farouche détermination de ce peuple à combattre toutes formes d'agression extérieure. Il est devenu célèbre par la bataille de Bama. Elle a eu lieu en 1893 selon Ciré Ba I alors que Bama était à son apogée. Elle a été provoquée par TRAORE Tiéba, roi du Kénédougou qui était pourtant un neveu de Bama. Ce fut sous le règne de Zélélou Sanou de Dioulasso-ba (la capitale de Sya) qui, grâce à l'alliance qu'il scella avec les Tiéfo et les Dioula et surtout avec l'intervention miraculeuse du génie de Banwo (le caïman protecteur de Bama) est arrivé à vaincre TRAORE Tiéba. Ce dernier aurait été empoisonné par une femme (albinos) qui lui aurait apporté un plat de couscous de fonio sous l'ordre du caïman Banwo. C'est depuis lors que la bataille de Bama est entrée dans la légende des Madaré. Aujourd'hui, il est rendu célèbre par la création de la coopérative de la Vallée du Kou dont nous avons parlé plus haut.

Selon le recensement administratif de la population de 2006, la commune rurale de Bama comptait environ 22.510 habitants. De nos jours, cette population serait de l'ordre de 25.130 habitants dont 12.504 hommes et 12.626 femmes en considérant les taux d'accroissement annuel du Burkina Faso (voir graphique 2). On y rencontre plusieurs groupes ethniques dont les principaux sont : les Bobo (qui sont les autochtones), les Samo, les Bwaba et les Mossi (les allochtones). En terme numérique, le groupe ethnique Mossi forme le groupe majoritaire, avec 92% de la population totale selon le recensement administratif de 2006.

Figure 5 : Evolution de la population de la commune rurale de Bama de 2008 à 2012

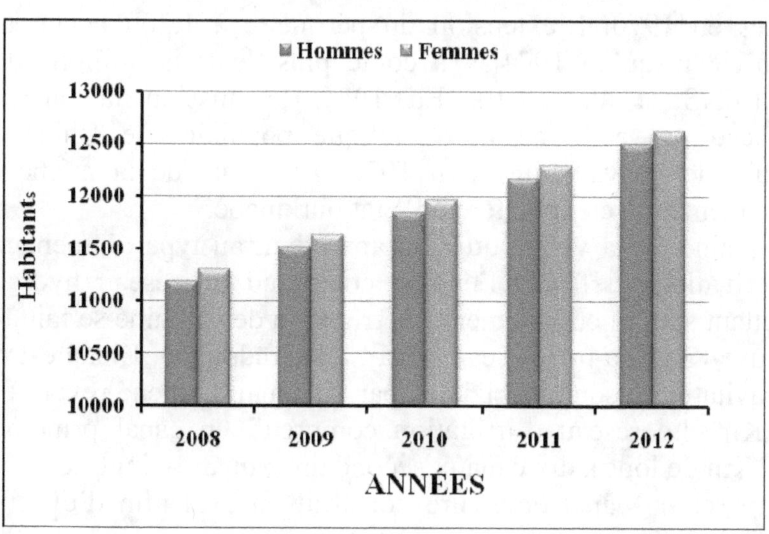

Source : INSD, 2008

La commune a vécu une forte migration suite à l'installation des colons (riziculteurs) venus d'horizons divers du Burkina pour occuper la plaine aménagée de la Vallée du Kou. Il comptait en 1985 une population de 4988 habitants composée uniquement de Madarè (il s'agit du village autochtone).

La structuration des groupes socio-ethniques de la Vallée du Kou établie par les enquêtes de OUEDRAOGO D. en 1980 fait ressortir le peuplement suivant : Bobo 23 %, Bobo-dioula 19 %, Mossé 44 % et autres 14 % (Samogho, Tiéfo, Toussians, Siamou, Bwaba, Dioula). Selon nos enquêtes, le village de Bama compte, aujourd'hui, vingt huit (28) ethnies.

3.2.3. ECONOMIE

La vie économique de la commune est rythmée par quatre principaux secteurs d'activités que sont l'agriculture (75%), l'élevage (15%), le commerce (8%) et l'artisanat (2%). L'agriculture occupe, en elle seule, près de 98% de la population active. Elle mobilise plus de 90% des terres de la commune avec dominance rizicole. En effet, elle abrite une plaine aménagée dénommée plaine de la Vallée du Kou qui a été réalisée dans le cadre de la coopération entre la Haute-Volta (aujourd'hui Burkina Faso), et la République de Taïwan.

Les travaux de base du réseau hydraulique de la plaine ont débuté en 1969 et ont permis de mettre en exploitation les 100 premiers hectares en 1970. L'extension du périmètre à 1.200 hectares s'est poursuivie jusqu'en 1974 et a coûté plus de trois millions d'euros (WELLENS et al., 2010). En 1974, la mission taïwanaise est remplacée par celle de la république populaire de Chine qui a poursuivi les travaux jusqu'en 1976. Au cours de la même année l'aménagement a été transféré à l'Etat burkinabè.

La plaine de la vallée du Kou appartient au type d'aménagement par dérivation au fil de l'eau et comprend un réseau hydraulique permettant son fonctionnement. L'irrigation de la plaine se fait à partir du fleuve Kou. La prise d'eau se fait à Diaradougou. L'eau est déviée par gravitation jusqu'aux rizières par un canal d'amené revêtu et long de 11Km. Le réseau d'irrigation comprend un canal principal (de 10,851Km de long), dix canaux secondaires, quatre-vingt-deux canaux tertiaires et un canal émissaire construit en aval afin d'évacuer les eaux de drainage.

La plaine de la Vallée du Kou a d'abord été gérée par l'Organisme Régional de Développement des Hauts-Bassins avec l'appui financier de la Banque Ouest Africaine de Développement et d'une assistance technique néerlandaise jusqu'en 1993. À partir de cette date, une coopérative auparavant sous la tutelle de l'Etat, va assurer la relève de la gestion de la plaine. De nos jours, la plaine est constituée de huit coopératives rizicoles de base et une coopérative maraichère et compte 1.368 producteurs dont la majorité est analphabète (WELLENS et al., 2010).

Malgré leur regroupement au sein de l'Union des Coopératives Rizicoles de Bama en 2001, différentes fonctions de l'aménagement étaient soit inexistantes, soit très mal assurées ; "ce qui a conduit à une désorganisation profonde de la production et à une perspective certaine de perte du capital, si la tendance n'était pas inversée" (WELLENS et al., 2010). Le riz est la culture dominante. On y fait deux campagnes par an : la campagne sèche et la campagne humide. L'encadrement technique des producteurs est assuré par les services compétents de la Direction Provinciale de l'Agriculture du Houet, (HIEN Koufanou, 2013).

Tableau 1 : Production rizicole à Bama

Spéculation	Superficie	Rendement moyen annuel (kg/ha)	Production (tonne)
Riz irrigué	1612	4500	7254
Maïs irrigué	438	2500	1095
Patate douce	147	10 000	1470

Source : Equipe technique de plaine Bama

L'élevage est l'une des activités économiques/ il se pratique selon le système de production animale caractérisé par le parcours de terroir à la recherche de pâturage. Il compte 45 000 bovins. La capacité de charge dans l'espace communal pour le bétail est largement dépassée ce qui oblige les pasteurs à déplacer leurs troupeaux dans la région des cascades et vers les républiques de côte d'ivoire et du Ghana. L'élevage des porcins est de plus en plus important avec un effectif de plus 10 000 têtes ; il se pratique dans des conditions précaires (sans abri, sans une alimentation équilibrée).

Les contraintes majeures identifiées dans le secteur de l'élevage sont : l'insuffisance du pâturage, l'insuffisance des parcs de vaccinations et l'obstruction des pistes à bétail.

En 2012, les effectifs du cheptel a été de 45 310 bovins, 17 928 ovins, 13 979 caprins, 10 043 procins et 3 896 asins, (ZATE, 2013.

La plaine est une source importante pour l'économie de Bama. Ses exploitants à travers l4union des Coopératives Rizicoles de Bama arrivent à faire des chiffres d'affaires annuels variant d'un milliard et à deux milliards, (1 000 000 000 à 2 000 000 000) de Francs CFA.

Au niveau agricole, le village est devenu, actuellement, le carrefour des technologies agricoles de pointe. Il abrite une antenne de l'Institut d'Etudes et Recherches Agricoles (INERA) qui y a expérimenté bon nombre de paquets technologiques en matière de production de riz et des fourrages. De même, il pratique la riziculture irriguée qui est rendue possible depuis l'aménagement de la plaine.

La riziculture irriguée est une technologie de pointe dont les différentes techniques culturales (appliquées par chaque exploitant membre de la coopérative) sont :

- la mise en place de la pépinière 350 m² par ha (40 kg de semences trempées dans l'eau 48 heures auparavant)
- le repiquage qui s'effectue 20-25 jours après la mise en pépinière aux écartements de 20 cm x 20 cm et en raison de 2-3 plants par poquet ;
- la lutte contre les mauvaises herbes par des désherbages chimique et mécanique. Le premier est très peu pratiqué à cause du coût élevé des produits ;
- l'apport de la fumure notamment du NPK à 600 kg/ha et de l'urée 200 kg/ha en deux fractions. Le NPK et la première fraction d'urée sont appliqués au premier sarclage (1 ou 2 semaines après le repiquage). La deuxième fraction de l'urée est apportée au stade de l'initiation paniculaire. Quant à l'irrigation, elle est faite selon un plan de distribution de l'eau de la section-eau. La récolte est manuelle alors que le battage et le vannage sont mécanisés (batteuses et vanneuses à pédales). Après le séchage, le riz paddy est livré à la SONACOR.

Le niveau technique de l'ensemble des riziculteurs est assez bon. Les pratiques rizicoles s'effectuent actuellement sans l'intervention de l'encadrement technique. Cependant, toutes les techniques culturales ne sont pas maîtrisées par les riziculteurs. Ce qui explique une baisse progressive des rendements allant de 6 tonnes à 4 tonnes à l'hectare. La technique de production et d'utilisation de la fumure organique n'est pas très employée par les riziculteurs alors qu'elle joue un rôle capital dans le maintien et l'amélioration du niveau de fertilité des sols de la plaine aménagée.

Outre la riziculture irriguée, Bama a une coopérative maraîchère qui ne fonctionne plus pour des raisons diverses. Les producteurs, pratiquent les cultures pluviales des autres céréales. Ce qui d'ailleurs a permis, sans doute, à Bama d'avoir un bilan céréalier excédentaire au cours des deux dernières campagnes agricoles.

De la présentation succincte de la commune, il se dégage qu'elle est pour note recherche un site intéressant. En effet, elle a développé de nombreuses initiatives pour réaliser le développement local.

À ce niveau, il ressemble beaucoup au village de Bala qui abrite une autre technologie de pointe : la culture motorisée.

3.3. HOUNDE

3.3.1. GEOGRAPHIE

La ville de Houndé est le chef-lieu de la province du Tuy, dans la région des Hauts-Bassins. Elle est située à 105 km de Bobo-Dioulasso, le chef-lieu de région, et à 255 km au sud-ouest de Ouagadougou sur la Route nationale 1, (Cf. Figure 5).

Figure 6 : Carde de la Commune de Houndé

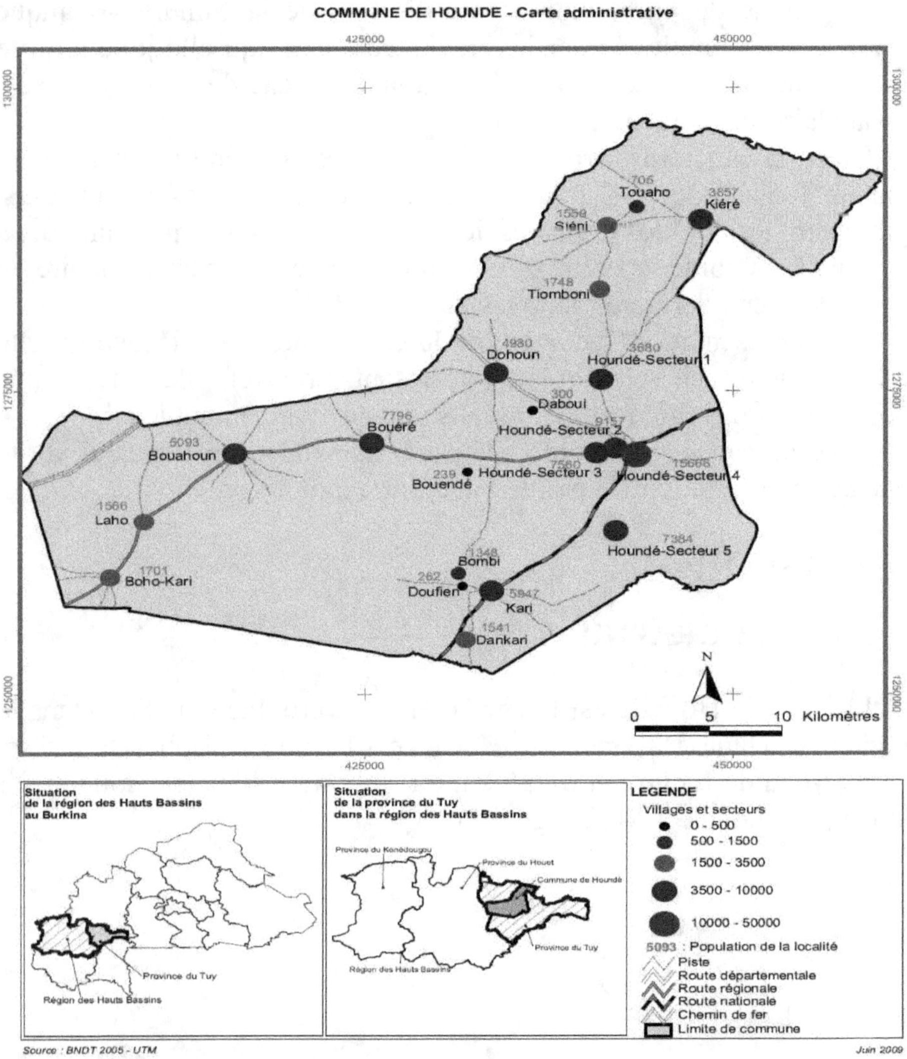

La commune occupe une zone à relief faiblement accidenté marqué par la présence des collines cuirassées latéritiques. Elle se situe entre les isohyètes 800 et 1000 mm. De ce fait, elle est relativement bien arrosée, (C f. graphique 6).

Figure 7 : Pluviométrie de Houndé de 1995 à 2013.

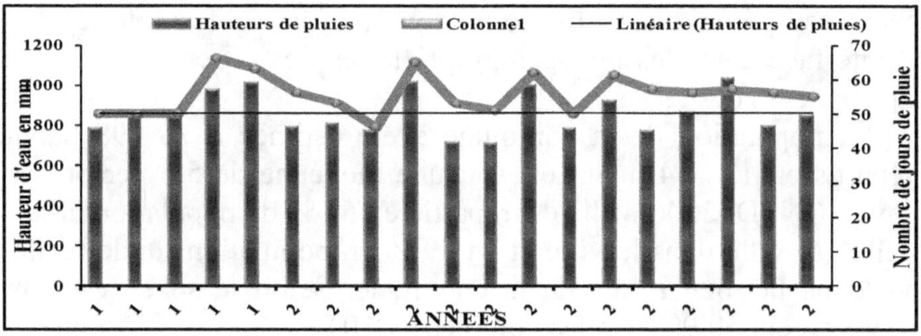

Source : DRASA Hauts Bassins (2014).

Le réseau hydrographique est assez dense. Il est formé des grands fleuves notamment, le Mouhoun, la Bougouriba, le Tuy. La commune abrite trois forêts classées, (Maro, Tuy et Bambou). Sa flore est composée des formations végétales riches et diversifiées composée de divers types de savanes, dont la densité des espèces ligneuses varie d'une zone à l'autre. Ces espèces sont *Vitellaria paradoxa (Karité), Tamarindus indica (Tamarinier), Parkia biglobosa (Néré), Adansonia digitata (Baobab), etc.*

Il y aussi dans la ville des arbres comme *Khaya senegalensis* (Caïlcédrat), *Delonix regia* (Flamboyant) et quelques arbres fruitiers *Manguifera indica* (le Manguier), etc.

3.3.2. DEMOGRAPHIE

La commune fait partie de la zone bwamu du pays. Les Bwaba sont de ce fait le groupe autochtone. Elle est composée de nombreux groupes allochtones, notamment les Mossé, les Peulh et autres. La population pratique la religion traditionnelle, l'Islam et le Christianisme. Les langues les plus parlées sont le mooré, le bwamu, le dioula, mais on y entend également parler le daffing et le fulfuldé. Les masques constituent la caractéristique fondamentale de la commune comme ils le sont pour la société bwa dans son ensemble. Les Bwaba pratiquent la culture basée autour du « Gninlé ou culte de la terre » et du « DO » qui est la divinité suprême de la société bwa.

Selon cette conception socio-religieuse, la terre est sacrée. Elle doit être préservée de générations et en générations. Elle est un bien commun qui appartient aux différents lignages. Ainsi chaque lignage dispose d'un domaine bien défini du territoire dans les villages. La terre est gérée dans chaque village par le chef de terre. Il sert d'interface entre les lignages propriétaires des terres et les éventuels demandeurs des terres.

La population de la commune a été estimée à 76 998 habitants répartis en 13 754 ménages, soit une moyenne de 5,6 personnes par foyer, (INSD, 2006). Elle est répartie en 51 % de population urbaine – celle qui ville dans la ville et en 49 % en population rurale (celle qui vit dans la zone rurale de la commune. Selon le sexe, les femmes représentent 50,90 % et les hommes 49,10 %

3.3.3. ECONOMIE

La population de la commune a été estimée en 2006 à 76 998 habitants, (INSD, 2006). Elle était de 82 090 habitants en 2009. Dans sa majorité, elle vit de l'agriculture qui est tributaire des aléas climatiques. Le coton et les céréales (sorgho, maïs, riz, etc.) constituent les principales spéculations agricoles de la commune.

L'élevage est la seconde activité après l'agriculture. Il est de type extensif. Les infrastructures sont insuffisantes pour l'élevage. Les parcs de vaccination sont au nombre de dix (10) et les puits pastoraux, au nombre de cinq (05). Il n'y a ni zones pastorales aménagées, ni pistes à bétail matérialisées sur le territoire communal ; ce qui provoque de nombreux conflits entre agriculteurs et éleveurs surtout en période hivernale.

La pêche dans la commune est de type artisanal. Elle est pratiquée dans quelques points d'eaux comme les barrages. Elle est également pratiquée le long du fleuve Mouhoun. Les principaux acteurs sont généralement les Bozo ou agri-pécheurs.La commune abrite huit principaux marchés répartis en trois marchés dans la ville de Houndé et cinq en milieu rural. Leur périodicité moyenne est de 5 à 7 jours. Les trois marchés de Houndé constituent le siège des affaires des commerçants de la ville et ceux des 15 villages de la commune. Le tissu industriel de la ville de Houndé est relativement acceptable, comparaison faite aux autres villes secondaires du pays. Les unités industrielles sont constituées d'une huilerie, d'une boulangerie moderne, de deux usines d'égrenage de coton de la SOFITEX.

L'exploitation de la mine de manganèse a récemment débuté par la société Burkina Manganèse SARL. Quant à l'exploration de l'or, elle est faite par les sociétés ACC et Goldbelt. Pour le moment, l'exploitation se fait de façon artisanale.

Sur le plan sanitaire, la commune dispose de neuf (09) formations sanitaires : un Centre Médical avec Antenne chirurgicale à Houndé, 02 Centres de Santé et de Promotion Sociale à Houndé et six centres dans les villages.

L'alimentation en électricité de la ville de Houndé est assurée par la Société Nationale Burkinabè d'Electricité.

La position de Houndé sur l'axe Bobo-Ouagadougou lui assure un trafic régulier et une bonne desserte en compagnies de transport, aussi bien de marchandises que de personnes, ainsi qu'en couverture de réseau téléphonique.

Les infrastructures sportives et culturelles restent minimes dans la commune. Il ya un stade municipal, la maison de la femme et la maison des jeunes. La commune possède également une auberge communale. Dans la ville, on dénombre aussi des structures privées.

Il existe quelques sites touristiques dans la commune urbaine de Houndé. Citons, entre autres, les Grottes de Dohoun et l'ancienne mosquée de Kari. Cette commune abrite de nombreux services déconcentrés de l'Etat. Tous ces services sont érigés en directions provinciales, (agriculture, environnement, ressources animales et halieutiques, etc.).

La commune urbaine de Houndé possède de nombreux acquis comme les ressources naturelles et dispose d'une autonomie de gestion. Elle a un plan de développement communal élaboré de manière participative. Ce plan est la résultante de l'implication des autorités communales d'une part, mais aussi des structures techniques : ONG, prestataires divers et des populations bénéficiaires. Tous ces acteurs s'expriment et s'attachent à identifier les atouts et les contraintes qui influencent le processus de développement de leur commune et à identifier des solutions prioritaires à mettre en œuvre pour impulser ce développement de façon durable.

3.4. KOUMBIA

3.4.1. GEOGRAPHIE

La commune de Koumbia est située dans la province du Tuy qui compte six autres communes (Bekuy, Bereba, Boni, Founzan, Houndé et Koti) .Elle est limitée au nord par la commune de Houndé au sud par la commune de Karango-vigné, au sud-est par les communes de Guéguéré, Etbondigui, à l'Est par la commune de Founzan, à l'Ouest par la commune de Lena.

La commune de Koumbia créée en 2004, compte 14 villages qui sont bonsé, Djuié,Dougoumato1, Dougoumato2, Gombélédougou, kongoledougou, kou,bia,lopohin, Makognadougou, Man, Pê, Pohin, Sébédougou, Waly,et plusieurs hameaux de culture. Elle couvre une superficie de 1365 Km² dont 30% sont occupées par les forêts (forêt classée de la Mou, la forêt classée de Kapo, forêt classée de Bambou) .La forêt classée de la Mou (la plus grande occupe toute la partie Sud du territoire.

Le relief de Koumbia est relativement contrasté. Dans la zone de Kongolekan, Dougoumato1, Djuié on a une chaine de colline qui s'étend des habitations jusqu'à la limite de la commune vers le terroir de Yehoun à l'Est et celui d'Itiédougou au Sud-Est. Le reste du terroir communal est assez plat surplombé par quelques élévations telles que la colline de Sébédougou. Les grands bas-fonds se rencontrent surtout dans la partie Sud du territoire communal.

Selon les villages les paysans distinguent 3 ou 4 types de sols. On a :

- Les sols gravillonnaires : faciles à travailler mais s'appauvrissent rapidement lorsqu'on les met en culture continue. Répandu un peu partout dans les villages c'est le type de sol dominant.
- Les sols sablonneux : Ils sont un peu répandus. On les rencontre surtout dans les plaines.
- Les sols argileux ou hydromorphes : Ils sont difficiles à travailler en cas de pluie insuffisantes (début de saison) et en cas d'excès d'eau les risques d'inondation sont élevés. Les paysans soulignent aussi les difficultés d'application des herbicides. Cependant ce sont les sols les plus riches et on rencontre de façon localisée surtout dans les bas-fonds et les zones inondables.
- Les cuirasses ferrugineuses qui constituent les sols incultes : on les trouve un peu partout dans les villages et leur proportion avoisine 25% du territoire communal.

De par sa position géographique, la commune de Koumbia appartient au domaine soudanien avec une saison de pluie qui s'étend de Mai à Octobre et une saison sèche qui va de Novembre à Avril. Les mois pluvieux (pluviosité supérieur à 100mm) s'étendent de juin à Septembre avec un pic au moins d'août. C'est la période active de végétation ou le disponible fourrager constitue surtout de graminées annuelles est plus abondant.

Les formations naturelles conservées se rencontrent surtout dans les forêts classées. Hors des Forêts classées, la végétation est soumise à de fortes pressions anthropiques. On distingue principalement :

- les savanes boisées et arborées dans les forêts classées ;
- les savanes arbustives sur cuirasses avec affleurements rocheux par endroit (Fougan en Dioula et Fukkaawo en fulfudé) : Classées parmi les terres incultes. Ce sont les seules zones qui ne sont pas mises en culture car le sol est très peu profond.

C'est la végétation de la zone agricole. Il s'agit des parcs à *Vitellaria paradoxa, (karité), Parkia biglobosa, (néré), Faidherbia albida.*

La commune de Koumbia est parcourue par de nombreux cours d'eau qui ont pour la plupart un régime saisonnier. Ils tarissent rapidement dès les premiers mois de saison sèche exception faite des cours d'eau de la Mou et du Son qui des affluents de la Bougouriba. Aujourd'hui ces cours d'eau sont quelques fois réduits à leur lit, les berges étant pour la plupart défrichées et mises en culture. Les défrichements et la coupe des arbres le long des berges sont à la cause de l'ensablement des cours d'eau et des retenues d'eau qui y sont aménagés.

La commune est très peu dotée en retenues d'eau, on dénombre deux (Sébédougou et Koumbia) qui tarissent en fin de saison sèche à cause de leur ensablement et de l'évaporation importante. L'assèchement rapide des eaux de surface pose d'énormes problèmes au développement de la culture irriguée et de l'élevage. Les cultures de contre saison, le maraichage ont du mal à se développer et dans les zones ou l'eau reste plus longtemps on relève très souvent des conflits entre agriculteurs qui s'installent pour faire du maraichage et les éleveurs qui veulent abreuver leurs bétails.

Une partie des terres de la commune est occupée par les forêts classées (3O%).Lorsqu'on soustrait la surface des forêts classées (41195ha) qui sont inaccessibles aux populations, l'emprise agricole avoisine 52% du terroir villageois disponible .Ce pourcentage est relativement important par rapport à la moyenne du Tuy qui est de 22%(Blanchard ;2005) .Les espaces disponibles hors culture sont essentiellement constitués de savanes arbustives dégradées sur cuirasse 37% et des pâturages de collines 6% et des bas-fonds 4%.

3.4.2. DEMOGRAPHIE

Le recensement général (INSD, 2006)en 2006 a estimé la population de la commune de Koumbia à 36252 habitants repartie selon les taux suivants :48% d'hommes contre 51,5% de femmes .En deux décennies (1985-2006)la population a presque quadruplée(figure) .Le nombre d'habitants au km² est passé de 8 en 1985 à 28 habitants au km² en 2006 .Elle reste en dessous de la densité moyenne de la province estimée à 39 habitants /km².Cependant lorsqu'on soustrait la superficie des forêts classées qui sont inaccessibles aux populations, la densité humaine atteint 41 habitants /km².La croissance rapide de la population est la principale cause des difficultés d'accès au foncier dans les différents villages .Elle se traduit également par une forte pression sur les autres ressources naturelles et pourrait engendrer des dégradations considérables si les modes de gestion durables de ces ressources ne sont pas mises en œuvre .

Les Bwaba sont les autochtones de Koumbia .L'immigration est à l'origine de la présence de plusieurs autres groupes éthiques (Mossi, Peul, Dagara, Samo, Dafing, Gourounsi, Gourmantché, Walla, Pougouli, etc) à la recherche de terres fertiles et pâturages pour certains.

3.4.3. ECONOMIE

L'activité commerciale est peu développée dans la commune. Les Marchés se tiennent selon une fréquence propre à chaque village et on y trouve les produits de premières nécessités (Savon, sucre, huile, habits, autres denrées alimentaires). Les marchands se déplacent de village en village les jours de marché pour vendre leurs produits.

La vente de céréales est cependant mieux organisée. A Makognadougou, Sébédougou, Koumbia on trouve des groupements de céréales spécialisés dans la commercialisation du maïs. Les acheteurs proviennent des grands centres urbains tels que Bobo-Dioulasso (50km) et Ouagadougou. Chaque jour de marché de nombreuses tonnes de céréales sont acheminées vers les villes qui sont d'accès facile.

La commune de Koumbia est située dans le cœur du bassin cotonnier. Les systèmes de culture sont basés sur une rotation coton /maïs avec deux cultures successives sans jachères .La vente du coton constitue la principale source monétaire pour les agriculteurs et les agro-éleveurs. Le maïs est avant tout une culture vivrière, dont les surplus sont vendus sur le marché de Bobo-Dioulasso et d'Ouagadougou lorsque l'unité de production doit faire face à un besoin financier .Le sorgho arrive en troisième position. Il est cultivé pour la fabrication de la bière locale .Les autres cultures secondaires (niébé, arachide, sésame) sont très marginales.

L'arboriculture et le maraichage sont très peu développés (VALLET et al., 2006) cité par SIMPORE Aristide Wendyam.

L'élevage est très présent dans la région, il s'agit d'un élevage de type extensif avec pour principales espèces, les bovins, les ovins, les caprins et la volaille. L'élevage bovin est une activité pratiquée par les Peuls et les Mossis qui possèdent du cheptel villageois.

L'activité commerciale est peu développée dans la commune. Les Marchés se tiennent selon une fréquence propre à chaque village et on y trouve les produits de premières nécessités (Savon, sucre, huile, habits, autres denrées alimentaires).Les marchands se déplacent de village en village les jours de marché pour vendre leurs produits.

La vente de céréales est cependant mieux organisée. A Makognadougou, Sébédougou, Koumbia on trouve des groupements de céréales spécialisés dans la commercialisation du maïs. Les acheteurs proviennent des grands centres urbains tels que Bobo-Dioulasso (50km) et Ouagadougou. Chaque jour de marché, de nombreuses tonnes de céréales sont acheminées vers les villes qui sont d'accès facile.

La commune de Koumbia est située dans le cœur du bassin cotonnier. Les systèmes de culture sont basés sur une rotation coton /maïs avec deux cultures successives sans jachères .La vente du coton constitue la principale source monétaire pour les agriculteurs et les agro-éleveurs. Lemaïs est avant tout une culture vivrière, dont les surplus sont vendus sur le marché de Bobo-Dioulasso et d'Ouagadougou lorsque l'unité de production doit faire face à un besoin financier .Le sorgho arrive en troisième position. Il est cultivé pour la fabrication de la bière locale .Les autres cultures secondaires (niébé, arachide, sésame) sont très marginales.

L'arboriculture et le maraichage sont très peu développés (VALLET al, 2006).

L'élevage est très présent dans la région, il s'agit d'un élevage de type extensif. Avec pour principale espèce, les bovins, les ovins, les caprins et la volaille. L'élevage bovin est une activité pratiquée par les peuls et les mossis qui possèdent du cheptel villageois.

3.5. KARRANGASSO-VIGUE

3.5.1. GEOGRAPHIE

La commune rurale de Karangasso-Vigué est située dans la province du Houet localisée dans la région des Hauts Bassins. D'une superficie de 2026 km², elle est géo-référenciée entre 3°36' et 4°10' de longitude Ouest et entre 10°42' et 11°10' de Latitude Nord. Elle s'étend sur 61 km environ d'Est à l'Ouest et sur 53 km environ du Nord au Sud. Elle est limitée :

- au Nord par les communes rurales de Koumbia (Province du Tuy) et de Lena (Houet),
- au Sud, par les communes rurales de Sidéradougou et de Ouo (province de la Comoé),
- à l'Est par le fleuve Bougouriba et la commune rurale de Bondigui (province de la Bougouriba),
- à l'Ouest, par la commune rurale de Péni et la commune urbaine de Bobo-Dioulasso (province du Houet).

Karangasso-Vigué, chef-lieu de la commune, est à 57 Km du chef-lieu de la province du Houet (Bobo-Dioulasso), auquel l'on accède par la route nationale RN°1. Cette commune est à 9 Km de la RN27 qui relie Yéguérésso (Bobo-Dioulasso) à Diébougou à partir du village de Klésso. La localisation de la commune rurale de Karangasso-Vigué sur le territoire Burkinabé et dans la province du Houet est présentée sur la carte 1.

La commune rurale de Karangasso-Vigué a un climat sud-soudanien caractérisé par l'alternance de deux saisons :

- une saison pluvieuse relativement longue de 6 mois (mai-octobre) avec des maxima pouvant atteindre 1300 mm par an ;
- une saison sèche qui dure de 4 à 6 mois (novembre – avril).

La pluviométrie variant entre les isohyètes 900 mm au nord et 1000 mm au sud, est soumise à une variation spatio-temporelle avec une tendance à la baisse durant ces dernières années.

Le relief se caractérise par un plateau ruiniforme. Il présente dans ses parties nord des collines cuirassées. Les zones de colline sont utilisées pour la pâture du bétail tandis que le reste du plateau est généralement consacré à l'activité agricole. Il existe essentiellement deux types de sols :

- les sols argilo sableux représentent 80% des sols de la commune. On y cultive les céréales (mil, sorgho, maïs, riz), les légumineuses, et les cultures de rente (sésame, coton, soja) ;
- les sols argileux (20% des terres) sont destinés à la culture du riz. Ce sont des sols de bas-fonds.

La superficie des terres destinées à la culture pluviale était estimée à 61 304 ha contre 253 ha pour la petite irrigation en 2007.

La commune rurale de Karangasso-Vigué, située dans le secteur phytogéographique méridional ; a une végétation caractérisée par une savane arbustive et une savane arborée. La commune dispose de plantations collectives et d'une forêt classée située dans le village de Dan. Elle partage également la forêt classée de Mou avec la commune rurale de Koumbia située dans la province du Tuy.

Le couvert végétal subi une dégradation liée à la conjugaison des effets des feux de brousse, du surpâturage et la coupe abusive du bois vert.

La commune rurale de Karangasso-Vigué est située dans le bassin versant de la Bougouriba.

Elle est parcourue par des cours d'eau à écoulement temporaire dont les plus importants sont :

- la Mou qui constitue la limite nord-est et s'écoule du Nord vers le Sud ;

- le Koba constitue la limite Sud-Ouest et coule de l'Ouest vers l'Est ;
- le Tionon coule de l'Ouest vers l'Est.

Ces cours d'eau constituent les principales sources d'abreuvement du bétail. Le réseau hydrographique de la commune est illustré sur la carte 3.

Le sous-sol de la commune regorge d'un potentiel minier riche en or. Plusieurs sites aurifères sont dénombrés dont les plus importants en termes de présence d'orpailleurs sont les sites de Kien (Dérégouan), Kouérédougou, Diosso, Poya, Dingaradougou, Mantion (Dan) Tôh (Dan) et Pankatioro (Karangasso-Vigué).

3.5.2. DEMOGRAPHIE

La commune rurale de Karangasso-Vigué a une population composite dont les plus anciens sont les Vigué, les Tiefo et les Dioula. L'installation du peuplement a été faite en deux vagues : La première vague est composée de Vigué, Tiefo et Dioula, venue de Kong en Côte d'Ivoire : La seconde vague, la plus récente, est constituée de Mossi (premiers migrants installés), les Dogossé, les Lobi, les Samo, les Dafing, les Dagara et les peulhs. Les raisons de ces mouvements de population sont essentiellement liées à la recherche de terres agricoles fertiles, du pâturage et de l'eau de surface pour l'élevage.

Selon le recensement général de la population et de l'habitat en 2006 (INSD, 2006), la population a été estimée dans la commune de Karangasso-Vigué à 75.481 habitants. La répartition de la population de 2006 par village montre que Dan est le village le plus peuplé avec 7 169 habitants et Tiébadialofaso le village le moins peuplé 351 habitants. Selon les résultats définitifs du recensement 2006, la densité de la population dans commune est de 37,6 hts/km² contre 58 hts/km² pour la région des Hauts-Bassins et contre 51,8 hts/km² pour le Burkina Faso.

Le taux d'accroissement moyen annuel de la population dans la commune de Karangasso-Vigué est estimé à 4,74% entre les deux recensements généraux de la population (1996 – 2006). Ainsi, la population est estimée à 104 382 habitants à la fin du premier PCD (2013) avec une densité de 52 hts/km² et à 131580 habitants à la fin du présent PCD (2018) avec une densité de 65 hts/km².Cette population est répartie dans 11.728 ménages en 2006 et estimée à 16.234 ménages en 2013 et 20 464 ménages en 2018.

Les résultats d'une enquête (PCD-AEPA, 2011) menée en 2011 dans les villages ont révélé la présence de 22 groupes ethniques dans la commune. Les autochtones n'étaient pas les plus répandus dans la commune : les Vigué dans 14 villages, les Tiéfo dans 10 villages et les Dioula dans un village. Par contre, les mossi (ethnie allogène) étaient présents dans tous les 25 villages de la commune et majoritaires dans 22, soit 88% des villages. Deux autres ethnies allogènes se distinguent par leur présence dans la commune. Il s'agit des Peulhs présents dans 23 villages et les Dagara présents dans 17 villages (PCD-AEPA, 2011). Ainsi, la commune de Karangasso-Vigué est une zone de forte immigration. En effet, un flux migratoire interne allant des parties nord de la commune vers le sud en phase de saturation (cas de Diosso) est observé. Toutefois, les migrations ont fortement diminué ces dernières années du fait de la raréfaction des terres cultivables liée à la forte pression foncière.

3.5.3. ECONOMIE

L'agriculture occupe une place de choix parmi les activités économiques de la commune et est la principale activité des populations en toute saison. Elle est du type extensif caractérisé par une semi-mécanisation pour les activités de labour et de sarclage. La culture attelée est le principal facteur de mécanisation du fait qu'un nombre élevé d'exploitants sont équipés en charrue plus les accessoires. Comparativement à d'autres communes, Karangasso-Vigué est nantie en tracteurs dont le nombre était 9 en 2008. Les GPC de la commune détiennent depuis 1998 le meilleur record de meilleurs producteurs de coton dans la région de l'Ouest.En effet, une production cotonnière de 23 685 t a été obtenue dans la commune en 2012 sur une superficie de 21 532 ha avec un rendement moyen de 1 100 kg/ha (DPASA, Mai 2013). Ainsi, la majorité des producteurs pratiquent une agriculture diversifiée basée la production cotonnière et des cultures vivrières. Les engrais minéraux sont généralement appliqués dans la culture du coton et très souvent pour le maïs. La fumure organique est de plus en plus utilisée, ainsi que les techniques de CES/DRS.

Durant les 8 dernières années, la pluviométrie a varié de 801 à 1194 mm tandis le nombre de jours de pluie a fluctué entre 81 et 37 jours.

La production céréalière et la superficie emblavée en céréales durant les 3 dernières années sont consignées dans le tableau ci-dessous. Les superficies mises en céréales ont connu une forte réduction à partir de 2010, entraînant ainsi une baisse de la production brute en céréales. Toutefois, le bilan céréalier dans la commune est fortement excédentaire.

La commune regorge de nombreux producteurs semenciers professionnels répartis en 2 unions. Il existe 120 ha de bas-fonds aménageable pour la riziculture à Dan (30 ha), Klesso (30 ha), Larama (30 ha) et Soumousso (30 ha). Durant le premier PCD, 2 000 ha ont été emblavés avec des semences/variétés améliorées de toutes spéculations confondues, 172 ha répartis sur 6 bas-fonds ont été aménagés (Dan, Diosso, Kouérédougou, Poya, Soumousso et Wara), 15,5 ha de périmètre maraîcher ont été aménagés avec l'appui de l'ONG ANARPH/Africare et 311 fosses fumières ont été stabilisées.

La commune dispose d'un poste vétérinaire à Soumousso, d'une mini-laiterie à Soumousso, d'une aire d'abattage à Soumousso (n'est pas utilisée) et 8 parcs de vaccination localisés dans les villages de Dan (1), Karangasso-Vigué (2), Soumousso (1), Dérégouan (Kien) (1), Wéré (1) Poya (1) et Yéguéré (1). Parmi les parcs de vaccination, un seul n'est aménagé selon les normes (celui de Yéguéré). Quant à l'agent vétérinaire, il est appuyé dans ses tâches de promotion de l'aviculture par des vulgarisateurs volontaires villageois formés à cet effet. Des couloirs d'accès aux points d'eau et aux zones de pâture ont été déterminés dans tous les villages mais la plupart n'a pas été matérialisée.

Cette absence d'aménagement est l'une des causes des conflits entre agriculteurs et éleveurs. Ce qui les expose aux obstructions qui sont souvent cause de conflits entre agriculteurs et éleveurs.

La commune compte quatorze marchés villageois sont dénombrés dans la commune, dont 6 sont considérés comme de grands marchés : Soumousso et Poya (se tiennent tous les dimanches), Wara (tous les lundis), Déguélin (tous les vendredis), Dan et Diosso (tous les samedis). Les autres marchés ont une envergure moyenne : Karangasso-Vigué, Kouérémangafesso (Gongoro), Yéguéré, Poya

Obaga, Kien, Klesso, Signonghin, Wéré, Seye, Kourimagafesso. Aucun de ces marchés n'est aménagé avec de matériaux définitifs. Toutefois, la position géographique de Karangasso-Vigué fait que la commune sert de pôle de ravitaillement en vivres et légume à la ville de Bobo-Dioulasso.

3.6. KOLOKO

3.6.1. GEOGRAPHIE

L'essentiel de la présentation de la commune rurale de Koloko est tiré du document du plan communal de développement. Cette commune est située à 50km à l'Ouest de Orodara, son chef lieu de province et à 125 km de Bobo-Dioulasso, le chef lieu de région, la commune de Koloko est constituée de 20 villages administratifs auxquels s'ajoute Koloko le chef lieu de la commune du même nom.

Le relief de la commune est fait de nombreuses collines et de vallées reposant sur un vaste plateau dont le point le plus élevé culmine à plus 600 m d'altitude. Elle se situe dans les isohyètes qui vont de 900 mm à 1200 mm. Elle est arrosée de plusieurs cours d'eau temporaires dont les plus importants sont le « Koba » le « Kartasso ». Ses sols sont gravillonnaires, sableux, limono-argileux et hydromorphes, (ZAT, 2008). Sa végétation est une savane peuplée d'arbres et d'arbustes.

Pour le maire de la commune, l'assainissement et l'amélioration du cadre de vie dans la commune de Koloko, constituent un des défis majeurs pour les responsables locaux. En effet, la gestion des déchets solides est déficiente et constitue une grave menace pour la santé publique. Les déchets solides domestiques produits dans les villages sont dispersés sur place. Il en est de même pour les eaux de toilette et de vaisselle. Les déchets plastiques, bien qu'encore faiblement représentés dans les déchets domestiques, constituent une menace sérieuse pour l'environnement et les animaux domestiques. En effet, ils contribuent à l'imperméabilisation de l'espace agricole et occasionnent également la mort des animaux qui les mangent. Ils sont aussi sources de pollution olfactive.

Dans les villages, les ouvrages d'assainissement dans leur ensemble font défaut. La promotion des latrines familiales par les partenaires techniques est faible. La gestion des excréta et des eaux usées domestiques est une préoccupation en elle-même et pourrait provoquer des conséquences graves pour la santé avec l'urbanisation croissante des gros villages de la commune et plus particulièrement de Koloko, le chef-lieu. De même, la divagation des animaux, particulièrement celle des porcs pose d'énormes problèmes d'insalubrité de par la présence remarquable de leurs déjections dans la ville et surtout autour du marché où de petits commerces ont quotidiennement lieu ; toute chose pouvant engendrer des maladies graves.

3.6.2. DEMOGRAPHIE

Historiquement, Koloko a été fondé par des Senoufos venus du village de Natindougou p lus particulièrement par un tisserand appelé Wouméme. Il installait son atelier de tissage dont le nom est Kokolo ce qui signifie......,ce villlage a été créé à la période du démantèlement de l'empire de Kong au XIXe siècle et à la fondation du royaume du Kénédougou autour de Sikasso par les TRAORE en 1825, puis disparu en 1898 par la prise de Sikasso par les français. Les différentes familles sont les COULIBALY, (chefs de terre), les DIARRA, (responsables des cultes), les TRAORE, (forgerons), les OUATTARA, (chasseurs).

Selon le recensement général de la population et de l'habitat, de 2006 (RGPH 2006), la population de la commune de Koloko s'élève à 19 854 habitants avec une répartition par sexe de 9929 hommes contre 9925 femmes.

Dans la commune de Koloko, les principales ethnies rencontrées sont, par ordre d'importance numérique les Senoufos, les dioula, les peulhs et les mossi.

Les différentes ethnies habitant la commune vivent en parfaite harmonie que viennent troubler de temps en temps les conflits entre éleveurs et agriculteurs de même qu'entre agriculteurs eux mêmes.

La population pratique trois religions notamment la religion traditionnelle, l'Islam, le christianisme. La religion traditionnelle qui est la première dans la commune. Elle est pratiquée par les Sénoufo, (groupe autochtone. Elle est faite des coutumes et traditions bâties autour du « Dambo » que tout le monde peut vénérer, du « Zapéguédio », du « Wara » ou " Gna ", du « Dookoro ».

Les autres religions sont l'islam et le christianisme (catholiques et protestant) considérées comme de nouvelles religions. L'église protestante existe depuis le 6 juin 1993 et la chapelle catholique depuis 1972 et sont toutes localisées dans le quartier Dioula.

La commune vit des mouvements migratoires qui touchent principalement les sénoufos qui vont au Mali, en Côte d'Ivoire et dans d'autres parties du pays. Signalons aussi le déplacement des populations du pays dans la commune. Actuellement, la population de la commune est estimée à 26 044 habitants.

Au plan de la gestion du pouvoir local, il y a d'une part le pouvoir traditionnel et le pouvoir communal. Traditionnellement, c'est le chef de village, (Kanhafolo en Senoufo) qui, avec l'appui du chef sacrificateur (koulfolo en Senoufo), le chef de terre (tarafolo en Senouo) administrent le village selon les coutumes sénofo.

Le pouvoir communal est assuré par le conseil communal composé des conseillers élus. Le conseil est présidé par le maire élu parmi les conseillers et par les conseillers. Le maire avec le conseil administre la commune rurale.

3.6.3. ECONOMIE

L'économie locale est essentiellement agricole au sens large du terme. Ainsi l'agriculture plus de 90% des actifs. Le système de production est e type semi-intensif. Elle est dominée par la culture céréalière (maïs, sorgho, petit mil et le fonio). Le coton y occupe une place importante. Elle est pratiquée dans son ensemble par des exploitations familiales de petite taille qui est souvent sous-équipée.

La commune arrive à satisfaire ses besoins en produits céréaliers. En effet, la moyenne des excédents céréaliers donne une valeur de 3138 tonnes alors que le besoin moyen de la population est 3 815 tonnes. Cela veut dire que la commune produit deux fois ses besoins réels en céréales.

Le maraîchage n'est pas très bien développé dans la commune. Cette situation s'explique en partie par l'absence de retenues d'eau, l'absence de périmètres maraîchers, la divagation des animaux, et les maladies liées à la mouche blanche. De même, les pesanteurs socio-culturelles pèsent encore lourdement sur l'exploitation de certaines cultures maraîchères comme l'oignon dont la culture est interdite dans certains villages de la commune.

La commune de Koloko bénéficie de conditions pédoclimatiques favorables au développement de l'élevage. En effet, l'importante pluviométrie enregistrée chaque année, favorise la disponibilité d'importantes quantités de biomasses végétales qui du reste, sont très diversifiées. De même, les réserves d'eau naturelles facilitent l'abreuvement des animaux. Le cheptel se compose principalement de 15 000 bovins, de 3 500 ovins, de 3000 caprins, de 100 porcins, de 200 asins et de 25 000 volailles, (ZATE, 2009).

Dans la commune, le transport des personnes et des biens est assuré par les entreprises de transport privées. Ces compagnies de transport assurent la liaison entre la commune et les autres centres urbains du pays (Bobo, Orodara, etc.). Le transport des personnes est assuré par les minibus les jours ordinaires. Les jours de marché voient l'affluence des gros camions de transport de marchandises et d'articles divers en provenance de Bobo Dioulasso, Orodara et des communes avoisinantes. Le mode de transport est mixte au niveau des camions, en principe affectés pour le transport de marchandises uniquement.

Divers articles de manufactures y sont proposés par les visiteurs externes. En retour, les vendeurs locaux offrent des produits agricoles, des articles artisanaux et des produits de cueillette.

3.7. PENI

3.7.1. GEOGRAPHIE

La commune de Péni est située dans la partie Ouest du Burkina Faso dans la Région des Hauts Bassins et dans la Province du Houet. Péni qui est le chef-lieu de la commune est situé à 35 km de la ville de Bobo-Dioulasso sur l'axe Bobo-Dioulasso Banfora (Route Nationale N° 7). La commune est en outre desservie par la ligne de chemin de fer Ouagadougou –Abidjan.

La commune rurale de Péni couvre une superficie d'environ 1200km2. Elle est limitée au nord par la commune de Bobo-Dioulasso, au sud par la commune de Tiéfora et de Sidéradougou dans la Comoé, à l'est par la commune de Karangasso-Vigué et à l'ouest par la commune de Toussiana. Elle est caractérisée aussi par la présence d'une falaise qui la sépare en deux entités.

3.7.2. DEMOGRAPHIE

La commune de Péni a connu un accroissement notable de sa population. L'accroissement naturel et les immigrations sont les facteurs explicatifs de cette évolution. En effet la population de la commune qui en 1985 était de 16176 habitants en 2006 (préfecture de Péni). Cette évolution de la population a des conséquences sur la gestion de l'espace communal.

3.7.3. ECONOMIE

L'agriculture et l'élevage constituent les 2 principales activités de choix dans l'économie de la commune avec plus 95% de la population. L'agriculture es caractérisée par la pratique de l'agriculture itinérante sur brûlis avec comme principales spéculation :

- les cultures vivrières (sorgho, millet, mai, fonio, riz pluvial, poix de terre, igname, patate douce, niébé, voandzous, taro, etc.)
- les cultures maraîchères de contre-saison (coton, arachides, sésame)
- les cultures de rente (coton, arachide, sésame).

En raison de conditions agro-climatiques plus ou favorable pour la commune, cette agriculture a des bons rendements qui peuvent être compromis à termes par les mauvaises pratiques culturales. L'élevage est le fait de peulh sédentaires avec un cheptel assez important. En 2008, il comptait 33 833 bovins, 12 044 ovins, 11 044 caprins, 728 porcins et 334 asins, (ZATA, 2008).

La commune est caractérisée par la prééminence des activités génératrices de revenus que les font femmes et le commerce des produits agro-forestiers en période de contre-saison. Cependant, ces activités sont confrontées à l'insuffisance des infrastructures marchandes (3 marchés pour toute la commune), au faible niveau de revenu et à l'impraticabilité des routes ; ce qui constitue des freins non négligeables à l'épanouissement de l'économie de la commune.

L'insuffisance des infrastructures de transport entrave considérablement l'activité de transport et la valorisation du potentiel touristique caractérisé par la présence de la falaise.

Au point de vue, sources d'énergie, on note la présence de la Société nationale d'électricité qui permet un éclairage partiel du chef – lieu Péni. Pour le reste de la commune, les principales sources d'énergie demeurent bien entendu le bois de chauffe pour la cuisine et la préparation du dolo, les lampes à pétrole ou les lampes torches pour l'éclairage.

4. CARACTERISATION DES SOCIETES ÉTUDIEES

4.1. SOCIETE MADARE (Bobo-Dioulasso et Bama)

Ces caractéristiques sont socio-culturelles, socio-politiques, socio-économiques que nous avons regroupées selon deux modes d'assemblages suivant leur similarité. Ainsi, le premier mode est constitué par les cadres sociaux dans lesquels s'écoule, mieux se meut la vie des Madarè. Le deuxième représente l'ensemble des paliers (strates ou niveaux) en profondeur de la société madarè.

Au niveau des cadres sociaux, nous les avons repartis en quatre types sociaux que nous appelons la quadrilogie des communautés à savoir la communauté de vie, la communauté de biens, la communauté des actions et la communauté de destin. En effet, la vie des Madarè se résume à "être ensemble", "avoir ensemble", "agir ensemble", "avoir une destinée commune".

Le premier cadre social qui est la communauté de vie, ou "être ensemble" se traduit par l'habitat groupé (maisons en tas), les villages groupés (peu éloignés les uns des autres). Le deuxième cadre social à savoir la communauté des biens ou "avoir ensemble" s'exprime par l'existence des champs collectifs, l'héritage commun des coutumes, des rites, des terres, etc. Le troisième cadre social qui est la communauté des actions ou la volonté d'agir ensemble regroupe toutes actions socio-culturelles, socio-économiques, socio-politiques que mènent les Madarè. Elles sous-tendent la vie sociale, économique, politique madarè.

Ils agissent ensemble, à travers les conseils de village, les coutumes, les manifestations sociales (mariage, funérailles etc.). Le quatrième cadre social est la communauté de destin. Il représente la vision qu'ils ont de leur passé, du présent de leur avenir. Ainsi, de par les expériences qu'ils ont acquises et accumulées au cours des âges, ils sont convaincus d'une chose "ils ont un destin commun".

La perception de cette communauté de destin, se traduit par le fait qu'ils croient que la succession des faits sociaux, économiques et politiques s'effectue dans la vie, selon la volonté du Vouro, du Do et des ancêtres. Leur avenir ne peut se concevoir en dehors de cette optique. C'est pourquoi, ils le traduisent dans leur vie terrestre en célébrant des funérailles collectives qui attestent que la plénitude de leur vie est réalisée. Ces funérailles, portent un double sceau. Elles lient le destin des vivants à celui des ancêtres, le destin de ceux-ci à celui de toutes les divinités madarè, Do, Sogo etc.

La vision du destin des Madarè est celle d'une vie communautaire ayant une triple dimension (communauté des vivants, communauté des vivants et des ancêtres et communauté des vivants, des ancêtres et du Do. Cette triple dimension des vivants, des ancêtres et du Do est une entité indissociable. Il en résulte que leur destin devient un idéal de vie qu'ils essaient de défendre pendant leur vie terrestre. Cet idéal vise essentiellement l'avènement d'une société madarè communautaire et humainement solidaire. Le quatrième cadre social représente donc l'imaginaire social madarè.

Ainsi, les quatre cadres sociaux, "être ensemble", avoir en commun, "agir ensemble" et le destin commun constituent les domaines de définition et les champs dans lesquels se meut la vie sociale, culturelle, politique, économique des Madarè. Ils sont interdépendants parce qu'ils agissent les uns sur les autres. Car il n'est pas facile de vivre en communauté s'il n'y a pas une communauté de biens, qui ne peut être envisagée que s'il y a un besoin d'agir ensemble. Ce besoin ne peut exister que s'il y a un idéal commun à défendre. L'existence de la quadrilogie des cadres sociaux implique nécessairement celle d'un contenu. Car, si les cadres sociaux constituent les contenants, ils ne peuvent fonctionner que s'ils contiennent quelque chose. Ce contenu est composé des paliers en profondeur de la société madarè. Il s'agit de la nature, de l'organisation sociale, des coutumes, du Do.

La nature est le premier palier en profondeur de la société madarè. Elle représente un ensemble complexe composé des terres, de l'habitat, des cours d'eau. Il s'agit de l'environnement au sens le plus large du terme. L'étude des attitudes et des comportements des Madarè nous a montré que leur société est un "Etat-nature" et que le Madarè est, lui même, "homme nature". L'histoire des Madarè est jalonnée des faits qui attestent que la nature et le Madarè constituent une même entité.

En effet, les motivations profondes qui ont amené tous les fondateurs (allant de l'ancêtre bobo venu du Mandé et aux ancêtres des huit villages à étudier), ont été d'ordre naturel. Ils ont tous une caractéristique commune à savoir (ils sont tous chasseurs et agriculteurs). Ils ont crée la société madarè (ancêtre Bobo) et les villages dans l'optique de satisfaire des besoins naturels propres aux Madarè à savoir la chasse et l'agriculture. Ainsi les mobiles qui les ont amenés à quitter leurs villages pour en créer d'autres sont d'ordre cynégétique et agricole. Le premier palier en profondeur de la société madarè ne peut être autre chose que la nature elle-même.

Le deuxième palier en profondeur est l'organisation ou la structuration sociale mise en place par les Madarè leur permettant d'occuper et d'utiliser la nature. L'organisation sociale des villages madarè que nous avons décrite peut se résumer en l'existence des classes d'âge mieux des classes des initiés, des conseils de village, des couches socio-professionnelles (cultivateurs, forgerons et griots). Cette organisation a donc une dimension horizontale (structuration sociale) et une dimension verticale (hiérarchisation et la stratification socio-politiques).

Elle est le reflet même de la quadrilogie des cadres sociaux : le mode groupé de l'habitat (être ensemble) la mise en place des structures chargées de la gestion des biens des familles et des villages (terres, récoltes etc.) ; il existe aussi des structures amenant les Madarè à agir (les funérailles collectives, les masques etc.). L'organisation madarè a été conçue et mise en place dans l'optique de mener une vie communautaire. Pour réaliser cet idéal, ils ont édifié leur organisation sur la base des coutumes qui forment le troisième palier en profondeur.

Nous appelons coutume l'ensemble des faits, des actes, des gestes que les Madarè ont élaborés, au cours des âges séculaires et qui représentent, aujourd'hui, les références sérieuses de leur "je suis né et j'ai vu." En réalité, ces coutumes représentent le code de conduite des Madarè et de leur société. Ce code est composé essentiellement des systèmes de valeurs, des normes de conduite, du mode de vie, de la trame des rôles sociaux, des symboles, de l'opinion et de la mentalité madarè. Nous appelons systèmes de valeurs l'ensemble cohérent qui regroupe les valeurs sociales, humaines, morales, spirituelles, économiques et politiques des Madarè.

Les valeurs humaines sont celles qui font d'eux des hommes dignes de leur société. Ainsi, un Madarè est jugé digne lorsqu'il est initié et quand il a des qualités et les compétences qui lui permettent d'être utile à lui-même, à sa famille et à sa communauté. Les qualités humaines exigées sont, entre autres, la discrétion, le dévouement, le respect d'autrui et de l'engagement, la sincérité, le don de soi à sa famille et à sa communauté, la sociabilité etc. Les compétences que doit acquérir tout Madarè sont le savoir, le savoir faire, le savoir être et le savoir vivre. Ces valeurs humaines vont de pair d'avec les valeurs sociales telles que le respect de la vie, de la personne et de la communauté, la solidarité entre les hommes, le goût de la vie communautaire. Il existe aussi des valeurs spirituelles telles que la piété, le respect des coutumes, la participation aux cérémonies communautaires du Do, la tolérance, l'esprit de partage.

Quant aux valeurs économiques, elles consistent à amener le Madarè à se prendre en charge et à prendre en charge sa société par sa propre capacité à travailler la terre. Ainsi, sa valeur économique se mesure au nombre de greniers qu'il obtient à la récolte. De même, la valeur économique d'un village madarè se mesure à sa capacité à subvenir à ses besoins alimentaires : un village chroniquement soumis aux famines, non seulement, n'a aucune valeur économique, mais surtout, est considéré comme maudit par les divinités madarè.

Le Madarè n'a aucune valeur économique s'il est démuni. Il perd toute sa valeur sociale s'il devient riche et refuse de partager sa richesse avec sa communauté. L'une des valeurs économiques qui est considérée comme cardinale par les Madarè est d'être, à la fois, un grand producteur et un prodigue des biens. Enfin, les valeurs politiques de la société madarè résident dans l'organisation de la démocratie villageoise dans laquelle tous les initiés ont les mêmes droits et les mêmes devoirs. Pour rendre cette démocratie véritable, cette société a défini les normes de conduite qui forment le deuxième sous-volet des coutumes. Ces normes représentent l'ensemble des lois non inscrites dans un code définissant ce qui est permis de faire et ce qui ne l'est pas. La morale sociale madarè se trouve à plusieurs niveaux : la famille, le clan, le quartier, la société, elle-même.

La famille est le cadre d'éducation des enfants (de socialisation de ceux-ci). En cela, les parents doivent être le reflet des normes de conduite de la société. Ils sont appuyés par le clan qui doit être aussi le reflet de la société pour les familles. Il y a, enfin, la société, elle-même, qui crée les cadres d'application et de contrôle à travers les sanctions positives et/ou négatives, les totems, les interdits sociaux. C'est, par exemple, le cas du chef de village qui doit avoir toujours, à sa main gauche, une queue de cheval (symbole de l'unité du village). Il n'est pas autorisé à serrer les mains de gens (lors des salutations). Il peut voyager, sans toutefois, être autorisé à dormir en dehors de son village.

Au niveau des initiés, ils ont appris à garder le secret du Do qu'ils ne doivent jamais communiquer aux non-initiés, aux étrangers. De même, les notables participant au conseil de village sont abstraints au silence sur les décisions prises jusqu'à leur publication officielle. Au niveau des femmes, elles ne sont pas associées aux initiations de leurs enfants ni aux masques. Dans ce cas, elles doivent se cacher, lors des passages des masques. C'est donc une certitude que la société madarè a son code moral qui régit les conduites des Madarè dans les familles, les clans, etc.

Ce code définit le mode de vie de cette société (3ème sous palier des coutumes). Ce mode n'est rien d'autre que des manières de vivre, de se comporter, de s'habiller, bref, il s'agit des modèles sociaux. Par exemple, le modèle vestimentaire madarè est un modèle de comportement qu'ils ont vis à vis de la nature. C'est ainsi qu'ils s'habillaient en feuilles ce qui faisait d'eux des "hommes-nature". D'ailleurs, c'est l'un des comportements qui leur a permis de passer de l'habillement des feuilles à celui de la cotonnade qui est un produit de la nature. C'est pourquoi les masques sont faits de feuilles, d'écorces etc. Dans la même optique, l'agriculture est un mode de vie qui lie l'homme à la nature. C'est à partir de ce mode de vie que la trame des rôles sociaux a été tissée par les Madarè.

Cette trame (quatrième sous palier des coutumes) définit les attributions sociales, économiques et politiques de chaque Madarè. Il est un enchevêtrement des rôles sociaux. C'est le cas du forgeron qui est à la fois l'orfèvre et le grand chef du Do dans les villages madarè (l'exemple de Koumi). Il est, aussi, le tampon social chargé de régler les conflits sociaux. De même, le griot est, à la fois, la mémoire collective, le musicien, le porte-parole, l'animateur du village. Aujourd'hui, le cultivateur bobo tend à devenir à la fois, le gestionnaire, le comptable, le commerçant, l'éleveur etc. La trame de rôles sociaux fait du Madarè :

- un homme politique, capable d'assurer des tâches politiques qui lui permettent de participer activement à la gestion des affaires du village ;
- un agent économique susceptible d'être producteur, distributeur et consommateur des richesses ;
- un agent social qui assure des tâches d'éducateur, de conseiller, etc. ;
- un homme de culture, dépositaire et transmetteur des modes de vie, de la tradition, des coutumes etc. A ce titre, il doit être à mesure de connaître la signification des symboles de sa société.

Car, la société madarè est celle des symboles sociaux dont les principaux sont les initiations, les rites agraires, les masques, sans revenir sur leur description, nous allons essayer de découvrir la signification des symboles qu'ils représentent.

Les initiations constituent les écoles où le processus de socialisation de l'enfant madarè s'achève. C'est le cadre de passage de l'enfance à l'âge adulte : (adolescent devient majeur donc investi des mêmes droits et devoirs que ses aînés initiés. L'initiation est le symbole de la citoyenneté, de l'identité madarè. Les rites agraires sont des demandes d'autorisation d'utiliser les terres qu'adressent les Madarè au Do en passant par les ancêtres et le chef de terre. Ils traduisent l'attitude de respect des Madarè envers la nature, la demeure des mânes ancestrales et celle du Do.

Par les rites agraires, ils établissent un pacte entre l'homme et la nature. C'est le symbole de l'unité de la trilogie "homme-nature-divinité". Les masques forment le plus grand symbole madarè qui transcende tous les rapports qu'ils ont avec les ancêtres, la nature et le Do. Le masque est donc le trait d'union entre les Madarè, les ancêtres, la nature et le Do. Il est le symbole de la vie, de la fertilité, de la procréation etc. C'est pourquoi, il occupe une place prépondérante dans la vie sociale, politique et économique des madarè, mieux, il constitue le seul cadre de leur unité transcendant leur variabilité socio-linguistique. Enfin, les funérailles collectives représentent le symbole qui les unit à leurs ancêtres. C'est aussi le symbole qui prolonge leur vie dans l'au-delà et qui atteste de l'éternité de la vie madarè.

L'ensemble de ces symboles qui sont ancrés dans l'opinion publique, en constitue les fondements matériels. Cette opinion publique est l'expression même de leurs sentiments, mieux, leur adhésion à l'ensemble des valeurs, des symboles de leur société. Cette adhésion se manifeste par leur participation volontaire, parfois obligatoire, dans tous les cas, enthousiaste et populaire aux funérailles collectives qui sont des occasions de leur rassemblement dans leurs villages. Ils transcendent, à cet effet, leurs divergences de tous ordres. Par ailleurs, cette opinion publique s'est transformée, au cours des âges, en une véritable mentalité et en un ensemble d'idées et de valeurs ou en une réelle mémoire collective qui crée, oriente, modèle les états d'âme, les actes, les gestes collectifs, les jugements de valeur. C'est à ce niveau que réside toute la psychologie des madarè.

Au total les coutumes madarè constituent le code de personne, de la famille, de la société, conçu et élaboré judicieusement par les Madarè, à travers leurs expériences collectives séculaires. Ce code n'est pas le seul fait des hommes, il est surtout le fruit des perceptions et des préceptes du Do. La société madarè est un "Etat-Do". C'est pourquoi nous considérons le Do comme le dernier palier en profondeur de cette société.

Elle est une société théocratique, bâtie sur le Do, régie par les coutumes, structurée sur la base de la nature. La nature, la structuration sociale, les coutumes, le Do constituent les paliers en profondeur de la société madarè. Ces paliers se meuvent dans quatre cadres sociaux (l'être ensemble, l'avoir en commun, l'agir ensemble et la destinée commune). C'est sur cette double quadrilogie des cadres sociaux et des paliers en profondeur que va agir l'appropriation des technologies modernes dont nous mesurons les dimensions socio-économiques et socio-politiques à travers l'étude de cas de huit villages que nous appelons sites de la recherche.

4.2. SOCIETE BWA, (KOUMBIA ET HOUNDE)

Les Bwaba constituent un groupe ethnique qui est à cheval sur le Burkina et le Mali. Ceux du Burkina seraient venus du Mali pour occuper essentiellement l'actuelle Région de la Boucle du Mouhoun.

Ce sont des communautés qui se sont farouchement opposées à la colonisation. Elle en a payé un lourd tribut lors des révoltes voire des guerres qu'elle a livrée contre les colons. Nazi BONI, un écrivain burkinabè en parle dans ces écrits notamment dans le « Crépuscule des anciens ». Dans cet ouvrage, il décrit la lutte héroïque des Bwaba contre la colonisation qui a connu son apogée entre 1914 et 1916. À cette époque, les Bwaba se sont insurgés contre l'administration coloniale française particulièrement à travers la guerre dite « guerre du Bani-Volta » au cours de laquelle, les Bwaba ont bénéficié de l'appui des Peuhl. Elle s'est soldée par de nombreux massacres et de nombreuses destructions des villages bwa par les colons français.

Il en résulte que les Bwaba est un peuple guerrier qui refuse la soumission sous toutes ses formes. Ce peuple est fortement attaché à ses traditions particulièrement à la religion traditionnelle à travers le culte du Do. En outre, ils sont fortement attachés à la communauté village et à l'esprit communautaire. Partant de ces caractéristiques religieuse et sociale, Jean CAPRON 1962 parle de l'univers religieux et de la cohésion interne dans les communautés villageoises Bwaba traditionnelles.

Or, le culte et la culture du Do se manifeste dans la vie quotidienne des Bwaba par les masques qui se présentent sous diverses formes (en bois, en feuilles, en fibres, etc.).

Au plan économique, les Bwaba sont de grands cultivateurs. Ils font de l'agriculture leur principale activité. Aussi, leur région, la Boucle du Mouhoun constitue-t-elle à la fois le grenier et l'un des pôles d'excellence du coton. Autrement dit, elle est forte productrice de céréales et de coton.

4.2.1. SOCIETE TIEFO, (PENI)

Les Tiéfo constituent l'un des groupes ethniques qui se trouvent entre les Bobo au nord, les Toussian au sud et à l'ouest et les Vigué à l'est. Ils sont connus dans l'histoire du Burkina par la lutte héroïque qu'ils ont opposée en 1897 au conquérant Samory TOURE qui les a presque décimés. Il a ainsi détruit entièrement la capitale des Tiéfos Noumondara qui est situé à une trentaine de kilomètres au sud de Bobo-Dioulasso. Cette guerre a dispersé voire a disséminé les villages tiéfo entre ceux des Bobo, des Jula, des Toussian, etc.

La figure de proue des Tiéfo a été sans doute Tiéfo Amoro dont le nom a été donné à une des grandes places de Bobo-Dioulasso, communément appelée Place de la Gare.

De nos jours, la majeure partie de ces villages se trouve dans la commune rurale de Péni qui est à 40 kilomètres au sud de Bobo-Dioulasso.

Culturellement, les Tiefo sont de gros cultivateurs attachés leurs traditions. Conscients des conséquences désastreuses voire génocidaires de la guerre que Samory TOURE leur a imposées pour les convertir à l'Islam, ils se sont constitués en une association dont l'objectif est de reconstituer l'identité Tiéfo. La capitale des Tiéfo est Noumoundara qui signifie le lieu des forgerons, (HAGBERG, 2003).

Par ailleurs, aucun accent particulier n'a été mis sur le génocide dont ce groupe été victime des guerres que Samoy TOURE a menées contre les Tiéfo.

De la présentation des sites et des sociétés, il se dégage de nombreux atouts qui, exploités judicieusement, peuvent leur permettre de réaliser le développement durable. Ces atouts sont entre autres :

- l'existence d'une pensée et des pratiques écologiques ;
- le lien formel établi de type dialectique entre l'homme et la nature ou l'environnement ;
- une zone propice aux productions agro-yslvo-pastorales ;
- une unicité dans la diversité des cultures et des langues, bâtie autour de la culture et de la langue mandingue ;
- une population majoritairement jeune accordant une place de choix aux femmes ;
- le souci permanent de préservation de l'environnement ;
- des efforts consentis pour l'assainissement du cadre de vie ;
- l'ancrage culturel de l'éducation environ-nementale par les initiations.

Notons qu'il existe aussi des limites objectives qui peuvent constituer des goulots d'étranglement à la réalisation du développement durable de ces sociétés. Les limites majeures sont entre autres :

- la dégradation continuelle et progressive des ressources naturelles ;
- le taux élevé de l'analphabétisme ;
- l'absence de véritables infrastructures de développement durable ;
- l'évolution lente des mentalités encore largement ancrées aux traditions et aux coutumes ;
- l'équipement peu performant ;
- l'absence d'efforts de faire évoluer la pensée écologique de base en une écologie du développement.

4.2.2. SOCIETE SENOUFO (KOLOKO)

La société sénoufo occupe le nord de la Côte d'Ivoire, une partie de l'ouest du Burkina et une partie du sud du Mali. Le terme sénoufo vient du Jula qui désignerait la langue du cultivateur. De ce fait, le sénoufo est essentiellement un cultivateur. Son ancêtre serait venu au XVIIè de Kankaba (….). Les Sénoufo seraient partis du delta du Niger de la zone de Mopti au Mali et seraient parvenus dans leur territoire actuel au premier millénaire plus précisément au XVIIè siècle.

Territorialement, ils occupent :

Le nord de la Côte d'Ivoire où ils créèrent une chefferie importante à Korhogo qui est la capitale des Sénoufo de ce pays ;

Une partie de l'ouest du Burkina où ils firent partie de l'empire du Guiriko (fondé par les Dioula de Kong de la Côte d'Ivoire, ils créèrent le royaume du Kénédougou dont la capitale est Orodara ; Le sud du Mali particulièrement la région de Sikasso.

Les Senoufo seraient estimés actuellement à 1 500 000 personnes réparties dans une trentaine de sous-groupes. Culturellement, les sous-groupes ont des caractères qui leur sont propres. Au-delà de leur diversité, ils ont des traits culturels communs notamment au niveau des pratiques religieuses. C'est ainsi qu'ils forment la même entité culturelle au-delà des frontières héritées de la colonisation et des différences linguistiques.

Au plan linguistique, le terme sénoufo est un terme mandingue qui dériverait d'un autre terme mandingue « séné » qui signifie cultivateur. Ainsi la langue sénoufo est le « Siéna » et ceux qui parlent le « siéna » sont les Sénoufo. Il n'y aurait donc pas de différences linguistiques fondamentales hormis celles de l'accent, du ton, de la contraction de mots.

CHAPITRE III

PRATIQUES DU DÉVELOPPEMENT

Dans ce chapitre, nous décrivons voire analysons de manière critique les logiques et les pratiques de développement des sociétés des savanes du Burkina Faso. Il s'est agi pour nous de montrer de manière presque formelle que ces sociétés, au-delà de la diversité des pratiques, font dans une logique écologique du développement, logique héritée de la philosophie et de la culture mandingues dont la plupart des sociétés étudiées sont issues.

Cette philosophie se résume en l'établissement de liens ombilicaux entre d'une part l'homme et la nature et d'autre part entre l'homme et Dieu qui se manifeste à eux par plusieurs intermédiaires. D'ailleurs la culture de ces sociétés est de type monothéiste, existence d'un seul et unique Dieu, créateur de tout l'univers et tout ce qui renferme.

De ce fait, ces sociétés établissent de manière formelle un lien trilogique Dieu-nature et homme. Il en résulte une logique à la fois écologique, divine et humaine qui constitue le fondement de tout développement de ces sociétés.

Ainsi, les dimensions écologiques représentent l'ensemble des pratiques de gestion de l'environnement et par voie de conséquence des ressources naturelles qui comportent entre autres, l'eau, les terres, la faune, la flore mais aussi les ressources minières ou les métaux précieux, notamment l'or. Nous analysons surtout les pratiques écologiques et leurs dimensions dans le développement durable de Bobo-Dioulasso et de sa banlieue. Il s'agit entre autres de l'écologie madaré, de la gestion des forêts classées, de la gestion des ressources naturelles au niveau d'un front pionnier, de l'assainissement du cadre de vie, de l'éco-citoyenneté.

1. PRATIQUES MADARE

L'un des défis majeurs que les sociétés des savanes du Burkina sont appelées à relever si elles veulent réaliser leur développement est de savoir protéger leur environnement en général et leurs ressources naturelles en particulier. A cet effet, elles doivent exploiter de manière rationnelle leurs savoirs et savoir-faire locaux et leurs pratiques en matière d'écologie. Elles sont presque toutes héritières de la culture mandingue qui, par essence, est de type écologique. En atteste la culture madaré, celle de la société bobo dont le terroir couvre partiellement les Provinces du Houet, des Banwa, de la Kossi.

Cette société a sa propre vision et même ses pratiques écologiques qui lui servent de nos jours de repères stratégiques pour la gestion appropriée de l'environnement. C'est à ce niveau que se situe la dimension culturelle qui doit être prise en compte dans le processus du développement/ C'est dans cette perspective que le sommet de Rio (1992) a recommandé aux pays de bâtir les stratégies du développement durable autour des spécificités culturelles de leurs communautés de base.

C'est l'un des 27 principes de base de la déclaration de Rio, contenus un recueil appelé Action 21. C'est ainsi que le principe 9 dit que "les Etats devraient coopérer ou intensifier le renforcement des capacités endogènes en matière de développement, en améliorant la compréhension scientifique par des échanges de connaissances scientifiques et techniques, en facilitant la mise au point, l'adaptation, la diffusion et le transfert de techniques, y compris de techniques nouvelles et novatrices. C'est dans cette perspective que nous produisons le présent article sur la philosophie et les pratiques écologiques de la société madaré du Burkina Faso.

Le principe 9 définit ainsi l'itinéraire scientifique de la diffusion des technologies. Quant au principe 22, il détermine les rôles des communautés et des Etats dans l'édification du développement durable. Il stipule que les populations et les communautés autochtones et les autres collectivités locales ont un rôle vital à jouer dans la gestion de l'environnement et le développement, du fait de leurs connaissances du milieu et leurs pratiques traditionnelles. Les Etats devraient reconnaître leur identité, leur culture et leurs intérêts, leur accorder tout l'appui nécessaire et leur permettre de participer efficacement à la réalisation d'un développement durable, (action 21, 1993). C'est dans cette optique que nous avons mené des travaux sur l'écologie madaré auprès de 216 exploitations agricoles de la société madaré en général et Bobo-Dioulasso et de sa banlieue en particulier.

Cette société est située à l'Ouest et au Nord Ouest du Burkina (cf. Carte). Elle connaît, de nos jours, des problèmes de détérioration de son environnement. Cette détérioration est la résultante de nombreux facteurs sociaux (pression démographique), culturels (non respect de l'éthique madarè de la nature et non valorisation de ses pratiques en matière de protection et de préservation de la nature), etc. Cette non-valorisation est aggravée par l'introduction des technologies modernes dans cette société. Cette introduction n'a pas abouti à leur enracinement à l=sa culture. Qui pis est, elle a relégué ses pratiques à un second rang, aboutissant ainsi à une simple substitution de celles-ci par les innovations technologiques.

Les innovateurs n'ont pas eu une véritable considération pour ces pratiques, les qualifiant de rétrogrades, d'empiriques, d'anti-scientifiques. De même, ils ont qualifié de rétrograde, l'attitude des anciens ou des personnes âgées de cette société qui, ancrés aux coutumes séculaires, n'avaient pas accepté d'emblée les innovations technologiques qui leur furent proposées voire imposées. C'est le cas de la culture attelée, (à Koro) de la riziculture irriguée (à Bama). Ces anciens n'auraient-ils pas raison, aujourd'hui, quand on sait que, trois à quatre décennies après l'introduction de ces innovations dans leur société, il se dessine une sorte de retour à la case départ ?

Territorialement, la société madarè occupe l'Ouest et le Nord Ouest du Burkina (cf. carte N°1). Elle est limitée au Nord par les Mandé du Mali, à l'Est et au Nord-est par les Bwaba au Sud par les Tiéfo, les Dioula, les Vigué, à l'Ouest par les Sénoufo, les Sembla, les Bolon. Géographiquement, le terroir madarè se présente sous la forme d'un grand rectangle ayant une longueur de 200 km (le sens Nord-Sud) et une largeur variant de 50 à 80 km, (cf. carte N° 2). Sa superficie serait alors de 10 000 km² à 16 000 km².

Au niveau agricole, le terroir madarè est composé des sols assez fertiles. Ils sont peu profonds, assez fragiles, soumis, de manière permanente, à l'érosion. Son climat, comme celui de l'ensemble du Burkina, est de type soudano-sahélien. Il est marqué par des températures moyennes variant de 20 à 30°C et par deux saisons dont l'une est sèche, la plus longue, allant d'octobre à mai et l'autre pluviale, la plus courte, allant de mai à octobre. Le terroir se situe dans les zones les plus favorisées et les plus arrosées (pluvieuses) du pays. Sa pluviométrie varie de 900 à 1200 mm. En outre, elle est arrosée par de nombreux cours d'eau dont les plus importants sont le Mouhoun, le Kou, le Dafra, le Houet.

Le terroir madarè regorge des sols qui sont encore de grande qualité même s'ils se dégradent, de jour en jour. Ils sont, dans leur ensemble, fertiles et les plus fertiles du pays. Au plan de la végétation (liée elle-même aux sols et aux précipitations), le terroir madarè se situe dans la zone dite pré-guinéenne, dont la principale caractéristique est la constitution d'un certain nombre de forêts (Dinderesso, Maro, etc.). La végétation de cette zone est l'une des plus abondantes et des plus riches du Burkina. Situé aussi en partie dans la zone soudanienne, il est parsemé de savane arborée.

La présentation du milieu physique montre qu'elle a de grandes potentialités agro-sylvo-pastorales qu'il convient de gérer de manière judicieuse dans la perspective de son développement durable en général et de celui de Bobo-Dioulasso et de sa banlieue en particulier.

Cette société est peuplée essentiellement des autochtones que sont les Madaré mais aussi de nombreux groupes allochtones (Mossé, Samo, Marka, Peuhl et autres). Sa population est composée des Bobo-Fing (agriculteurs sédentaires) et des Zara ou Bobo-Dioula (commerçants). Elle est estimée à nos jours à 300 000 ou 400 000 habitants. Administrativement, son terroir est à cheval sur la Région des Hauts-Bassins à travers la Province du Houet et celle du Mouhoun à travers les Provinces des Banwa et de la Kossi. Elle compte trois communes urbaines (Bobo-Dioulasso, Solenzo, Nouna) et de nombreuses communes rurales.

Au plan sociolinguistique, le terroir madarè est réparti en trois, voire quatre zones selon les auteurs. Pour CIRE-BA I. (1954), les Bobo-fing se subdivisent en "trois clans ou grandes familles (les Binguin, les Dossama ou Vori, les Zara). Les Binguins seraient les ancêtres des Bobo oulé ou sogo-kiré ou hommes confiés à Sogo (le dieu de la brousse). Les Dossama ou vori représentent le clan des aînés, ceux qui se réclament vrais Bobo. Le terme voré, en Bobo, se traduit par aîné, alors que dossama est la semence du Do. Ils sont, généralement, les chefs du Do. Les Zara sont des Bobo islamisés. Pour G. LE MOAL (1960), les Bobo se répartissent en "Sya kôma" ; "Ba kôma" ; "kure kôma" ; Sakôma", "Bana kôma" Sye-kôma, plus les zones des voré et des Binguin.

Quant à A.T. SANON, (1986), il a regroupé les dialectes madarè en quatre. Pour lui, la "population se reconnaissant madarè (Pindarè, Yogodarè, Mu-déré) se repartit en quatre grandes zones sociolinguistiques. Il s'agit du "Sya da", du "Vori da", du Bengen da", du "Bobo Wilé da". Le "Sya da" est la zone de Sya ou de Bobo-Dioulasso. Le "Vori da" est le dialecte des Voré ou des aînés, regroupant les villages installés le long du Ko. Le "Bingen da", est le dialecte de la zone orientale. Enfin, le "Bobo Wilé da" est le dialecte de l'ensemble des villages qui se situent au dessus de la Volta noire ou du Mouhoun et les Madaré de la province de la Kossi.

De la compilation des données sociolinguistiques de ces trois auteurs, nous retiendrons que la culture madrée tire son fondement philosophique des pratiques sociolinguistiques et socioreligieuses. En effet, la philosophie madarè est contenue dans le vocable "Ma-da-rè" qui est la langue de l'ensemble des Madarè, regroupant dans la même entité socio-linguistique, les Bobo-fing et les Bobo-dioula ou les Zara. Le terme madarè qui serait en réalité ma-da-rè signifie "je dis que". Le ma-da-rè serait alors le moyen par lequel le Bobo s'exprime et cherche à se faire comprendre par les autres. Il serait aussi l'un des éléments du processus de socialisation des enfants madarè et d'identification des Madarè adultes. Ces derniers ont appris le fondement socio-culturel de la "parole" qui crée et transmet des messages aux hommes. D'ailleurs, le Madarè ne serait considéré devenu homme que lorsqu'il aura subi l'initiation qui marque la fin du processus de socialisation des enfants. Les rites initiatiques permettent aux Madarè, d'appréhender la dimension sociale, culturelle de la parole du ma-da-rè.

Ainsi, l'une des valeurs fondamentales du madarè est la discrétion. Car, la parole aurait un fondement religieux. Elle proviendrait du Do et serait transmise du Do aux Madarè par les ancêtres morts et les anciens. La parole serait alors sacrée pour eux. Ils doivent apprendre à l'utiliser, de manière judicieuse, s'ils ne veulent pas encourir le risque de se la faire retirer par les anciens, les ancêtres, le Do. La parole représente ainsi toute la réalité socio-culturelle donc socio-éducationnelle et socio-religieuse des Madarè qui apprennent à connaître les secrets de celle-ci par l'initiation.

Ils considèrent la parole comme étant le don le plus précieux du Do, venant de son intimité. Il en résulte que leur vie sera emprunte de cette intimité de la parole qui les lie, d'une part au Do, d'autre part, à leurs ancêtres et à leurs anciens. C'est dire donc que le Madarè se reconnaîtra par l'habileté avec laquelle il emploiera la parole. Ce qui fait de lui un homme discret voire effacé dans tout autre milieu. Il n'est pas exagéré de dire que le Madarè véritable est non seulement le "Bobo son" mais surtout le "son Bobo" c'est-à-dire "le Bobo homme" et le "Bobo muet".

Par ailleurs, la société madaré est stratifiée. Sa stratification sociale comporte trois classes (les initiés, les non initiés et les femmes). Les initiés ou des hommes (virils), qui, à travers les rites initiatiques, ont été présentés au Do et ont été jugés aptes à participer à la vie publique (politique) de la cité. Ils peuvent par conséquent jouir de leurs droits de citoyenneté en accomplissant leurs droits et devoirs de citoyens. Aussi, jouent-ils les premiers rôles dans la société madaré, et ce, par classe d'âge. La succession à la gestion des affaires publiques se fait tous les sept ans.

Les non initiés regroupent toutes les générations des jeunes gens (virils) qui n'ont pas encore subi les rites initiatiques. Ce sont les citoyens mineurs de cette société. Ils n'ont pas encore acquis le droit de citoyenneté. Ils peuvent, cependant, être associés à la gestion des affaires de la cité lorsque les initiés leur confient des tâches précises. Ils n'ont pas le droit de participer pleinement à la vie publique (sortie des masques et autres pratiques du Do). D'ailleurs, ils ont le devoir de se cacher lors des passages des masques.

Au plan socio-culturel, nous avons regroupé les pratiques madaré en deux modes d'assemblages suivant leur similarité. Ainsi, le premier mode est constitué par les cadres sociaux dans lesquels s'écoule, mieux, se meut la vie des Madarè. Le deuxième représente l'ensemble des paliers (strates ou niveaux) en profondeur de la société madarè. Au niveau des cadres sociaux, nous les avons répartis en quatre types sociaux qui se résument en la communauté de vie, des biens, des actions et de destin. En effet, la vie des Madarè se résume à "être ensemble", "avoir ensemble", "agir ensemble", "avoir une destinée commune".

Autrement dit, la société madaré se veut essentiellement communautaire au quadruple plan social, (communauté de vie), économique, (communauté des biens), politique (communauté d'action) et idéologique, (communauté de destin et vision du monde). Elle est bâtie autour de la nature, de l'organisation sociale, des coutumes, du Do.

La nature représente un ensemble complexe, composé des terres, de l'habitat, des cours d'eau. Il s'agit de l'environnement au sens le plus large du terme. L'étude des attitudes et des comportements des Madarè nous a montré que leur société est un "Etat-nature" et que le

Madarè est, lui même, un "homme nature". C'est à ce niveau que l'écologie madaré trouve son fondement existentiel. Elle est vécue à travers les initiations, les rites agraires, les masques. Les initiations constituent les écoles où les processus de socialisation de l'enfant madarè s'achèvent. C'est le cadre de passage de l'enfance à l'âge adulte. L'adolescent devient majeur et donc investi des mêmes droits et devoirs que ses aînés initiés. L'initiation est le symbole de la citoyenneté, de l'identité madarè. Les rites agraires sont des demandes d'autorisation d'utiliser les terres qu'adressent les Madarè au Do en passant par les ancêtres et le chef de terre.

Ils traduisent l'attitude de respect des Madarè envers la nature, la demeure des mânes ancestrales et celle du Do. Par les rites agraires, ils établissent un pacte entre l'homme et la nature. C'est le symbole de l'unité de la trilogie "homme-nature-divinité". Les masques forment le plus grand symbole madarè qui transcende tous les rapports qu'ils ont avec les ancêtres, la nature et le Do. Le masque est donc le trait d'union entre les Madarè, les ancêtres, la nature et le Do. Il est le symbole de la vie, de la fertilité, de la procréation, etc. C'est pourquoi, il occupe une place prépondérante dans la vie sociale, politique et économique des madarè, mieux, il constitue le seul cadre de leur unité transcendant leur variabilité socio-linguistique. Enfin, les funérailles collectives représentent le symbole qui les unit à leurs ancêtres. C'est aussi le symbole qui prolonge leur vie dans l'au-delà et qui atteste de l'éternité de la vie madarè.

Pour déterminer la dimension culturelle de l'écologie madaré, il est utile de la situer dans le champ historique de cette société, car elle se vit comme un héritage séculaire (transmise d'une génération à l'autre). En effet, l'histoire montre que cette société est issue de Djenné (de l'actuelle République du Mali). Ses fondateurs seraient un Bobo-fing et un Bobo-Dioula, venus de cette ville du Mali respectivement aux Xè et XVè siècles. Le premier fonda Timina (village actuellement disparu), le second le village de Sya (devenu ville de Bobo-Dioulasso). C'est ainsi que cette société a été créée dans l'Ouest du Burkina. Elle couvre une superficie de 10.000 à 16.000 km². Elle compte 250.000 à 300.000 âmes réparties en 171 villages.

Écologiquement, l'univers de cette société est indissociable de la nature (héritage culturel du mandé). Elle fait de ses hommes des "hommes-nature" et d'elle-même un "Etat-nature". La nature représente pour elle, tout ce qui entoure, protège, créé et anime la vie. La nature est aussi la demeure des ancêtres et surtout le sanctuaire de ses divinités dont Longo et le Do. Longo est protecteur de la nature (la brousse) et Do protecteur de la cité (le village). La nature n'est donc pas une simple donnée physique, mais une donnée spirituelle. Elle est de ce fait sacrée. Elle ne peut être occupée par l'homme sans l'autorisation des divinités et des ancêtres qui l'habitent.

Cette société en a fait, au cours des âges une symbolique composée de trois symboles : la nature (elle même), le Do et le masque. Cette symbolique est, dans la plupart des cas, incorporée aux noms des villages, des familles et aux prénoms. Ainsi le nom de Sya aurait été donné à la ville de Bobo-Dioulasso en souvenir de l'arbre sous lequel le fondateur de cette ville avait l'habitude de se reposer. Signalons que Sya a d'autres significations. Bama rappelle le souvenir du caïman sacré de "Banwo" qui demanda à son fondateur de s'installer là. Koumi signifie village situé sur la rive du Kou. Tondogosso signifie tas de pierre que le fondateur avait constitué à la création du village.

Concernant les noms de famille, le nom SANOU signifierait « le fils de San » ou de la forêt. Quant aux prénoms de personne, nous avons entre autres, Sogo (souvenir de la brousse), Dafra (souvenir de marigot sacré de Bobo, etc.). En somme, la conception madaré de la nature fait d'elle le fondement existentiel de cette société et de ses habitants qui, à travers leur vie quotidienne, ont des pratiques qui leur permettent de garder le cordon ombilical avec elle.

Les pratiques écologiques sont très nombreuses et variées. Nos travaux de recherche ont porté sur les sites sacrés, les rites d'occupation des terres, le masque, le Do, l'éthique madaré du travail agricole.

Dans la société madaré, il existe de très nombreux sites sacrés. À titre d'illustration nous pouvons citer le Houet, le Dafra, à Bobo-Dioulasso, le Banwo à Bama, le Zoufourou à Tondogosso, etc. En réalité chaque village possède surtout un arbre servant de place publique de la dans e des masques.

Par ailleurs, les villages pratiquent les rites agraires qui établissent des liens entre les hommes vivants et leurs ancêtres, d'une part et entre les hommes, la nature et les divinités, d'autre part. Pour Ciré Ba I le fondement de ces liens peut s'expliquer par le fait suivant : "l'ancêtre chasseur quitta le village Mandé poursuivant le gibier... Il aurait apporté des dieux trouvés dans la savane, montagne, rivière qu'il aurait reçus de Longo (le dieu de la brousse) d'un génie, etc.".

Un des anciens du village de Baré (2010) affirme que la terre est le domaine des esprits, une foule de génies l'habitent et en sont les véritables possesseurs. L'homme peut utiliser la terre pour gagner sa nourriture...en respectant les règles de la coutume.

Un autre du village de Tondogosso (2012) soutient que les rites agraires déterminent la nature des rapports entre les hommes et la nature. Aussi, convient-il à tout homme de ne jamais occuper les terres dans un village madaré dans l'irrespect des coutumes. Les ancêtres de ce village ne vous pardonneront jamais. Il ne faut pas briser ces liens entre l'homme et la nature, car tous les deux ne forment qu'une seule réalité. L'homme vient de la nature et repartira à la nature. Pourquoi ne va t-il pas respecter la source de vie et son éternité?".

Cette citation, nous rappelle la phrase célèbre du "Tu es poussière, tu retourneras poussière". SANON A.T. 1986) a établi "un pacte entre la nature et l'homme". La nature est le sanctuaire du Do qui ne saurait être occupé sans l'autorisation de celui-ci par le truchement du Longo. Les sacrifices d'occupation des terres constituent la demande d'autorisation d'occuper la nature que l'homme adresse au Do. Aucun homme, qu'il soit pratiquant de la religion du Do ou non, ne saurait transgresser de manière impunie cette coutume.

C'est pourquoi les rites agraires sont imposés à tout demandeur des terres chez les madaré. Le chef de terre a pour fonction d'assurer le respect de cette coutume. Il doit veiller à ce que les terres qui relèvent de son domaine territorial soient occupées selon cette coutume. Il doit aussi éviter des ventes de terres qui constituent une sorte de profanation de celles-ci. Qui a le droit de vendre le sanctuaire du Do? C'est pourquoi nous a dit un vieillard de Yéguérésso "il est interdit de vendre les terres dans les villages madaré". Il poursuit "Lorsque vous demandez les terres à un madaré, il ne peut refuser de vous les octroyer, mais il doit exiger que vous respectiez la coutume. Après les cérémonies d'occupation des terres, vous pouvez les exploiter selon les coutumes madaré. Ces rites d'occupation constituent le mode juridico religieux d'appropriation des terres, car ce que le Do n'a autorisé aucun Madaré ne peut le remettre en cause au risque d'être châtié par celui-ci.

La pratique de l'agriculture dans cette société est l'expression de la vie religieuse. Elle se traduit par un lien qui s'établit entre l'homme et la nature. La vie sociale, elle même, est étroitement liée à la nature ou la brousse qui serait l'aînée de la cité ou du village. L'agriculture ne peut être conçue chez eux, en dehors de la religion du Do dont le gardien serait le masque d'où le lien étroit qui existe entre le masque et l’agriculture. Dans les villages madaré, le lancement de chaque campagne agricole est marqué par la sortie des masques. Quelle serait donc la signification des masques dans l’agriculture?

Pour SANON A.T., (1986), "la réalité du masque échappe à toutes les dimensions tangibles ou visibles pour être une synthèse ou mieux une expérience vivante." Pour expliquer l’intervention des masques dans l’agriculture, partons des faits suivants : "le masque est le gardien du Do" "la nature est l’habitat du Do", "le Do est source de la vie." Ces faits établissent nécessairement un lien entre le Do, la nature, la vie d’une part et un lien entre la nature et l’agriculture d’autre part. Le Madaré ne saurait rompre ces liens sans compromettre sa propre existence. Ils sont établis de manière plus explicite par SANON A.T. "Avec les Bobos, le masque est le fruit de la terre et de la forêt, il jaillit de l’agriculture. Le masque est le symbole de la vie rurale." Ainsi, la nature, le masque, l’agriculture forment une même et seule réalité : la réalité religieuse. L’agriculture devient ainsi une manifestation de cette vie religieuse chez les Madaré.

Sa pratique chez les madaré, est caractérisée par l’existence des rites agraires. Ils représentent l’ensemble des cérémonies religieuses qui ont trait à l’agriculture comme les rites d’occupation des terres, les fêtes des récoltes, etc. Ciré Ba I a montré que l’ancêtre Bobo, arrivé à Timina a occupé les terres de ce village par des sacrifices qu’il a accomplis grâce aux Bwa. Cette pratique religieuse remonterait à l’origine même des madaré, c’est-à-dire à l’histoire du Mandé. Ces pratiques existeraient dans la plupart des villages du Mandé. Elle serait donc une coutume du Mandé.

De l’étude de l’univers et des pratiques, il se dégage que les madaré ont une vision socio-culturelle de la nature, de sa protection et de sa préservation. Cette vision fait de la nature le fondement de l’existence de la société madaré. Elle se vit non seulement à travers des pratiques mais surtout à travers une réglementation rigoureuse (coutumes) constituant le code de protection et de préservation de la nature. Ce code est la somme d’expériences capitalisées par de nombreuses générations des madaré. A-t-il servi de cadre référentiel à l’introduction des technologies modernes telles que les cultures attelée et motorisée et la riziculture irriguée? Cela ne semble pas être évident. Pour le montrer, déterminons les effets d’entraînement de ces technologies sur la dimension socio-culturelle madaré de la nature.

S’agissant du changement de mentalité des attitudes et des comportements, et de la transformation de la conception de la philosophie du travail agricole 70 % des enquêtés affirment qu'ils sont en train de se produire dans leur société. Ainsi, la mentalité mystique qu'avaient les madarè du travail agricole (terres sacrées, travail superficiel du sol, fertilité des sols, etc.) tend à être transformée en une mentalité technologique, ce qui implique nécessairement des attitudes et des comportements nouveaux des atteleurs et des motorisés. Ils travaillent le sol en profondeur, ils les fertilisent par l'emploi des engrais minéraux, etc. Ainsi, ils assistent et participent à la naissance des nouvelles formes de consciences individuelles et collectives vis à vis de la nature ou de l'environnement, qui a subi des transformations au niveau de la vision (philosophie) et des pratiques suite à l'accession de cette société aux technologies modernes tels que les engrais chimiques, les pesticides, les cultures attelée et motorisée, la riziculture irriguée etc.

Conceptuellement, les Madarè avaient une vision mystique de la nature et des terres pour deux raisons. La première consistait à dire que l'homme est le fruit de la nature "Homme Nature". La deuxième faisait de la nature la demeure des ancêtres donc des hommes après la vie terrestre et du Do. Cette vision mystique de la nature les amenait à avoir une attitude respectueuse sinon de vénération de la terre. C'est, ici, que réside toute la démarche rituelle d'occupation et d'utilisation de la nature. L'homme ne peut occuper la demeure de ses ancêtres et du Do de son vivant. Il est, toutefois, autorisé à l'utiliser et à la faire produire, à condition qu'il suive le code d'utilisation des terres.

Cette 'accession aux technologies modernes, pour 90%, s'est réalisée dans un esprit faisant de la nature un objet économique, la dépouillant, ainsi, de toute pensée mystique. Il résulte de ces nouvelles attitudes un manque de respect pour la nature qui n'a plus d'autres raisons d'être que celle d'être exploitée comme tous les autres facteurs de production. Il en découle des occupations anarchiques de la nature, la maltraitant par des pratiques de déboisement. En effet, il faut défricher, dessoucher les terres pour pratiquer aisément les cultures attelée et motorisée.

Pour 70% des enquêtés, le cultivateur peut labourer le sol à la traction animale et au tracteur que si le sol est sans obstacles, sans souches donc sans arbres. Ensuite, les cultures attelée et motorisée ne peuvent être rentables que si les atteleurs et les motorisés exploitent un minimum de 5 à 10 ha en culture attelée, et de 10 à 20 ha en culture motorisée (il s'agit là des phases de croisière). Ce qui implique nécessairement autant de superficies dessouchées donc déboisées. Par exemple, le village de Tondogosso qui a 75 % d'exploitations attelées est à la phase de croisière (6,5 ha en moyenne).

Il a pratiquement déboisé une superficie de l'ordre de 6,5 ha x 70 attelées = 455 ha ou 46 km² de déforestation. D'ailleurs, les levés parcellaires que nous avons effectués au niveau de quatre exploitations attelées de ce village, révèlent que le taux de couverture végétale (nombre d'arbres) par ha est de 3 arbres en moyenne. La superficie de 455 ha ne compte que 1365 arbres. Ainsi, la pratique de la culture attelée a eu une grande action sur la nature. Elle n'est pas mauvaise en soi, mais ses pratiques le sont parce qu'elles se font sans mesure d'accompagnement. . Aujourd'hui, 90% des anciens enquêtés soutiennent que les déforestations menacent voire compromettent l'existence de la société madarè. Ceci résulte d'une attitude qui n'a pas voulu exploiter, judicieusement, son éthique de la nature. Elle constituait une pression morale et sociale sur, non seulement, les Madaré eux-mêmes, mais tous ceux qui vivaient sur leur terroir, ce qui les obligeait à avoir une attitude de respect vis à vis de la nature qui servait de source de vie à tout le monde.

C'est les cas des rivières sacrées tel que le Houet (Bobo), le Kou, le "Banwo" de Bama. Cette attitude, au delà de sa mysticité, avait le mérite d'amener les Madarè et les non Madarè à protéger ces lieux sans lesquels la vie de la communauté serait compromise. Or la tendance actuelle est à la profanation, ce qui fait que ces cours d'eau ne sont plus entretenus. Pis, ils sont devenus des dépotoirs des ordures de toutes sortes. C'est, ainsi, qu'ils ne constituent plus des points permanents et abondants. Le Madarè "homme-nature" a perdu sa raison de vivre et d'être madarè. L'emploi des technologies a créé ou est en train de créer des nouveaux types des rapports sociaux entre l'homme et la nature.

Ces rapports, au lieu d'être de type complémentaire, ont pris un caractère de domination de l'homme sur la nature. Dans cette optique, l'homme ne cherche pas à composer avec elle mais à la dominer. Or, cette domination est arrivée au stade de sa destruction. L'attitude de piété qu'avaient les Madarè vis à vis d'elle, créait ou tendait à créer une cohabitation harmonieuse entre l'homme et elle. Il y avait comme le dit SANON A.T., un "pacte" entre l'homme et la nature qui faisait de lui "l'homme-nature".

Une grande partie des enquêtés, (95%), soutiennent que les Madarè emploient les technologies sans toutefois en devenir propriétaires, du moment où ils ne sont pas arrivés à les intégrer à leur conception d’"homme-nature". Il en résulte nécessairement des rapports antinomiques comme ceux qui existent entre le dominant et le dominé. De ces rapports, il ressort que la nature en est la perdante alors qu’en réalité, c’est l’homme qui en est le perdant. Il se suicide en tuant la nature. Le Madarè commence à sentir les effets de la dégradation de l’environnement dont ont accouché les rapports antinomiques entre l’homme et la nature. Il prend, de plus en plus, conscience qu’il est devenu un élément comme tant d’autres dans la nature, lui qui constituait avec la nature une seule entité.

Aujourd’hui, ils se sont donc dissociés pour former deux entités différentes voire antagonistes. Selon les anciens, cette dissociation de l’homme de la nature a abouti à sa profanation, à sa dégradation voire à sa destruction partielle ou totale. Bref, les technologies modernes mal employées, non appropriées voire mal appropriées, ont eu des conséquences graves sur la nature et même sur l’organisation sociale de son occupation.

Elle tire son fondement du "pacte homme-nature", représentant aussi pour les Madarè le reflet des rapports d’intimité qui existaient entre l’homme et la nature. Le mode groupé de l’habitat madarè, la structuration de l’habitat en quartiers, répond certes à un besoin social mais aussi à celui de l’occupation spatiale du terroir. A ce niveau, l’emploi des technologies modernes a induit quelques changements. Ainsi, on observe des modifications du style de l’habitat.

En effet, les producteurs, (40%), qui déclarent tirer profit de l’emploi des technologies modernes ont construit des maisons en tôle. Ce qui dénature le mode de l’habitat madarè. Ce nouveau style n’est plus de type groupé. Le village (par ses nouveaux quartiers) prend ainsi un mode semi-groupé voire dispersé. A Bama, l’emploi de la riziculture irriguée l’a transformé en une commune de six quartiers qui aboutira à court et moyen termes à son lotissement, ce qui va induire une nouvelle déstructuration et une restructuration de ce village. Les villages de Kwa et de Dogona se trouvent dans la même situation.

Pour 65% des enquêtés l organisation agraire et foncière des villages madarè a subi aussi des transformations plus ou moins profondes. A ce niveau, la forme d’occupation spatiale des champs tend à se modifier par des sortes de regroupements des parcelles. Au niveau du fond, les campements de cultures tendent à devenir des villages sédentaires. La pratique des cultures attelée et motorisée fixe les producteurs (les sédentarise davantage).

Nous pouvons donc dire que "l'Etat nature" ou la société madarè subit, actuellement, des transformations profondes qui risquent de le faire voler en éclats à moyen et à long termes. Ses pratiques de protection et de préservation de la nature qui constituent des systèmes des valeurs, des normes de conduite, du mode de vie, de la trame des rôles sociaux, des symboles sociaux, sont en train d'être modifiés. Pour 60% des anciens, la valeur sociale, selon l'éthique madaré, faisait de l'homme un travailleur qui utilisait ses propres forces physiques pour faire fructifier la nature.

Ainsi, la valeur de l'homme se mesure à sa capacité de travailler la terre pour se nourrir et nourrir les siens. Tout autre moyen n'était qu'un subterfuge qui cachait la paresse ou l'incapacité. C'est pourquoi, le travail agricole était un système de socialisation des Madaré. Or, l'introduction et l'emploi des technologies agricoles modernes notamment la culture attelée, ont créé un nouveau système de valeurs sociales et un nouveau système de la production agricole. Ainsi la culture attelée emploie des animaux dans le travail de la terre. Pour les Madarè traditionalistes, ce type de culture n'est digne que des paresseux qui passent leur temps à faire travailler les animaux à leur place.

Parlant des techniques culturales, cas du labour du sol, tous les enquêtés (100%) affirment que la conception technico-religieuse qui les obligeait à faire un travail superficiel de la terre, non pas par manque de force physique, mais par respect des mânes ancestrales qui y dorment, se transforme en une conception purement technique. Ainsi, la profondeur du labour du sol à la traction animale ou au tracteur se fait en fonction de la capacité des charrues à pénétrer le sol sous l'action de la traction animale et en fonction de la structure du sol.

De même, la conception de la fertilité du sol qui la liait à la bénédiction des ancêtres et à la clémence de la nature, tend à être remplacée par une politique de fertilisation de type chimique, ce qui selon eux, est contraire a leurs pratiques qui interdisent d'incorporer au sol tout produit artificiel notamment les engrais chimiques. Tous ces exemples montrent que la société est bâtie autour de sa pensée écologique ou de ses rapports qu'elle entretient ave la nature qu'elle définit au sens large, comme étant tout ce qui l'entoure (son environnement). Elle a surtout l'obligation de la protéger pour les générations actuelles et futures.

De l'analyse de l'écologie madaré, il se dégage que la nature constitue des enjeux stratégique pour le développement durable de la société madaré. Cette vision écologique peut servir à l'élaboration d'une stratégie de protection de l'environnement. Cette stratégie peut être bâtie autour des principes d'exploitation judicieuse de la nature. Ces principes tirés de l'écologie madaré sont, entre autres :

- la nature est sacrée (parce qu'elle est le sanctuaire des divinités madaré, la demeure des ancêtres ;
- la nature doit être exploitée selon la loi de la restitution ;
- la nature est un patrimoine qui n'appartient à aucune génération elle est un patrimoine commun aux générations passées, actuelles et futures ;
- chaque homme, chaque génération a l'obligation d'éviter sa détérioration.

Ces principes tirés du code madaré d'exploitation de la nature peut servir d'instrument de conception et de mise en œuvre d'une politique de développement durable de la société bobo qui, comme les sociétés vigué, dioula et tiéfo des commune rurales de Karrangasso-Vigué, de Sidéradougou et de Péni, forment la nouvelle zone d'accueil de nombreux migrants du pays (le Front pionnier de Sidéradougou).

Cette zone regorge d'énormes potentialités agro-sylvo-pastorales dont la gestion rationnelle constitue pour elle un défi majeur qu'elle doit relever si elle veut réaliser son développement durable.

2. GESTION DES RESSOURCES NATURELLES

La commune de Bobo-Dioulasso se trouve dans une région caractérisée par l'existence de nombreuses potentialités en matière d'environnement et particulière-ment des ressources naturelles. D'une façon générale, la végétation de la commune qui est fortement anthropisée reste riche en quantité et en qualité.

En matière d'aménagements paysagers et d'espaces verts, la commune comptait en 2002 soixante neuf (69) espaces verts prévus par les plans cadastraux ; mais seulement 14 ont été aménagés. Cependant, beaucoup d'espaces verts constituent de nos jours des dépotoirs, des terrains de commerce ou font l'objet d'autres occupations.

Le long des artères et de certaines avenues du centre ville, est composé d'une végétation importante qui date parfois du temps colonial. Les principales espèces rencontrées sont *Khaya senegalensis, Bombax costatum, Mangifera indica, Elaeis guineensis.*

Des forêts naturelles existent dont quatre ont été classées. Elles se trouvent dans la banlieue de la commune. C'est le cas de celle de la Forêt protégée du Dafra qui se trouve à une quinzaine kilomètres de la ville côté Sud là ou le marigot Houet prend sa source. Elle abrite une végétation luxuriante renfermant encore des essences végétales qui sont malheureusement en voie de disparition dans la région (*Ex Berlinia grandifolia, Isoberlinia doka).*

Les forêts classées sont celles deDindéresso, du Kou, de Kuinima. La Forêt classée de Dindéresso, avec une superficie de 8.500 hectares, est située au Nord – Ouest de la ville de Bobo-Dioulasso son classement date du 04 juillet 1935. Certains villages et les secteurs 21, 22 et 11 de la ville de Bobo-Dioulasso lui font frontières. On y trouve des essences rares telles que *Berlinia grandifolia, Isoberlinia doka, Holarrhena floribunda, Malacantha albinia, Uapaca togoensis, Chlorophosa excelsa,* etc.

Il y a la forêt classée de Kou qui est d'une superficie de 114 hectares. Le classement de cette forêt date de 1935. C'est un massif qui présente une grande diversité floristique, (Sia COULIBALY, 2003). Cette forêt classée est située à la limite Ouest de la commune à 15 kilomètres environ. Elle est composée de ligneux variés notamment 98 espèces dont certaines sont de la forêt guinéenne. C'est le cas de Chlorophosa excelsa, dont des pieds atteignent 1,51 mètres de diamètre, soit 4,75 mètres de circonférence.

La forêt classée du Kou est une forêt dense humide à dense sèche, unique au Burkina.

La forêt classée de Kuinima se trouve au Sud de la ville. Elle est riveraine des secteurs 6, 17 et 19 de la commune. Classée en novembre 1935, elle a une superficie de 1850 hectares. Elle est composée de 57 espèces ligneuses.

La forêt classée de Kua est située à l'Est de la ville. Riveraine des secteurs 15, 24, 25 et couvrant une superficie de 350 hectares, elle a été classée en 1941. Elle est formée de 42 espèces ligneuses, (Kouna NOULA en 2006). Selon lui, cette forêt est occupée à 87 % de champs, de pistes de bétail. Elle est de nos jours soumise à une forte pression humaine.

La forêt classée de Dinderesso est située au nord-ouest de la ville de Bobo-Dioulasso. Elle s'étale de ce village à la ville où elle fait frontière avec certains secteurs. La route Bobo-Dinderesso constitue la limite au sud, tandis que la nationale N°9 frontière du Mali représente la limite nord-ouest.

D'une superficie de 8500 ha, son pourtour est limité par un pare feu périmétral de 51km (MILLOGO, 1993) et des pares feux secondaires internes de 46 km (SOMDA et VAN, 1997). Elle a été classée en 1936 pour une superficie de 7000 ha, qui a été par la suite agrandie en 1941 de 15000 ha. Elle a été classée en vue d'approvisionner la ville de Bobo-Dioulasso et alimenter le chemin de fer en bois de chauffe, chemin de fer qui devait relier Bobo à Ségou au Mali. Elle occupe les terres de 9 villages.

Sur le plan géographique, elle s'étend sur 100 ha de collines, 1500ha de plaines sablo-argileuses et 500 ha de zones alluvionnaires sur les deux rives de Kou qui le traverse du sud vers le Nord. La forêt classée de Dinderesso comprend deux types de végétations, Une végétation naturelle, composée de forêt et de savane et une végétation issue de la plantation d'espèces exotiques. Les formations naturelles ainsi que les plantations sont très fréquemment la proie des feux de brousse et des coupes frauduleuses. De surcroît, la pollution y est très active par les déchets ménagers et les affluents des industries qui y sont déversés, accélérant le processus de dégradation du couvert végétal, la souille des eaux de surface et souterraine et l'appauvrissement des sols.

La Forêt Classée de Kou a été classée en 1951, d'une superficie de 115ha, elle est située à 20km à l'ouest de la ville de Bobo-Dioulasso. Elle représente une des dernières reliques de forêt de type guinéen au Burkina et sa forêt galerie constitue une réserve écologique unique en son genre pour un pays sahélien. Son importance sur le plan écologique et touristique est liée à la grande richesse floristique de la forêt galerie et à la présence des sources qui alimentent la ville de Bobo-Dioulasso en eau potable. Les mêmes sources assurent la majeure partie de l'alimentation en eau de la rivière Kou, pour l'irrigation d'un périmètre rizicole aménagée en aval sur une superficie de 1200ha. Le Kou est l'un des principaux affluents du fleuve Mouhoun.

La Forêt classée du Kou est depuis les années 1960 appelée « Guinguette », avec une nature fortement fréquentée par les touristes nationaux et étrangers ». L'état relativement bon de la conservation de la forêt par rapport aux autres formations forestières du pays, s'explique entre autres par le fait qu'elle représente un lieu sacré pour les pratiques coutumières des populations riveraines. Sa proximité avec la ville de Bobo-Dioulasso entraîne cependant, une pression anthropique de plus en plus forte et se traduit par une dégradation du milieu naturel.

Selon la Direction régionale de l'environnement des Hauats-Bassins, (2015), la commune de Bobo-Dioulasso compte 11 114 hectares de for$ets classées. La plus grande forêt classée est celle de Dındersso qui est de 8 500 hectares.

L'implication des populations dans la lutte contre la dégradation de l'environnement constitue une stratégie préconisée par les institutions nationales et internationales de protection de la nature. En 1991, les actes du congrès forestier mondial tenu à Paris en France, ont fortement souligné l'intérêt primordial qu'ont les Etats à responsabiliser les populations rurales sur la conservation des forêts qui les entourent en les aménageant et en les gérant à leur profit ; ce qui leur donnera la propriété des produits, et peut être un motif puissant de leur participation à la conservation durable de ces forêts (CANTINOT, 1997).

2.1. ANALYSE

Les conclusions du sommet de la terre tenue à Rio-de-Janeiro au Brésil en juin 1992, sur l'environnement et le développement, mettent un accent tout à fait particulier sur l'urgence et la nécessité d'impliquer les populations rurales comme acteurs à part entière dans la planification et la gestion durable des ressources naturelles. A l'issue de cette conférence il est apparu indispensable, aux délégués représentant les 172 pays, de définir un ensemble de principes permettant d'entretenir les ressources naturelles et les terres forestières de façon à pouvoir répondre aux besoins sociaux, économiques et écologiques, culturels et spirituels de générations présentes et futures.

C'est dans ce contexte que sont apparus les termes ou expressions comme la « décentralisation », la « dévolution », la « délégation » et l' « l'approche participative » de la gestion des ressources forestières qui vont graduellement faire leur apparition dans les échanges nationaux et internationaux à propos des politiques forestières au point où déjà, certains pays ont adopté des législations qui tiennent compte de cette nouvelle orientation (FISHER, cité par NLEGIE, 2001). Pour certains spécialistes forestiers comme KARSENTY (2000), le déclin de la gestion centralisée publique, observé dans plusieurs pays, est dû à des problèmes de coût, et surtout de légitimité.

Fort de cet élan international, le Burkina a élaboré un Programme National d'Aménagement des forêts en 1996, qui a pour but l'établissement d'une exploitation équilibrée des ressources forestières du pays dans l'optique d'un développement durable. Le pays a adopté un code de l'environnement qui se veut un élargissement des principes fondamentaux de gestion et protection de l'environnement dans le but précis de valoriser les ressources naturelles, de lutter contre les formes de pollutions et de nuisances, d'améliorer les conditions de vie des populations dans le respect de l'équilibre du milieu ambiant. Le code de l'environnement exige des études d'impact sur la nature dans tous les programmes du développement du pays, ainsi que l'éducation environnementale (MEF, 2003).

Pour la loi 006/97 Assemblée du peuple du 31 janvier 1997, le code forestier du Burkina Faso fixe l'ensemble des principes fondamentaux relatifs à la gestion des ressources forestières et vise en particulier à établir une articulation harmonieuse entre la nécessaire protection de ces ressources et la satisfaction des besoins économiques culturels et sociaux de la population (MECV, 2003).

C'est dans cette optique que nous avons réalisé la présente étude sur l'implication des populations dans la gestion des forêts classées de Dinderesso et du Kou : cas du BKF /012•PAGREN. Ces forêts couvrent près de 4 millions d'hectares soit 30% de la superficie émergée de la planète. Selon la FAO (1981), les régions en développement et les écosystèmes tropicaux continuent à perdre des zones forestières. L'Afrique qui est dans une situation alarmante a perdu au cours des 15 dernières années, plus de 9% la superficie forestière. Cette perte est due surtout au fait que la majorité des forêts africaines appartiennent au gouvernement et que la plupart des institutions forestières nationales ne disposent pas de moyens financiers, matériels et humains pour faire face aux besoins.

Au Burkina, les forêts naturelles sont estimées à 7,2 millions d'hectares soit 700 000 hectares de forêts classées, ce qui revient à un dixième de la totalité de la zone forestière. Ces réserves forestières ont été établies pendant l'époque coloniale, dans les années 30 et 40. Leurs utilisations étaient réservées au gouvernement mais cela n'a pas empêché sa détérioration puisque ces forêts classées représentaient peu de valeur pour l'Etat, il a été difficile de mobiliser des ressources pour leur protection et aménagement.

Les premières activités de gestion participative des forêts au Burkina, ont commencé à partir de 1986 avec l'aménagement et exploitation des forêts naturelles pour le ravitaillement de la ville de Ouagadougou en bois feu, (projet PND/FAO/BKF/85/011). La participation des populations à l'aménagement et, à la gestion des ressources forestières est garantie par plusieurs textes juridiques au Burkina .Selon l'article 29 de la Constitution burkinabé, tout Burkinabé à l'obligation de participer à la protection, à la défense et à la promotion de l'environnement dans le cadre de la mise en œuvre du droit à un environnement sein.

Le Code Forestier admet le principe de participation et de responsabilisation effectives des populations dans la conception, l'exécution, le suivi et l'évolution des activités forestières fauniques et halieutique(Article 7alinea 4).la Politiques Forestière Nationale et les Textes d'Orientation de la Décentralisation font des populations riveraines les acteurs directs de l'aménagement forestier, pour un partenariat avec les propriétaires légaux des forêts publiques que sont l'Etat et les collectivités territoriales décentralisées.

Le projet BKF/O12•PAGREN dont le siège se trouve à Bobo-Dioulasso, est né de la volonté des Etats burkinabé et luxembourgeois de participer à la protection des ressources environnementales .De façon générale, on constate que de plus en plus les besoins croissants en bois de chauffe, en terres cultivables et en produits forestiers ont contribué à une forte dégradation des formations végétales protégées et /ou classées par la pression anthropique.

La forêt classée du Kou est marquée par la présence de l'Office National de l'Eau et de l'Assainissement et la « guinguette », lieu éco touristique pour la ville de Bobo Dioulasso. Quant à la forêt classée de Dinderesso, elle est fortement dégradée du fait d'une pression humaine visant à satisfaire les besoins en produits forestiers, en pâturage et en terres.

C'est ainsi qu'en 1985, la FAO soutenait que toutes les situations forestières ou semi forestières visaient à améliorer le bien-être collectif des populations et une utilisation durable des ressources forestières. Notons que les premières recherches scientifiques dans les forêts naturelles datent de 1963 avec la création du Centre Technique Forestier Tropical. C'est ainsi que des inventaires forestiers vont se faire à travers le monde. La FAO publie tous les deux ans des inventaires sur la situation des forêts dans le monde. Selon la même organisation (2003), le taux de déforestation dans le monde continue d'augmenter à un rythme élevé, en particulier dans les zones tropicales.

Dans la plupart des pays en développement, les terres sont la propriété de l'Etat et récemment encore, les populations étaient exclues de la gestion de ces terres. Le mythe de l'Etat forestier, maîtrisant et contrôlant tout le processus de gestion des ressources forestières, s'est établi depuis la période coloniale et s'est maintenu même après les indépendances (BIGOMBE et NKOUM-ME-NTSEN TY, 1998). Selon ces auteurs, l'Etat forestier autoritaire de l'époque refuse la participation des populations à la gestion des ressources forestières, plus particulièrement au partage des bénéfices de l'exploitation des ressources forestières et à la prise en compte de leur savoir-faire dans la gestion forestière.

En général, l'absence d'un mécanisme de contrôle des activités informelles d'utilisation des forêts par les populations locales et autres exploitations forestières clandestines n'a conduit qu'à une exploitation du bois de type minier, et à la dégradation conséquente des ressources forestières en général. Selon COMPAORE (1997), la gestion des forêts par l'Etat s'est avérée inefficace. L'implication des riverains serait une alternative à une gestion durable des forêts classées. L'âge du chef de ménage et la distance qui sépare sa concession de la forêt ne sont pas des variables pertinentes, pour expliquer les fondements de la dégradation de la forêt classée de Ziga au Burkina Faso. Cela est probablement dû comme lui-même l'a souligné, à la non-répartition de ces facteurs en différentes classes pour mieux appréhender leurs effets.

John et al. (1999) se proposent dans leurs études de contribuer à une meilleure compréhension par les populations, des questions complexes de nature sociale, économique et environnementale que soulève la déforestation. Pour eux, les facteurs de la déforestation sont les politiques publiques inadéquates, le désir de s'approprier des terres, les forces du marché à l'échelle nationale et mondiale, la sous évaluation des forêts mondiales, les institutions gouvernementales faibles et les facteurs sociaux. Les causes directes sont les activités économiques incompatibles avec l'existence des forêts (agriculture et élevage extensif).

Pour NGUINGUITE (1999), le recours au modèle participatif n'a été envisagé que tout récemment dans un contexte politique et institutionnel dominé par la démocratie, la décentralisation, le développement durable et la remise en cause des modèles centralistes. Les modèles participatifs s'inscrivent dans la recherche d'une solution au problème posé par l'insécurité des droits fonciers forestiers.

Selon la FAO (2000), les populations locales sont motivées par l'idée d'avoir un accès relativement libre à la forêt et ses avantages. L'absence de sécurité foncière dans le domaine des forêts et des autres ressources naturelles, décourage la communauté à participer à leur gestion. Pour ADESSINA et al. (2000), les hommes ont tendance à mieux adopter les nouvelles technologies de production que les femmes. Les variables revenus agricoles, niveau agricole, d'éducation et l'appartenance à une association de producteurs, influencent positivement la probabilité d'adoption des nouvelles technologies. Des résultats similaires ont été trouvés en Côte d'Ivoire (ADESSINA, 1996) et au Burkina Faso (MALTON, 1994).

Pour OWUBAH et al. (2001), nous utilisons une logique simple pour prédire la volonté des ménages à s'engager dans un programme d'aménagement durable des forêts au Ghana. Trois critères d'évaluation étaient retenus à savoir la conservation des forêts naturelles, la plantation forestière et la préservation des plantes indigènes à usages multiples. Leurs résultats montrent que l'engagement des populations est globalement faible. La compensation économique, les droits d'usage et la sécurité foncière, la possibilité de transfert de forêts privées, l'éducation et le nombre de champs par agriculteur, sont les variables explicatives de l'engagement des populations.

Selon SAMBORE (2001), il est possible d'impliquer les populations riveraines à la gestion de la forêt classée de Tissée (Burkina Faso). Il faudrait cependant sensibiliser les populations locales sur la gestion décentralisée des ressources naturelles. Les responsables des Groupements des gestions forestières doivent être alphabétisés, car la conception des méthodes locales de gestion, repose sur eux.

Le PAGEN (2004) trouve que les contraintes rencontrées dans la gestion du PNKT sont nombreuses. Elles sont essentiellement liées aux pressions anthropiques, au contexte du milieu naturel, aux aspects sociologiques, politiques, économiques et à la stratégie de mise en œuvre.

L'UICN, (2004) fait remarquer que les actions ponctuelles initiées par des personnes extérieures à la localité telles que mettre en défense, créer des brise-vents, élever des haies vives, fabriquer des foyers améliorés ne sont pas des actions suffisantes pour lutter contre la déforestation. Il faut une implication des différents acteurs dans la gestion durable des forêts.

Pour YELKOUNI (2004), l'état de dégradation des forêts est largement amplifié par l'extension des activités agricoles et pastorales. Dans ses travaux, il démontre que plus on vieillit, moins on s'investit dans les travaux communautaires. Ce point de vue est aussi partagé par la FAO (2003). Pour YELKOUNI cité plus haut, la principale raison de la participation des ménages à l'entretien des forêts, est l'existence des lieux sacrés dans la forêt.

2.2. SYSTEMES AGRAIRES ET FONCIERS

Les systèmes fonciers deviennent agraires (utilisation des terres) par leurs caractères religieux. C'est dans ce contexte que les rites agraires ont été institués. Ils représentent l'ensemble des cérémonies qui ont, à la fois, un caractère religieux et agraire (ayant trait à l'exploitation de la terre). Ils sont très nombreux et variés dans ces sociétés. A titre d'illustration, nous avons étudié les rites agraires de la société bobo. Ils sont, entre autres, les rites d'occupation des terres, l'intervention des masques des pluies, les fêtes des récoltes. Les rites d'occupation des terres font partie des coutumes bobo qui relèvent des pratiques du Mandé. Leur fondement se situe à trois niveaux.

Premièrement, l'homme vient de la nature, de la terre. Il doit chercher non seulement à la respecter mais surtout à ne pas couper le lien ombilical entre la nature et lui. Il est homme-nature. Deuxièmement, venant de la terre, il y retournera après la vie terrestre, la terre constituera alors sa demeure éternelle. Troisièmement, la nature est le temple du Do et de toutes les divinités bobo, notamment le dieu de la brousse ou de la nature : Sogo. Tous ces faits qui constituent la source de leur vie et de leur raison d'être et de vivre, les contraignent à s'attacher à la nature s'ils ne veulent encourir les risques de malédiction et de châtiment de cette nature. Ils ne sauraient donc l'occuper sans autorisation préalable des divinités et des mânes ancestrales.

Voilà le fondement des rites d'occupation des terres, de la nature. D'ailleurs, l'ancêtre bobo, arrivé du Mandé à Timina a accompli ces rites avant de s'y installer. Ce que l'ancêtre a commencé, le Bobo est obligé de le poursuivre. Ce geste est répété par l'ensemble des fondateurs des villages que nous allons bientôt étudier. Pour pérenniser les rites d'occupation, les Bobo ont institué, dans leur organisation socio-politique, une autorité chargée de la gestion du patrimoine foncier, et de l'accomplissement des rites de son occupation. Il s'agit du chef des terres qui est chargé de maintenir bonnes les relations entre les hommes et la nature. Cette autorité accomplit et fait accomplir les rites d'occupation des terres par les Bobo et les non Bobo qui sont sur le terroir bobo et qui l'exploitent. Ces rites consistent en un certain nombre de sacrifices. Il existe des bois et des rivières sacrés qui ont pour rôle de rappeler aux Bobo que la nature est sacrée. Ils constituent donc les symboles qu'ils sont obligés de respecter au risque d'attirer sur eux et sur leur communauté la colère de la nature.

Quant à la signification des rites d'occupation de la nature, les Bobo les situent dans le cadre du pacte existant entre la nature et eux. Il exige qu'ils ne l'occupent pas sans l'autorisation du Do et des mânes ancestrales. D'ailleurs, ils savent bien qu'ils ne peuvent avoir des récoltes abondantes que s'ils respectent cette coutume. En effet, ces récoltes dépendent essentiellement de la fertilité du sol et de la disponibilité de la nature à donner aux hommes une partie de son existence pour la faire prolonger en eux. Elle peut refuser de la leur céder si elle n'est pas satisfaite de la manière dont ils l'exploitent. Il y a ainsi une continuité de la vie de la nature chez l'homme et vice versa.

Voilà l'essentiel des clauses du pacte homme-nature. Dans le cas de non respect de ces clauses, la nature a plusieurs moyens de punir l'homme, surtout s'il venait à rompre le pacte. Elle peut, entre autres, arrêter la pluie, faire envahir les cultures par toutes sortes de prédateurs (criquets, rats, etc.). Dans le cas de l'arrêt instantané ou prolongé des pluies, les anciens qui en connaissent les raisons, organisent des sacrifices de supplication et d'expiation par lesquels ils cherchent à rétablir le cours normal des choses en réconciliant les hommes à la nature. Dans des situations graves, les simples sacrifices d'animaux ne suffisent pas à apaiser la colère des divinités, tant la faute est grande, ils effectuent la sortie d'un masque spécial qui est le médiateur ultime entre les hommes et la nature. La sortie de ce masque permet d'éviter une calamité de grande envergure. Le masque, une fois, sorti, retourne chez lui sous la pluie.

Dans tous les cas (saison des pluies normale ou difficile), ils sont obligés d'organiser la fête des récoltes communément appelée fête des prémices. Ils traduisent ainsi leur reconnaissance aux divinités qui leur ont donné la force physique et spirituelle tout au long de la saison des pluies tout en les gratifiant de récoltes abondantes. Ils en profitent pour leur demander l'autorisation de retourner au village donc de la quitter pour reprendre la vie de la cité et surtout de jouir des récoltes obtenues. D'ailleurs, l'aîné du village n'est autorisé à utiliser ces prémices qu'après l'accomplissement des sacrifices rituels des récoltes.

Les rites agraires font donc partie de l'ensemble des coutumes qui assurent la sécurité et la paix sociales. Elles sont largement dépendantes de l'état des rapports existant entre l'homme et la nature. Ils font du Bobo "homme-Nature" et constituent par conséquent un maillon important de leur vie tout comme les initiations. Interrogés sur les rites agraires, les Bobo font d'eux l'ensemble des cérémonies qui ont, à la fois, un caractère religieux et agraire (ayant trait à l'exploitation de la terre). Ils sont très nombreux et variés dans cette société.

Dans ces sociétés, les systèmes fonciers et agraires distinguent trois grands groupes sociaux à savoir les propriétaires terriens, les dépositaires et les utilisateurs. Les propriétaires terriens sont généralement les premiers occupants des terres. Il est, selon les coutumes, admis que celui qui a occupé le premier un domaine foncier en est le légitime propriétaire. C'est le cas des domaines familiaux hérités des ancêtres. Les seconds sont ceux qui ont été désignés comme les gardiens coutumiers des terres. Ils sont communément appelés chefs des terres.

En réalité, ils sont des facilitateurs de la gestion des problèmes fonciers et agraires. Ils n'ont pas de droit absolu sur les domaines familiaux. Cependant, ils ont le devoir d'appliquer les règles d'usage des terres prescrites par les coutumes. C'est à ce niveau que se situe la déposition divine et coutumière des terres. Enfin, les utilisateurs sont ceux qui exploitent les terres. Ils peuvent être les propriétaires, les dépositaires et des simples usagers qui ont eu des terres par don, par prêts et par achat. Dans certains cas, il existe une co-gestion des terres. Ce système se rencontre surtout dans les villages blé, tiéfo et dioula.

À titre d'exemple, nous avons étudié la co-gestion des terres, existant entre les Tiéfo et les Mossé (Soumousso), entre les Dioula et les Tiéfo (Sidéradougou), entre les Tiéfo et les Karaboro (Kassandé) et entre les Blé et les Dioula (Blédougou). Dans ces cas particuliers, il est établi des clauses sous formes de pactes d'occupation pacifique des terres. Dans ces clauses, les propriétaires terriens acceptent céder une partie de leurs prérogatives aux utilisateurs des terres. Ces clauses sont spécifiques à chaque cas.

À Soumousso, les Tiéfo autochtones, sont devenus tellement minoritaires (à peine 10% de la population) qu'ils ne peuvent véritablement contrôler les systèmes fonciers sans le concours des responsables des Mossé. Ils ont alors tacitement accepte que les Mossé participent à la gestion des terres. Concrètement, lors qu'un allochtone trouve des terres qu'il voudrait exploiter, il s'adresse aux responsables mossé qui l'introduisent chez les autochtones tiéfo. Une fois que les négociations sont terminées, les Tiéfo lui font accomplir les rites agraires qui sont composés d'un ou trois coq blancs, des noix de kola et des dons s'il le demandeur le veut. Les responsables mossé servent donc de caution morale au demandeur. Ils ne peuvent en aucun procéder à l'attribution des terres sans l'accord de principe des autochtones.

Concernant les modes d'accès aux terres, nous avons fait l'étude de cas des villages bwa dans la commune de Houndé.

Au Burkina, les différents modes d'accès aux terres rurales sont multiples et variés. S'il est facile pour les autochtones, il n'en est pas toujours de même pour les allochtones. En réalité, l'accès aux terres dans ce pays semble être simple depuis l'étatisation de terres survenue en 2004 par l'adoption de la Réforme Agraire et Foncière au Burkina Faso (RAF). Elle est devenue Réorganisation Agraire et Foncière.

Cette loi fait des terres la propriété exclusive de l'Etat. Or, dans les villages burkinabè, les terres ont des propriétaires privés ou collectifs. Elles sont régies par des règles coutumières qui sont appliquées généralement chez les Bwaba par des chefs de terres. Ainsi, l'existence du droit burkinabè et les droits coutumiers spécifiques à chaque groupe ethnique complexifie davantage l'accès des terres dans les villages burkinabè en général et dans ceux du terroir bwa en particulier.

À titre d'illustration, la femme accède difficilement à la terre dans le droit coutumier des terres alors que la loi la lui accorde de plein droit comme à l'homme. D'ailleurs, les populations bwa ne connaissent pas la loi burkinabè relative aux terres alors qu'elles vivent au quotidien le droit coutumier des terres qui a établi trois types de modes d'accès aux terres, l'héritage, le don, le prêt.

La gestion des terres individuelles et collectives est placée sous la responsabilité coutumière des chefs des terres. Tous les modes d'accès aux terres sont sous-tendus par des rites agraires que le donneur des terres fait accomplir aux demandeurs directement ou par l'intermédiaire des chefs des terres.

La terre est la seule planète du système solaire à pouvoir entretenir la vie (Encarta junior, 2009). Elle est alors un patrimoine commun à tous les êtres qui y vivent. Ce patrimoine étant très précieux, sa gestion se fait à travers plusieurs mécanismes. Les sociétés humaines ont toujours observé une certaine préoccupation vis-à-vis de la question foncière. En effet les premières conquêtes étaient des ensembles territoriaux. Il fallait conquérir un vaste territoire afin de pouvoir mener les activités de production de tous ordres. Ces conquêtes se faisaient jadis à travers les guerres tribales. La suprématie d'un peuple pouvait se mesurer par rapport à l'espace territorial conquis. Chaque peuple avait sa manière propre de gérer son patrimoine foncier. Le droit de propriété sur le foncier était collectif.

Les propriétaires terriens ne sont que des gérants de ces terres. Ils sont attributaires par héritage. Et tous les habitants d'un même terroir ont droit à la terre. Dans cette conception culturelle de la plupart des sociétés africaines, la terre est au centre de l'existence de l'être humain. Car toutes les activités socioculturelles se font autour de la terre. Elle est la source où les populations rurales tirent leurs revenus. De nos jours, dans nos pays africains, la proportion de la population qui vit directement des activités liées à l'exploitation de la terre et des ressources naturelles est très importante. L'activité économique de ces pays est principalement basée sur le secteur primaire. Mais tout le monde n'a pas le même mode d'accès à la terre ; selon qu'on est autochtone : homme ou femme, ou qu'on est allochtone.

Comme la terre est l'expression d'un espace vital, l'accès difficile de certaines couches sociales à la terre occasionne des frustrations qui conduisent le plus souvent aux conflits, (SANOU et al. 2012). Dans le pays Bwa avec son hospitalité légendaire, toute personne résidente dans un village a droit à la terre pour nourrir sa famille sans discrimination comme le stipule l'article 1, alinéa 1 de la Loi 034-2009/AN portant Régime Foncier Rural : l'un des objectifs est d'assurer un accès équitable aux terres rurales pour l'ensemble des acteurs ruraux, personnes physiques et morales de droit public et de droit privé.

De ce constat nous nous sommes posé la question de savoir si la connaissance de la loi sur le foncier rural n'allait pas permettre un meilleur accès de tous à la terre ?

À cette principale interrogation principale, nous avons répondu en soutenant en guise d'hypothèse de recherche que la connaissance de la loi permet à tous d'avoir accès à la terre. C'est pour dire que l'objectif de notre recherche est de montrer que l'appropriation de la loi sur le foncier par les propriétaires terriens contribue à un meilleur accès de la terre par tous les acteurs du monde rurale.

L'organisation sociale et culturelle bwa est essentiellement basée sur le culte de la terre « Gninlé » et du Dô qui est la divinité suprême reconnue par la grande famille Bôbô. Il est lié aux masques. L'organisation sociale est aussi bâtie autour de la famille qui se trouve au centre des activités de production, de reproduction de distribution. Au niveau sociopolitique, le pouvoir est géré par le chef de village en étroite collaboration avec les chefs de famille ou de lignage. Chaque famille dispose d'une autonomie de gestion de ses biens. Le lignage est la grande famille se reconnaissant de la même ligne paternelle ou du même ancêtre commun. La terre appartient aux lignages mais aussi aux individus du lignage.

Chaque lignage dispose d'un domaine bien défini du territoire dans les villages et responsable de ses terres. L'accès à la terre s'effectue de la même façon pour les autochtones et les allochtones. La demande est adressée au chef de lignage concerné qui informe le chef de terre qui s'oppose rarement. En cas d'approbation, le demandeur donne un poulet au chef de lignage pour les rites agraires. A la récolte, le demandeur des terres qui les mises en valeur cède une petite quantité des céréales au propriétaire de la terre en guise de reconnaissance. La terre est généralement affectée et non attribuée définitivement. En cas d'abandon, la terre redevient propriété du lignage, (PCD-HOUNDE, 2009).

De nos jours, les transactions foncières dans la commune de Houndé ont pris une forme autre que celle préconisée par les dispositions coutumières. En effet, la terre qui était jadis affectée et non cédée définitivement peut désormais être une propriété privée. Au Bwamu la terre est sacrée et ne doit être en aucun cas l'objet d'une transaction financière. La vente des terres comme mode d'accès aux terres est une nouvelle pratique. Elle s'inscrit dans le cadre la monétarisation des terres (achats et dons assortis de cadeaux en argent). Les ventes des terres rurales sont devenues une pratique courante dans la commune de Houndé.

Le phénomène prend tellement de l'ampleur qu'il est devenu un fléau. Il y a des familles qui ont vendu une grande partie de leur patrimoine foncier et qui se trouvent aujourd'hui confrontées à l'insuffisance des terres exploitables. Quand on fait une projection dans un certain nombre d'années, certains propriétaires terriens d'aujourd'hui se retrouveront demain sans terre. (SANOU et al., 2012).

La terre occupe une place stratégique dans le développement agricole qui a connu des graves sécheresses dans les années 70. Cette situation a été à l'origine des migrations massives des populations du Nord dans l'Ouest du pays. Les villages bwa de la commune de Houndé ont reçu des flux tellement importants qu'ils n'arrivent plus à satisfaire les besoins en terres des autochtones et des allochtones. Cela a induit nécessairement le mode d'accès des populations à la terre dans ces villages.

Il se développe alors des transactions foncières qui vont au-delà des dispositions coutumières d'accès aux terres, jadis pratiquées dans les villages de la commune. Les ventes des terres qui étaient autrefois interdites font partie des pratiques actuelles d'accès aux terres dans les villages de la commune. Cette situation est devenue complexe avec l'adoption de la Réforme Agraire et Foncière qui fait de l'Etat le seul propriétaire des terres. Il en a résulté nécessairement des conflits de compétences entre l'Etat et les responsables coutumiers des terres.

Dans ces conditions, il convient de se demander quels sont les véritables modes d'accès aux terres dans les villages de la commune de Houndé dans le contexte actuel ? Autrement dit, dans ces villages, les modes d'accès aux terres sont-ils régis par les coutumes ou par le droit moderne ou encore par les deux à la fois ?

Selon les enquêtés autochtones, la terre est au centre de l'existence du bwa. Elle est leur sève nourricière, car de la naissance à la mort, le Bwa est lié à la terre. Ainsi, Monsieur M.K du village Dohoun a comparé la terre au sein maternel qui sert à nourrir tous les enfants d'une même mère, la terre nous permet de nous nourrir et nous devons la léguer comme héritage à la génération future, (entretien réalisé en bwamu le 15 Septembre 2014 à Dohoun).

De la naissance à la mort, le Bwaba a toujours recours à la terre. Quand un enfant naît son placenta est enterré et la plupart du temps dans la cour familiale pour marquer l'appartenance du nouveau-né à la famille. Dans les rapports mutuels des populations bwaba, la terre sert à départager les individus en cas de litige. Chaque partie est obligée de jurer sur la terre pour prouver son innocence. La plupart du temps quand l'on n'est pas sûr de soi, l'on ne s'engage pas dans un tel serment. La terre dans ce cas devient le juge entre les deux parties. Le chef de terre joue un rôle très important dans l'organisation politico religieuse des bwaba (Nazi BONI, 1961).

M.K poursuit en disant que : quand survient la mort, le corps doit être obligatoirement confié à la terre. Les Bwaba, dans la mesure du possible, évitent à tout prix les litiges liés à la terre, car les conséquences qui découlent de telles situations sont pour la plupart du temps irréparables. La terre c'est la vie, c'est la demeure des ancêtres et c'est sur elle que l'eau est versée pour implorer la clémence et la faveur de ces derniers. La terre est présente dans tous les domaines de la vie des Bwaba. La terre étant très importante dans la survie du Bwa, la question foncière est traitée avec une très grande attention. (Propos recueillis en bwamu le 15 Septembre 2014 à Dohoun).

L'accès à la terre rurale dans la commune de Houndé s'opère à travers plusieurs modes et selon le statut du demandeur. Les enquêtes, 67 % des producteurs agricoles autochtones ont hérité des terres et 33 % ont accédé aux terres par des dons.

Pour leur part, les allogènes, 80 % ont accdé aux terres par des prêts, 10 % par location et 5 % par achat.

Pour K. B notable à Koho : l'historique du peuplement d'un village est très déterminant dans l'acquisition des domaines fonciers. Les premiers arrivants sont ceux qui ont les plus grandes superficies. Et ils installent ceux qui arrivent après eux. Et il décrit les modes traditionnels d'accès aux terres de la manière suivante :

- L'héritage est la transmission systématique d'une terre de père en fils. Les terres que les ascendants ont déjà exploitées reviennent de droit à leurs descendants. Ils peuvent jouir de ces terres car elles sont devenues leurs propriétés. Les descendants peuvent en faire don à qui ils veulent avec le consentement du plus ancien du lignage. Le mode d'accès par héritage est exclusivement l'affaire des autochtones.
- Le don est un mode d'accès à la terre qui consiste à aller vers une tierce personne demander une terre cultivable. Le

propriétaire terrien qui consent, fournira au demandeur toutes les conditions à remplir afin de rentrer en possession de la nouvelle terre. La durée du don est indéterminée.

- Le prêt est un mode d'accès à la terre à durée déterminée. Les demandeurs y ont recours pour pallier une urgence. Le propriétaire accepte de céder la portion avec l'intention de la récupérer dès que le demandeur aura fini ses récoltes et même si ce n'est pas dans l'immédiat, l'intention de reprendre un jour le terrain se trouve au centre du prêt. Mais il n'y a pas de contrepartie financière sauf que le demandeur est tenu de payer la contrepartie coutumière en nature.
- La location est un mode d'accès plus récent qui consiste à céder une superficie de terre à quelqu'un pour un temps bien déterminé, à un prix donné, une sorte de rente foncière. Dans cette situation, les facteurs temps (période) et argent sont prépondérants et les clauses sont bien définies.
- L'achat est le mode d'accès à la terre par lequel un propriétaire terrien cède définitivement une partie de son patrimoine foncier à une autre personne en prenant avec cette dernière de l'argent. Mais à ce niveau, la compréhension que les deux parties font de ce thème n'est pas sans problème. (Propos recueillis en bwamu le 09 Septembre 2014 à Koho.).

En effet, selon H.B, propriétaire terrien au secteur 3 de Houndé, la terre a trop de valeur pour faire l'objet de vente. Ce n'est que le droit de jouissance qu'on vend et non la terre elle-même, car elle ne peut être vendue. Pourtant, celui qui a déboursé de l'argent pour acquérir un terrain, pense que ce terrain est devenu sa propriété. (Propos recueillis en bwamu le 10 Septembre 2014).

Tous ces modes d'accès sont qualifiés de traditionnels car les transactions se font dans un cadre informel ne se basant pas sur un cadre juridique et légal.

Selon la RAF de 1996, les terres doivent être occupées, moyennant des titres administratifs d'occupation que l'on peut classer en deux (02) types notamment les titres temporaires et les titres permanents.

Les titres temporaires que sont :

- le permis d'occuper est une autorisation donnée par l'administration à une confession religieuse afin de construire un lieu de culte ;

- le bail ou location de terre rurale c'est la convention par laquelle le possesseur ou le propriétaire foncier accorde la jouissance de sa terre au preneur en vue de la réalisation d'activités agro-sylvo-pastorales pour une durée déterminée et moyennant le paiement d'un loyer périodique.

Les titres permanents concernent :

- le permis d'exploiter est un acte délivré par l'administration à tout demandeur de terrain à usage autre que celui d'habitation ;
- l'arrêté de mise à disposition (arrêté d'affectation) est aussi un acte administratif par lequel l'administration affecte un terrain à un service public.

La gestion du foncier au Burkina Faso est donc régie par les lois et les documents politiques dont les principaux sont la loi de la réorganisation agraire et foncier (qui date de 1984 et a été réalisée en 2012), la politiques nationale de sécurisation foncière en milieu rural et plus récemment la loi 034-2009 portant régime foncier en milieu rural. La grande innovation de cette nouvelle loi est qu'elle reconnaît officiellement les droits coutumiers (qui peuvent être formalisés via des attestations de possession foncière et des accords de prêts et transfère la gestion du foncier aux communes rurales). (OUDET Maurice, 2009).

C'est ainsi qu'en 1984, le pouvoir révolutionnaire en place au Burkina Faso a modifié le statut de la terre, de manière autoritaire, tout simplement en adoptant un texte : l'organisation N°84-050/CNR/PRES du 04 Août 1984 date anniversaire de sa prise de pouvoir. Un an plus tard, son texte d'application, le décret N° 85-404/CNR/PRES du 04 Août 1985 a été pris. La substance de cette mesure a consisté en la création d'un bloc foncier : le Domaine du Foncier National (DFN) et a en attribué la propriété exclusive à l'Etat. Les particuliers n'avaient que des droits de jouissance sur les terres qu'ils occupaient.

En 1991, le pouvoir en place a choisi de rectifier sa vision sur le foncier. Sa nouvelle vision a été formalisée dans une mesure de relecture de la loi foncière Zatu N°AN VIII-00bis/FP/PRES du 04 Juin 1991 et son texte d'application le KITI N°AN VIII-0328 TER/FP/PLAN-COOP. Dans cette relecture, le texte sur la terre a subi quelques modifications ; en effet, la propreté individuelle sur la terre est désormais reconnue avec toutefois, la possibilité pour l'État d'exproprier pour cause d'utilité publique :

- les terres foncières supprimées ne sont pas réhabilitées ;
- la suppression de la commission de règlement des litiges pour laisser la justice jouer son rôle et mettre fin à l'immixtion de l'exécutif dans le domaine judicaire ;
- la création de la commission de retrait des parcelles ;
- l'impossibilité de vendre des terres nues.

En 1996, la relecture de la loi foncière a été consacrée par la loi N°014/96/ADP DU 23 Mai 1996, son texte d'application est le décret 97-054/PRES/AM/MEF du 06 Février 1997, la RAF de 1996 a consacré la situation suivante :

- le maintien des titres fonciers pour les particuliers ;
- le rétablissement des titres fonciers précédemment supprimés ;
- l'indemnisation de ceux qui ont perdu leurs terres ;
- le maintien du droit pour l'Etat d'exproprier pour cause d'utilité ;
- la possibilité de vendre la parcelle nue.

Avec la RAF de 1996, la terre appartient soit à l'Etat soit aux particuliers qui ont des titres fonciers. Les droits de jouissance et d'usage sont reconnus par les autres acteurs du foncier en milieu rural ; il s'agit des acteurs ruraux.

Aux termes des dispositions de cette loi, trois blocs fonciers ont été créés en milieu rural au Burkina Faso :

- le domaine foncier rural de l'État ;
- le domaine foncier rural des collectivités territoriales ;
- le patrimoine foncier des particuliers.

Cette loi a pour objet principal, le renforcement de la sécurisation des acteurs foncier ruraux et la promotion des investissements en milieu rural. Les innovations majeures apportées par cette loi sont :

- la possibilité de la reconnaissance de la possession foncière rurale qui confère à son titulaire un titre d'occupation (Attestation de possession foncière rurale) ;

- la création de structures de gestion foncière au niveau local, les services fonciers ruraux, les commissions foncières villages ;
- la création d'une agence nationale des terres rurales.

L'occupation des terres s'effectue en fonction du statut et du genre du demandeur. Ainsi, les producteurs autochtones dont la superficie des champs est comprise entre 8 à 10 hectares sont au nombre de dix sept (17), ceux qui ont leur superficie comprise entre 10 hectares et plus sont six (6) personnes, les producteurs qui ont leur champs dont la superficie est inferieure au égale à 8 hectares mais strictement supérieure à 6 hectares sont au nombre de cinq (5) personnes. Seulement deux producteurs autochtones ont leurs champs dont la superficie est comprise entre 3 à 5 hectares. Parmi les autochtones exploitants, personne ne possède un champ dont la superficie est inférieure à 2 hectares.

Au niveau des allogènes, les superficies varient énormément selon le statut des producteurs. Un seul allogène a plus de dix hectares.

Quant aux femmes, dix neuf (19) femmes ont des superficies de terres ne dépassant pas un hectare. Seule une femme a une superficie allant de deux à trois hectares. Ce constat confirme le fait que les femmes n'exploitent que de petites superficies.

De manière générale, les producteurs agricoles des villages enquêtés connaissent très peu les lois du foncier par les exploitants. En effet, aucun des cinquante (50) enquêtés n'a pu parler de ces textes sur le foncier.

Par ailleurs, les des difficultés d'accès de ces producteurs aux terres sont la méconnaissance des textes, (48 % des enquêtés) et les coutumes pour 42 % des enquêtés.

Pour assurer, un meilleur accès aux terres, 56 % des enquêtés suggèrent de mettre en œuvre la politique de sécurisation foncière, 26 % proposent le respect mutuel entre le demandeur et le propriétaire. Pour 18 % des enquêtés, il conviendrait de respecter les clauses des contrats de cession des terres.

Ces résultats montrent que la commune de Houndé est une zone d'immigration des populations des régions du Nord et du Centre. Ces populations viennent en quête de terres cultivables. D'ailleurs, le tableau 4 indique que 40 % des enquêtés sont des allogènes. Deux parmi eux, reconnaissent leur situation d'allogènes. Le premier affirme qu'il a été contraint de quitter sa région natale dans le Centre Nord de notre pays à cause de la pauvreté des sols pour venir dans les villages de la commune de Houndé à la recherche des terres fertiles. Pour le second, il dit avoir quitté son terroir dans le Nord pour la zone de Houndé dont il a appris quelle elle mieux arrosée et propice à l'agriculture. Parlant des migrations, SAWADOGO, (1977) affirme que les populations des hautes terres appauvries et surexploitées par un relatif surpeuplement, continuent leurs migrations vers les terres plus fertiles et plus abondantes des vallées ou dans les régions plus favorables sur le plan climatique et pédologique.

Le plateau central a été depuis de nombreuses décennies, le lieu de départs massifs de migrants vers la Côte d'Ivoire, le Ghana ou vers d'autres régions du pays.

Par ailleurs, les transactions foncières qui étaient exclusivement une affaire d'hommes, commencent à impliquer de plus en plus les femmes. Les résultats des enquêtes montrent que 20 des 50 des enquêtés sont des femmes. La plupart des demandeurs de terres sont des hommes mais de plus en plus, les femmes demandent des terres, même si celles qu'elles obtiennent, sont de petites superficies, (tableau 9). Traditionnellement, les femmes ne cultivent pas de grandes superficies. Elles se contentent de petites superficies pour légumes (aubergine, gombo, etc.). C'est le cas de madame G.L à Boho-Kari qui dit « qu'elle a demandé une portion de terrain dont la superficie ne dépasse pas un quart hectare, à son mari, pour cultiver des arachides et des pois de terre ». (Propos recueillis en bwamu à Boho-Kari le 10 octobre 2014).

S.A, une femme de Bouéré « affirme avoir demandé aussi un terrain à son mari pour produire ses sauces : gombo, oseille et du sésame. La taille de son champ n'atteint pas un demi-hectare ». (Propos recueillis en Dioula à Boho-Kari, le 10 octobre 2014)

D'ailleurs, dans la tradition biwa, la fonction de propriétaire terrien n'est jamais exercée par une femme. En effet, parmi les dix propriétaires terriens qui ont pris part à notre étude, il n'y a aucune femme.

En réalité, dans les villages enquêtés, les femmes accèdent à la terre par cession d'une partie des terres de leurs époux ou par héritage des terres quand leurs maris décèdent sans laisser un grand enfant capable d'hériter de ses terres.

Pour ce qui concerne les superficies, elles sont de petites tailles. HIEN M. (2008) explique ce fait par les difficultés que les femmes ont à accéder aux terres. Cet accès est en priorité donné aux hommes. Dans la tradition biwa, la femme une étrangère dans sa famille d'origine et dans celle de son époux, (M.B, enquêté, le 15 septembre2014).

Par rapport à l'âge, plus de 72 % des enquêtés ont plus de quarante (40) ans. C'est un âge qui leur permet d'accéder à la terre et d'en devenir véritablement propriétaires. Pour B.K chef de terre de Karaba : « la terre ne se donne pas à un enfant. Et un enfant n'a pas de décision dans les affaires foncières. C'est pourquoi, les jeunes gens demandeurs de terres ont l'obligation de se faire accompagner par une personne âgée pour que cette dernière parle en leur nom » (Propos recueillis en bwamu à Karaba, le 10 octobre 2014)/

Quand à L.K, chef de terre de Tiomboni, « il affirme que la terre est très importante pour être l'affaire des enfants. La terre est porteuse de vie parce que nous tirons d'elle de quoi nous maintenir en vie, c'est pourquoi celui qui vous en offre, mérite respect et considération. C'est pour cette raison qu'un enfant n'a pas le droit d'aller seul, devant un propriétaire terrien pour une demande de terrain ». (Propos recueillis à Tiomboni le 10 octobre 2014)/

À propos du niveau d'instruction des enquêtés, le tableau 3 nous indique que soixante (60 %) des enquêtes sont analphabètes. Si au plan du droit coutumier, l'analphabétisme ne pose aucun problème d'accès aux terres. Il n'en est pas de même du droit moderne, notamment des textes de loi adoptés par le pays. En effet, l'analphabétisme ne permet pas aux enquêtés de lire et de comprendre les textes de loi qui sont souvent écrits en termes juridiques qui ne sont facilement accessibles qu'aux spécialistes du domaine.

C'est dire donc que l'instruction même au supérieur ne permet de comprendre et de savoir interpréter les textes de loi. Or, nous constatons que seuls 26 % des enquêtés ont les niveaux primaire et secondaire. Ces derniers sont en mesure de lire des textes en français sans être capables d'en faire l'interprétation.

Les alphabétisés auraient pu lire ces textes s'ils avaient été rédigés en Bwamu, en Jula ou en moré (principales langues nationales couramment employées dans la commune de Houndé). En réalité, les enquêtés affirment n'avoir pas d'informations sur les textes de loi sur le foncier rural. Ce fait peut s'expliquer par la non-vulgarisation de ces textes au niveau des populations. Cependant, presque tous les enquêtés affirment avoir appris que la RAF de 1984 a attribué la propriété de la terre à l'État. Les propriétaires terriens se disent expropriés de leurs terres. Ils sont devenus réticents à donner des terres aux demandeurs.

En atteste la déclaration du propriétaire des terres (OUDET Maurice, 2009). Selon lui, les propriétaires terriens ont peur de perdre leurs terres au profit de l'État. Ce qui les pousse à les vendre.

Pour ce qui est des différents modes d'accès à la terre nous pouvons dire que cela est fonction du sexe et du statut social. Ainsi nous constatons que 67 % des autochtones ont accès à la terre par héritage et 33 % y accèdent par don. C'est l'une des raisons qui explique la possession des grandes superficies par les autochtones.

Le droit coutumier fait de leurs terres un patrimoine dont ils jouissent. Or ce droit coutumier n'est pas reconnu par l'Etat burkinabè. Il en résulte nécessairement un conflit de compétences, qui en réalité existe encore même si la loi s'impose à tous. Il régit les modes d'accès aux terres dans les villages bwa de la commune de Houndé. Selon l'explication de G.N, propriétaire terrien à Dohoun : « quand une personne vient demander la terre, nous lui demandons d'amener deux poulets. Nous sacrifions l'un sur l'autel de la terre et l'autre sur celui de la brousse, afin d'implorer les mânes des ancêtres à veiller sur le demandeur pour qu'il puisse exploiter le terrain dans la paix ». (Propos recueillis en bwamu, le 15 octobre 2015).

Pour un autre propriétaire Monsieur K.B à Kari : « les recommandations transmises par les ancêtres dans les domaines du foncier doivent toujours être respectées afin de permettre une cohésion de la communauté. C'est pour cette raison que tout demandeur de terre doit se soumettre aux exigences des coutumes. Nous n'avons aucune connaissance d'autres lois qui règlent le problème de terre chez nous ici ». (Propos recueillis en bwamu, le 15 octobre 2014).

En ce qui concerne les allogènes, les modes d'accès à la terre sont très variables. Seize (16) allogènes, (80 %) ont accédé à la terre par prêt. Un allogène a reçu sa terre par don. Il fait partie des premiers migrants à s'installer à Dohoun. La famille de ce dernier s'est vraiment intégrée à la famille de ses logeurs et les deux familles forment pratiquement une même famille. C'est un exemple de tutorat réussi. Il est le seul allogène à avoir plus de dix hectares.

Deux (02) allogènes ont eu accès à la terre par location. K B à Koho explique comment il a eu à louer une partie de son champ à certains demandeurs : « en cette année là, j'étais dans l'impossibilité d'exploiter tout mon champ. Et si je laisse une partie de mon champ dans l'herbe, les animaux vont me fatiguer c'est pourquoi j'ai loué les deux (02) hectares à vingt mille francs (20000 FCFA) soit dix mille francs (10 000 FCFA) l'hectare mais de nos jours si ce n'est pas quinze mille francs (15000 FCFA) on ne peut pas louer l'hectare ». (Propos recueillis en français, le 20 octobre 2014).

D'ailleurs, les systèmes fonciers et agraires modernes représentent l'ensemble des pratiques administratives, juridiques et politiques s'inscrivant dans une nouvelle perception de la gestion des terres. Dans ces systèmes, il est établi formellement une loi fondamentale qui régit la gestion des terres. C'est le cas de l'Ordonnance portant sur la Réorganisation Agraire et Foncière du Burkina. Sans revenir sur les aspects juridiques et politiques de ces systèmes, il nous est apparu important d'en déterminer leur objet social. Il convient toutefois de noter que l'évolution diachronique de ces textes de loi est un effort d'adaptation de ces textes aux réalités sociales et cultures du pays.

Cet effort a sans doute les a vidé partiellement de leurs contenus révolutionnaires en les remplaçants par ceux de la république. Cependant, ces textes restent encore loin des réalités sociales et culturelles qui restent largement ancrées aux systèmes traditionnels de gestion des terres.

Il en résulte alors l'existence de deux systèmes traditionnels et modernes de la gestion des terres qui ont à la fois des similitudes et des différences. Au niveau des similitudes, nous constatons qu'elles sont assez nombreuses et variées. Nous avons retenu cinq points de similitude qui nous semblent très importants. Premièrement, les deux systèmes font des terres un bien sacré qui par conséquent les rend inaliénables. Certes, cette perception n'est pas totalement la même. Dans le système traditionnel, cet aspect sacré est prépondérant. Il est à la base des rites agraires.

Au niveau de la RAF, l'aspect sacré se limite au fait que la terre est inaliénable. C'est un des symboles de souveraineté nationale. Deuxièmement, la terre est un bien commun ne pouvant par conséquent appartenir à des individus. Dans le système traditionnel, la terre appartient à une famille, au clan, à la communauté. Personne ne peut en faire sa propriété exclusive. Dans la RAF, la terre appartient à l'Etat qui est une personne morale symbolisant la Nation (le grand village). Dans l'un et l'autre cas, la terre est essentiellement communautaire. Troisièmement, la terre étant un bien communautaire, il est indispensable que sa gestion soit assurée par une personne morale.

Traditionnellement, cette gestion est confiée au patriarche de la famille, du clan et au chef des terres au niveau du village. Dans la RAF, elle est assurée par le Domaine Foncier National du département chargé de l'administration du territoire. Quatrièmement, la gestion des terres obéit à des règles précises. Dans le système traditionnel, elle est fondée sur les coutumes ou sur des règles séculaires transmises d'une génération à l'autre. Dans la RAF, c'est l'ordonnance qui définit les règles de gestion du Domaine Foncier National.

Cinquièmement, la terre constitue un ensemble d'enjeux politiques qui se résument en la souveraineté du village et de la Nation. Dans le système traditionnel, la terre étant sacrée (la demeure des mânes ancestrales) et étant une ressource des richesses (les récoltes), elle devient de fait un enjeu tellement majeur que le village ne peut accepter la céder à d'autres personnes que par des négociations et à défaut par des conflits parfois sanglants. Il en est de même au niveau de l'Etat qui ne peut être souverain que s'il a un territoire.

C'est au niveau de cet ensemble d'enjeux que les deux systèmes s'affrontent véritablement. En effet, les systèmes traditionnels sont de fait supprimés dans la RAF. Or, si son élaboration avait été faite dans le cadre d'améliorer ces systèmes, l'affrontement aurait été de moindre envergure. C'est dire que la conception verticale de la RAF ne pouvait lui permettre de s'enraciner dans ces systèmes qui ont pourtant l'avantage de représenter des systèmes de valeurs socio-culturelles. Certes, il était difficile de chercher à valoriser tous les systèmes traditionnels du pays, compte tenu de leur variabilité.

Chaque groupe ethnique a ses pratiques dans ce domaine. Il existe donc autant de systèmes fonciers que de groupes (une soixante). Fondamentalement, ces systèmes sont très proches voire complémentaires comme nous venons de le montrer par l'étude des systèmes fonciers des quatre sociétés (bobo, tiéfo, blé, karaboro).

Dans tous les cas, il existe des possibilités d'ancrage aux systèmes fonciers traditionnels pour la RAF. Tous les points de similitude peuvent servir de point d'ancrage. Cet ancrage pourrait donc se faire par syncrétisme. Certes, ces possibilités n'ont pas été exploitées à temps opportun (avant l'élaboration de la RAF. Ceci étant, il est possible que les systèmes s'accordent par modus vivendi. Pour cela, il est indispensable d'entreprendre une campagne de sensibilisation au niveau des détenteurs du pouvoir traditionnel (chef de village, chefs de terres etc.). Il serait donc important de rechercher les possibilités de faire coexister les deux systèmes dans un esprit de complémentarité.

2.3. ASSAINISSEMENT DU CADRE DE VIE

Le monde connaît un phénomène de pollution grandissante depuis la deuxième moitié du 20è siècle, créant une sorte de psychose, d'insécurité mondiale, en particulier dans les pays industrialisés et cela, à la suite des déchets nucléaires et industriels, des gaz provenant des usines, du gaz carbonique s'échappant des forêts tropicales dévastées etc. qui polluent l'atmosphère, les eaux et menacent la vie tant des hommes, des animaux que des plantes.

C'est ainsi que plusieurs conférences des Nations Unies sur l'environnement et le développement se sont tenues pour trouver des solutions à cette situation (Stockholm en 1972, Rio en 1992, Kyoto pour la lutte contre l'émission de gaz à effet de serre, Berlin en 2001 sur le réchauffement de la planète et la conférence de Planet'Ere3 à Ouagadougou.

Aujourd'hui, c'est l'assainissement des villes qui pose le plus de problèmes aux dirigeants africains, faute de politique de développement urbain. Les villes s'accroissent à un rythme accéléré sans que les mesures correspondantes en éducation sanitaire, en infrastructures et équipements d'assainissement ne soient prises.

C'est le cas de la ville de Bobo-Dioulasso, qui présente depuis quelques années déjà, un aspect de plus en plus insalubre, malgré les efforts importants consentis par les autorités communales. Exemples : mise en place de bacs à ordures dans les secteurs et places publiques, recrutement de balayeuses de rues, etc.

Il y a en effet une prolifération importante et inquiétante des plastiques et des déchets solides communément appelés « ordures ménagères » dans la ville. En effet, bien qu'il existe des bacs à ordures dans certains secteurs, force est de constater des bacs pleins et non levés de plus d'un (1) mois, voire plus. Cet état de fait a conduit les populations bénéficiaires à continuer à jeter leurs ordures à côté de ces bacs, seuls lieux désignés à cet effet.

Dans les secteurs où il n'existe pas de bacs, on assiste à une prolifération anarchique de dépotoirs sauvages, espaces vides, terrains non mis en valeur, cimetières, carrières, crevasses et caniveaux divers. Enfin, l'encombrement des voies publiques par les véhicules des garages de rue, les étalages, les hangars et kiosques de toute sorte, l'élevage et la divagation des animaux, viennent participer à leur manière à l'insalubrité de la ville.

Les eaux usées et le péril fécal représentent une part importante et dangereuse dans l'insalubrité de la ville de Bobo-Dioulasso, de par leurs qualités bactériologiques et chimiques. Ce sont surtout les « vieux » quartiers qui sont les plus concernés (Dioulasso-Bâ, Sikasso-Cira, etc.).

En effet, dans ces quartiers, tous les puisards sont hors des concessions. Souvent mal conçus et de très faible capacité et vu le nombre de personnes vivant dans ces cours, ils se remplissent très rapidement et laissent leurs eaux usées s'écouler en permanence dans les caniveaux et sur la voie publique. Il en est de même pour les latrines qui, quand bien même elles sont à l'intérieur de la cour, sont souvent pleines et leur contenu est vidé sans ménagement sur la voie publique ou dans les caniveaux.

Ceux-ci sont devenus des dépotoirs et des latrines publiques et ne sont jamais curés. Les latrines des marchés de secteur sont dans un état de salubrité déplorable.

Ce phénomène est dû, en grande partie, à la croissance démographique de la cité, à la dégradation des comportements des citoyens vis-à-vis de la salubrité, aux dysfonctionnements des structures communales qui, souvent, n'arrivent à jouer efficacement leur partition dans l'assainissement des secteurs.

Cette situation d'insalubrité de la ville constitue une menace pour la santé publique et une préoccupation majeure pour la municipalité. En effet, il est à constater un accroissement des cas de paludisme, de maladies diarrhéiques de fièvre typhoïdes des IST/SIDA, des maladies cardiovasculaires, etc.

Les populations urbaines, déjà frappées par la récession économique s'appauvrissent davantage en voulant faire face au coût élevé des médicaments auxquels leur pouvoir d'achat ne permet pas d'accéder.

Cette situation constitue également une menace grave pour le développement du tourisme naissant et, par conséquent pour l'économie locale.

Devant cette situation néfaste et pour appuyer la dynamique de la municipalité pour l'amélioration du cadre de vie des populations urbaines, le GRADI a développé une stratégie alternative qui consiste à impliquer davantage des acteurs à la base dans la gestion de l'assainissement au sein de leurs propres secteurs.

En réalité, la ville de Bobo-Dioulasso et sa banlieue, à l'instar des autres grandes villes africaines, connaissent un réel problème d'insalubrité qui se pose en termes de prolifération de dépôts sauvages d'ordures, de difficultés de gestion des eaux usées et d'évacuation des eaux pluviales, de difficultés d'accès à l'eau potable. Un des plus grands problèmes aujourd'hui, c'est l'absence d'un véritable système de ramassage, de transport et de dépôt des ordures ménagères. Son absence, en combinaison avec les ressources limitées de la municipalité, a donné lieu à des dépôts sauvages, des caniveaux complètement remplis par des déchets et du sable.

L'insalubrité est aussi favorisée par la présence d'une importante flore et surtout par les nombreuses activités agricoles, pastorales et industrielles de la ville et de sa banlieue. Au plan floristique, la ville et sa banlieue sont entourées des forêts classées de Dindéresso, de Kounima et des zones maraîchères du Houet. Leurs populations mènent des activités agricoles et pastorales et industrielles qui contribuent à la pollution et la dégradation de l'environnement.

Il y a en effet, des pressions agricoles qui s'observent essentiellement dans les forêts classées situées en banlieue de la ville. Il en est de même des pressions animales sur ces forêts. Ces pressions contribuent à la déforestation et par conséquent à la dégradation des forêts classées de la banlieue. Cela a nécessairement des effets induits sur la qualité de l'air et de nombreuses pollutions.

À Bobo-Dioulasso, les sources de pollution de l'air sont les gaz d'échappement des moyens de transport, les poussières des routes non bitumées, les fumées des grilleurs de viande et de poisson, la combustion du bois de chauffe, les émissions des industries fixes et les feux de brousse. En outre, la concentration de plus en plus importante des populations dans cette ville, accroît ces problèmes de pollution. La pratique de brûlage des déchets dans les dépôts sauvages et même dans les bacs à ordures est très répandue et des ménages qui brûlent les ordures dans les quartiers.

Il en résulte aussi des nuisances des sols, des eaux. La pollution des sols est liée aux activités agricoles sur les grands sites irrigués et dans les zones cotonnières, peuvent induire une pollution des sols du fait d'une utilisation non rationnelle de l'eau, des engrais et des pesticides. C'est le cas de la toxicité ferreuse sur certains périmètres rizicoles

(Vallée du Kou). Par contre, la toxicité aluminique résultant de l'utilisation exclusive d'engrais chimiques est susceptible de menacer la productivité des terres des zones cotonnières.

Dans la ville, la pollution des sols est surtout liée aux rejets liquides chargés de métaux lourds et de matières toxiques des industries ainsi qu'aux déchets solides ménagers et industriels déposés de manière anarchique. La pollution des sols en milieu périurbain peut être aussi liée à l'utilisation des fertilisants chimiques dans les activités maraîchères.

Il y a aussi la pollution par les déchets solides qui proviennent d'une gestion inappropriée des déchets solides, ce qui est une grave menace pour la santé publique, l'environnement ainsi que le développement social et économique. Actuellement, les déchets solides domestiques produits sont, soit dispersés sur place ou brûlés par les habitants, soit transportés vers les décharges non contrôlées ou encore laissés sur les voies publiques et les terrains vagues. Les déchets solides, de par leur composition, contiennent essentiellement de la matière organique et inerte dont la décomposition dans les décharges et dépôts non contrôlés produit des polluants toxiques. La percolation qui en résulte avec l'eau de pluie est source d'acidification des sols, de contamination des eaux de surface et des eaux souterraines.

Par ailleurs, les déchets plastiques, bien que encore faiblement représentés dans les déchets domestiques, constituent une menace sérieuse pour l'environnement et les animaux domestiques. En effet, à cause de leur non-biodégradabilité, ils contribuent à l'imperméabilisation des sols et occasionnent souvent la perte des animaux qui les consomment. La pollution engendrée par ce type de déchets est surtout d'ordre esthétique.

La gestion des eaux usées domestiques est aussi source de préoccupation. Elles sont souvent évacuées manuellement dans le domaine public, provoquant ainsi des pollutions et des nuisances pour le voisinage et le milieu naturel.

En outre, les matières de vidange des fosses septiques sont déversées dans les canaux d'eaux pluviales ou dans la nature, entraînant une prolifération de multiples vecteurs de maladies. La tendance à la transformation de certains puits traditionnels en fosses septiques ou en fosses à ordures, constitue une autre source de pollution des nappes phréatiques avec des conséquences considérables pour l'homme.

Ainsi, la mauvaise gestion des déchets domestiques solides et liquides a un impact certain sur la santé des populations. En témoignent la persistance et la prolifération de certaines maladies hydriques (choléra, fièvre typhoïde, diarrhées virales, hépatites…).

Quant à la pollution par les déchets industriels et biomédicaux, elle est due aux effluents liquides provenant des industries agro-alimentaires et chimiques (brasseries, conserveries, abattoirs, savonneries, huileries, fabriques de produits pharmaceutiques et de batteries, etc.) sont sources de pollution des eaux de surface et des nappes phréatiques ainsi que de la végétation et de la flore, par les substances toxiques qu'ils contiennent. Les ruptures accidentelles survenues au niveau de la lagune de rétention des rejets des savonneries-huileries ont entraîné la mort des poissons sacrés du marigot « Houet » portant ainsi un grave préjudice au potentiel halieutique. De plus, la forêt classée de Dindéresso est menacée par les eaux usées industrielles.

Il y a aussi les huiles usagées et les déchets biomédicaux. Les huiles usagées proviennent principalement des garages, des ateliers d'engins à deux roues motorisés, des stations d'essence avec fosses, des industries…et ont des impacts importants sur l'environnement. En effet, non récupérées, elles sont rejetées dans la nature et sont source de contamination des sols, des eaux de surface et des eaux souterraines. Brûlées à ciel ouvert, elles dégagent des dioxines très dangereuses pour l'homme.

Les déchets biomédicaux dans les structures sanitaires, composés d'objets souillés (seringues, gants, pansements et emballages) sont source de contaminations diverses. La plupart des centres médicaux ne disposent pas d'un système de gestion appropriée de ce type de déchets. Ils sont collectés et suivent la même filière d'élimination que les déchets ménagers et industriels. Par conséquent, les risques de contamination des sols et des ressources en eau par ces déchets, estimés en 2000 à 310 tonnes pour la ville de Bobo-Dioulasso, sont actuellement élevés.

Du coup, c'est toute la problématique de l'hygiène publique et de l'assainissement de la ville de Bobo-Dioulasso et de sa banlieue qui est ainsi posée. Il va de soi qu'elle se pose en termes de développement durable. Cette problématique de l'hygiène publique et de l'assainissement n'est pas un fait spécifique à Bobo-Dioulasso et à sa banlieue. Elle touche les villes et campagnes au Burkina Faso et même de toute l'Afrique.

Les questions d'hygiène et d'assainissement ont fait l'objet de nombreux écrits et recherches. Selon KOANDA H. (2006), l'évacuation des excrétas et des eaux usées en milieu urbain d'Afrique subsaharienne, est caractérisée par la prédominance de l'assainissement autonome. Les installations d'assainissement autonome (latrines, fosses septiques) produisent des boues dont les quantités sont, de plus en plus, impressionnantes et inquiétantes.

L'évaluation des forces et faiblesses de la gestion actuelle de ces boues, montre que le principal problème n'est pas lié seulement au manque de traitement, mais aussi et surtout au manque d'engagement et de vision des municipalités, de réglementation efficace, d'organisation et de coordination des acteurs. Ces pratiques présentent des risques permanents sur la santé publique, et de pollution des nappes phréatiques et des cours d'eau. SALIM A, cité par KOANDA H. (2006) soutient que l'eau, l'assainissement et l'hygiène sont des composantes essentielles du développement durable et de l'allègement de la pauvreté.

L'analyse de la situation actuelle en matière d'assainissement urbain fait apparaître que l'impact attendu à travers les différentes réalisations, dans ce domaine, n'est malheureusement pas à la hauteur des investissements consentis. Ainsi CHERRARED M., et al. (2007) abordant la problématique et la faisabilité du développement durable en matière d'assainissement urbain en Algérie, mettent en évidence le constat alarmant de la situation actuelle des réseaux d'assainissement algériens, les aspects prioritaires à intégrer en urgence dans la nouvelle politique du développement durable adoptée par le gouvernement algérien. Ils font ressortir une première perspective sur les actions nécessaires et les résultats attendus pour un développement durable des Systèmes d'Assainissement (SA) en Algérie.

Dans le rapport sur l'eau et l'assainissement fait par l'ONEA en 1999, les 900.000 habitants de Ouagadougou au Burkina Faso, utilisaient principalement des latrines traditionnelles (70%), alors que d'autres avaient accès aux latrines à fosses améliorées ou fosses septiques (5%). Environ 7% de la population étaient dépourvus de tout assainissement et pratiquaient la défécation en plein air. La plupart des écoles n'avaient pas d'installations sanitaires adéquates.

Quant aux taux de couverture en assainissement, malgré les efforts consentis, les proportions de populations ayant accès aux services d'assainissement des eaux usées et excrétas en Afrique subsaharienne, restent encore faibles. KOANDA H (2006), en référence à UNICEF and WHO, précise que les taux de couverture en assainissement sont passés de 32% en 1990 à seulement 36% en 2002. Cela représente environ 437 millions de personnes sans assainissement de base. La situation est encore plus alarmante en milieu rural (55%) qu'en milieu urbain (26%).

Parmi les 35 pays les moins équipés en latrines, une vingtaine en proportion de population sans assainissement, sont de l'Afrique subsaharienne. La plupart des villes sont sans réseau d'égouts et les latrines simples sont les ouvrages les plus courants. ONEA (1993 et 1998) estimait à plus de 70% la proportion de ménages équipés de ce type de latrines dans la ville de Ouagadougou. Dans les villes qui disposent de réseaux d'égouts, les taux de raccordement des ménages restent très faibles : moins de 30% des ménages raccordés à Abidjan et Dakar, 5% à Kumasi, 2% à Yaoundé et Douala, 0,5% à Niamey.

En plus de ces difficultés de raccordement des ménages, les systèmes collectifs notamment les stations de traitement, souffrent de nombreux problèmes de conception, d'adaptation et d'entretien. Selon le rapport d'évaluation à mi-parcours réalisé par UNICEF and WHO, cité toujours par KOANDA H. (2006), il ressort que si les progrès actuels sont maintenus, l'Afrique subsaharienne n'atteindra pas les objectifs du Millénaire en assainissement (40% de la population totale ayant accès à un assainissement amélioré).

À propos de la gestion des boues de vidange, KOANDA H. (2006), trouve que leurs modes sont variables selon les pays et se répartissent essentiellement en gestion partagée entre le privé et le public (Mali, Ghana, Burkina Faso), gestion publique stricte et la gestion privée prédominante (Bénin).

Au Mali, la gestion des boues de vidange est assurée en grande partie par le secteur privé, notamment, les Groupements d'Intérêt Economique. Depuis 2002, un GIE et une ONG (organisation non gouvernementale) ont initié un projet de construction d'une station de traitement pour deux communes de la ville sans la participation de l'Etat. Ce mode de gestion existe aussi au Bénin où les opérateurs privés sont prépondérants et organisés en syndicat autour d'une entreprise (SIBEAU) ayant construit de sa propre initiative une station de traitement des boues de vidanges.

Au Burkina Faso, les services techniques des communes de Ouagadougou et de Bobo-Dioulasso disposent de camions vidangeurs qui assurent la collecte et le transport des boues de vidange. Les sociétés privées s'occupent de la collecte et le transport des boues de vidange et négocient directement leur rémunération avec les clients. Ces entreprises partagent leurs activités avec les vidangeurs manuels informels et les structures para étatiques tels que les Services Techniques de l'Armée et des Sociétés d'Etat.

Les opérations de vidange, de collecte, de transport et d'évacuation sont assurées par des sociétés privées et des entreprises publiques et parapubliques. Une station de traitement conjoint des eaux usées et des boues de vidange, a été construite en 2004 ; mais la filière de traitement des boues n'est pas encore opérationnelle à cause des défauts de conception des lits de séchage et difficultés dans la concertation entre l'ONEA, la mairie et les vidangeurs. Dans la plupart des autres villes, les vidangeurs paient une redevance de dépotage à la station de traitement.

Concernant les déchets et les pratiques des populations, le rapport 2007 de l'inventaire national des sources de production, d'utilisations et de rejets du mercure dans l'environnement au Burkina Faso, explique que les déchets sont souvent stockés à même le sol devant les concessions pour y être incinérés ou parfois définitivement abandonnés. En saison sèche, ces déchets sont dispersés sous l'effet du vent, tandis qu'en période de pluies, ils sont placés sur l'axe de ruissellement des eaux à défaut d'être directement déversés dans les caniveaux.

Cette attitude est surtout remarquable dans les quartiers populaires des grands centres urbains. Les structures chargées de la gestion des déchets sont confrontées au choix du site idéal pour le dépôt de bacs de collecte d'ordures. En effet, dans les grandes agglomérations, les bacs à ordures sont parfois disposés à proximité des collecteurs d'eaux pluviales. Quand ceux-ci sont pleins, les populations n'hésitent pas à déverser leurs déchets par terre, et souvent même, directement dans le canal.

Enfin, les contraintes budgétaires propres aux pays en développement, ont amené les S.T.M à faire l'option du mode de gestion qui obéit à la loi de proximité, dans l'optique d'amoindrir le coût de transport des déchets des centres de collecte vers les décharges. La plupart des villes du Burkina Faso ne disposent pas de décharges contrôlées.

Pour la Direction Générale de l'Amélioration du Cadre de Vie (2007), les boues des hydrocarbures sont produites principalement au niveau de la SONABEL et de la SONABHY au Burkina Faso. Les installations d'assainissement autonome (latrines, fosses septiques) et les stations d'épuration des eaux, produisent des boues dont les quantités sont, de plus en plus, impressionnantes et inquiétantes. Dans ces boues, on rencontre des objets et des substances pouvant contenir du mercure (néfaste à l'être humain). Il s'agit des piles, batteries, des néons, etc.

L'évaluation des forces et faiblesses de la gestion actuelle de ces boues, montre que le principal problème n'est pas lié seulement au manque de traitement, mais aussi au manque d'engagement et de vision des municipalités, de réglementation efficace, d'organisation et de coordination des acteurs.

Cette situation favorise les déversements dans l'environnement urbain ou l'utilisation des boues de vidange non traitées en agriculture. Ces pratiques présentent des risques permanents pour la santé publique par la pollution des nappes phréatiques et des cours d'eau.

Par rapport aux déchets industriels, la Direction Générale de l'Amélioration du Cadre de Vie (2007) mentionne que le secteur de l'industrie est très peu développé au Burkina Faso. Cependant, malgré le nombre réduit d'industries, ce secteur est reconnu être le plus gros pollueur.

Les villes de Ouagadougou et Bobo-Dioulasso abritent l'essentiel des unités industrielles du Burkina, et Banfora dans une moindre mesure. Toutes ces industries, par le biais de leurs activités, génèrent des déchets solides, liquides et gazeux constituant ainsi une menace pour la qualité du cadre de vie et de l'environnement. A Ouagadougou, pour les rejets des unités de la zone industrielle de Kossodo, la Brasserie, l'Abattoir et la Tannerie représentent 75% de la totalité des volumes imputables aux gros pollueurs. La Brasserie représente à elle seule plus de 60% de ces volumes (PSAO). Les gros pollueurs sont la Brasserie, la CITEC et la SAPHYTO à Bobo-Dioulasso.

Le volume d'eaux usées produites par jour par l'ensemble des unités est estimé à environ 1000 m3. Ces eaux sont déversées sur des terrains vagues, dans les marigots et les caniveaux de la ville. A Kaya, les eaux usées des différentes tanneries artisanales sont rejetées sur les voies et dans les caniveaux, créant des nuisances sanitaires et environnementales (Stratégie Nationale du Sous-secteur de l'Assainissement au Burkina Faso 1996). A Koudougou, FASO TEX déverse ses eaux usées non traitées, dans les marigots (Stratégie Nationale du Sous-secteur de l'Assainissement au Burkina Faso

1996). A Banfora, la SN-SOSUCO et la SOPAL sont les principales productrices d'eaux usées industrielles. Il faut préciser que ces eaux usées de façon générale ne font pas l'objet de traitement en station.

À titre d'illustration, nous avons fait l'étude du cas du secteur 20 de Bobo-Dioulasso. Ce secteur est situé à l'extrême Sud-Ouest en périphérie de la ville et limité dans son extension à l'Est par la zone industrielle, route de Banfora, au Sud par le village de Kodéni, à l'Ouest par le village de Samagan et enfin au Nord par la zone aéroportuaire, route d'Orodara.

Il a été loti successivement en 1986 et en 1999. Des travaux d'aménagements anti-érosifs et d'assainissement y ont été réalisés. Nous avons mené des enquêtes sur l'hygiène publique et l'assainissement du secteur auprès de 42 personnes (ménages et personnes ressources).

L'habitat et le niveau d'équipement du secteur en matière d'hygiène et d'assainissement sont assez satisfaisants pour la majeure partie des enquêtés (75 %). L'habitat est construit dans plus 90 % de cas de matériaux durs et définitifs communément appelés constructions en dur.

Les équipements domestiques sont faits des douches, des latrines, de fosses septiques, des puisards et des poubelles. Ainsi, 52 % des enquêtés disposent de fosses septiques ou de puisards. Les enquêtés font de ces équipements domestiques un outil moyen p$d'hygiène et d'assainissement de leur cadre de vie.

Quant aux infrastructures collectives liées à l'hygiène et à l'assainissement, elles sont constituées selon les enquêtés des bacs à ordure, des espaces considérés comme des dépotoirs publics, des centres de collecte et enfin du centre d'enfouissement technique des ordures ménagères. Le secteur a bénéficié en 2009 de la mise en place de caniveaux qui servent aux drainages des eaux de pluie.

En août 2008, une Brigade verte composée de 690 balayeuses de rues a été créée par l'administration municipale. Les rues du secteur ne sont pas prises en compte dans le balayage. La brigade verte intervient pour le moment dans le centre ville. En outre, 104 employés (éboueurs, cantonniers, vigiles et surveillants) ont été recrutés. Trois vigiles ou surveillants ont effectivement pris service au secteur pour veiller sur la propreté de certains lieux publics, mais pour des questions de motivations (arriérés de salaires), ils n'assurent plus la surveillance.

S'agissant de la prise de conscience des populations du problème d'hygiène et d'assainissement du secteur, la majeure partie des enquêtés, (85 %) affirment que le secteur est confronté à des nombreux problèmes d'hygiène et d'assainissement. L'un d'eux soutient que les populations jettent partout les ordures ménagères, ce qui rend difficile la circulation dans beaucoup de sous-secteurs. Pire, quand il pleut, l'eau stagne dans la plupart des cours. Un autre affirme que le secteur est très sale, l'insalubrité est totale.

Ces constats sont faits par les structures administratives ou politiques, intervenant du secteur et de la commune. C'est ainsi que la Direction des Services Techniques Municipaux (service de la propreté) estime que seulement 1/10 des ménages ont recours à un service de ramassage. La ville, selon les mêmes sources, produit deux cent vingt huit (228) tonnes de déchets par jour soit plus de quatre vingt trois mille (83.000) tonnes par an ou encore plus de cent quatre vingt dix (190) kg par habitant et par an. Le taux de collecte actuel des ordures est estimé de 20 à 30 %. L'ONEA constate qu'il y a des eaux usées de WC, de toilettes et des excrétas dans la rue, au secteur.

Le rapport 2007 de l'inventaire national des sources de production, d'utilisations et des rejets du mercure dans l'environnement au Burkina Faso indique que la production annuelle au Burkina Faso, des déchets domestiques est de : 3 255 675,89 tonnes.

Cette quantité a été obtenue sur la base d'un ratio de 0,68 kg/ht/j et de la projection de la population du Burkina Faso en 2006. La quantité de déchets est estimée à 1 302 270,35 tonnes chaque année. En outre, il ressort selon les mêmes sources qu'au Burkina Faso, les ménages ne disposent pas en général de systèmes adéquats de collecte et de stockage d'eaux usées et d'excrétas, malgré les efforts fournis par l'ONEA dans certains grands centres urbains. Pour celles qui en disposent, une fois les fosses pleines, la vidange est faite manuellement et les eaux et/ou boues de vidanges sont déversées dans la rue la plus proche.

La gestion de l'hygiène publique et de l'assainissement du secteur, appelle à des actions conjuguées de la part de tous les acteurs intervenant dans le domaine de l'amélioration du cadre de vie (l'Etat, partenaires et populations). Au niveau national, l'Assemblée Nationale a adopté le 24 mai 2005 la Loi n° 022-2005/an portant code de l'hygiène publique au Burkina Faso. Ces dispositions régissent l'hygiène publique au Burkina Faso notamment l'hygiène sur les voies et places publiques, l'hygiène des piscines et des baignades, des habitations, des denrées alimentaires, de l'eau, des installations industrielles et commerciales, des établissements scolaires, préscolaires et sanitaires, des bâtiments publics et du milieu naturel ainsi que la lutte contre le bruit. Son objectif principal est de préserver et de promouvoir la santé publique.

Dans le cas du secteur, nous avons approché l'administration municipale et d'autres structures pour nous imprégner de leurs mécanismes de gestion tout en confrontant leurs pratiques à ce que les populations constatent sur le terrain. Les structures rencontrées interviennent aussi bien individuellement que collectivement.

La Direction des Services Techniques Municipaux a adopté en septembre 2002 un plan de gestion des déchets ou schéma directeur de gestion des déchets et la création en 2003 d'un service municipal de la propreté ainsi que la mise en place du Centre d'Enfouissement Technique (CET) des déchets, mais jusque-là non fonctionnel.

En 2004, des campagnes de communication et de lobbying (cellules d'animation) basés sur le nettoyage et la suppression des tas sauvages dénommées « opération Bobo ville propre » ont eu lieu sur toute l'étendue du territoire communal. Lors de l'opération spéciale « Bobo Ville propre » qui s'est étalée sur deux (02) mois, le secteur privé seul a collecté environ quinze mille (15.000) tonnes de déchets solides. Le service a également participé aux travaux de l'équipe pluridisciplinaire d'inspection dénommée « brigade communale de contrôle de la propreté et de l'hygiène ». L'administration municipale consacre chaque année environ cent cinquante millions (150. 000.000) FCFA à la propreté et l'assainissement de la ville.

L'animation effective de la filière des déchets qui intègre aussi l'organisation des opérateurs privés ou Groupements d'Intérêt Economique (GIE) dont ceux du secteur a nécessité de définir trois (03) maillons. En premier lieu, il y a la pré-collecte des ordures de porte en porte, qui est assurée par deux (02) entreprises/PME, une société SARL et une dizaine de GIE/associatifs dont trois au secteur. Le territoire communal a été réparti en neuf (09) zones de concessions exclusives pour l'animation effective de ce maillon. En deuxième lieu, il y a le transport des ordures, des centres de collecte au CET. A ce niveau, ce sont des travaux en régie qui sont assurés par le service municipal en charge de la propreté. Enfin, l'élimination des déchets.

En ce qui concerne les infrastructures de base, la ville dispose de quatorze (14) centres de collecte des ordures, répartis dans les différents secteurs, y compris celui du secteur 20. Leur réalisation a coûté six (06) à huit (08) millions de francs CFA HT par centre. Ce montant ne prend pas en compte les études et les suivis effectués. Le Centre d'Enfouissement Technique (CET) des déchets, a coûté deux (02) milliards de francs CFA HT environ, sans les études et suivis.

Dans l'organisation pratique du travail et du financement, le principe retenu est l'abonnement obligatoire de tous les ménages auprès d'un concessionnaire privé pour la pré-collecte avec payement d'une redevance mensuelle dont le tarif est adapté à chaque cas. Quant au transfert des ordures, il se fait sur contrat par la mairie et/ou un transporteur privé. Au CET, l'exploitation se fait sous forme d'affermage avec des opérations : enfouissement sanitaire des ordures ménagères (OM), compostage, traitement des déchets industriels et des déchets biomédicaux, traitement et contrôle des rejets d'eaux hors site.

Selon un président d'association du secteur, l'action des privés s'est traduite par une mise en commun de leurs forces afin de mieux agir sur le terrain. Cela s'est d'abord traduit en 2005 par la création d'une union communale d'enlèvement des ordures. Récemment, en 2009, ils ont créé une union provinciale. Les trois associations de ramassage des ordures ménagères du secteur, font partie de l'union.

En tant que partenaires privilégiés de l'administration municipale, les opérateurs privés assurent la collecte et le transport des ordures dans les neuf (09) zones vers les centres de collecte et le CET. Les ménages du secteur ont bénéficié régulièrement des campagnes d'information et de sensibilisation organisées par les opérateurs privés et les autres intervenants publics ou privés. Les tarifs proposés sont de mille (1000) francs mensuel. L'union provinciale assure la transformation (fosses fumières) des ordures ménagères en intrants agricoles. Les bouteilles cassées sont utilisées comme la ceinture de protection sur les murs ; les graviers, sable pour la construction ; les sachets plastiques servent à la confection de produits artisanaux. Les activités ci-dessus énumérées sont financièrement rentables selon les associations qui interviennent dans ce domaine.

Il y a d'autres services techniques publics qui interviennent dans la gestion de l'hygiène et de l'assainissement. Citons entre autres, l'Office National de l'Eau et de l'Assainissement (O.N.E.A), le Service d'Hygiène, la police municipale, la Direction régionale de l'environnement et du cadre de vie, le centre de santé et de promotion sociale/

La nationale de l'eau en collaboration avec les partenaires multilatéraux, conduit dans la ville de Bobo-Dioulasso un plan stratégique d'assainissement des eaux usées. Ce plan comporte un volet intitulé Projet de Développement de la Demande en Assainissement Autonome avec la vulgarisation des technologies d'assainissement accessibles grâce à des subventions. Une permanence des animateurs dudit projet a été installée au secteur. Le projet prend également en compte la construction du réseau primaire de l'assainissement collectif. D'autres activités comme l'information et la sensibilisation sont menées quotidiennement sur le terrain avec l'équipe des animateurs. De nombreuses latrines modernes, pour les excrétas et dalles pour les puisards à l'intérieur des parcelles, ont été subventionnées par le projet au secteur.

Le Service d'Hygiène sensibilise les populations du secteur ainsi que les autres secteurs pour rendre leur cadre de vie propre et agréable. Selon la même source, le service d'hygiène a déjà fait de nombreuses inspections ou contrôles des lieux publics et dans les domiciles, au niveau du secteur. Il coordonne les activités des associations et groupements d'intérêts économiques évoluant dans le domaine de l'hygiène et de l'assainissement.

La police municipale, selon son Directeur, effectue des sorties répétées sur le terrain pour constater aussi les infractions en matière d'hygiène publique. Des sensibilisations se font à l'endroit des chefs de ménages en les invitant à se rendre à leur Mairie d'Arrondissement pour avoir des latrines modernes offertes par l'O.N.E.A. Le secteur est également pris en compte dans ce cadre.

La Direction Régionale de l'Environnement et du Cadre de Vie participe depuis 2006 aux travaux de la brigade pluridisciplinaire d'hygiène et de salubrité. Il y a le contrôle des forêts périurbaines (Dinderesso, Kuinima, Kou, Kua) par l'interdiction d'y déverser les ordures et les boues de vidange. Des aménagements paysagers ainsi que des clubs écocitoyens ont été entrepris avec certains établissements dont le collège Tounouma et le lycée Ouezzin Coulibaly.

Des conférences ont été également organisées au secteur dans les établissements scolaires et centres de formation pour sensibiliser en matière de gestion de l'environnement. Le service a incité les autorités à faire appliquer les règles relatives à la fermeture des huileries hors zone industrielle, comme c'est le cas dans des parcelles à usage d'habitation du secteur. Enfin, grâce au Projet d'Aménagement et de Gestion des Ressources Naturelles (PAGREN), un protocole a été signé pour le financement des activités de restauration et de sauvegarde de la diversité biologique des forêts de l'Ouest.

Le Centre de Santé et de Promotion Sociale du secteur, organise des causeries-débats et sensibilise une fois par semestre sur les règles d'hygiènes dans les six (06) sous-secteurs du secteur afin de diminuer les risques de maladie. Les sensibilisations sont permanentes et se font quotidiennement auprès des malades et usagers du CSPS. Un appui technique est apporté aux associations du secteur agissant en matière d'hygiène, d'assainissement et de santé.

La Direction Régionale de l'Habitat et de l'Urbanisme assure l'aménagement spatial du territoire national prévoit de définir une réserve foncière lors des lotissements pour déverser les ordures ménagères. Selon lui, le secteur comporte encore des réserves foncières non mises en valeur dont l'une d'entre elles pourrait servir à cela.

Outre les expériences de gestion de l'hygiène et de l'assainissement du secteur 20, la ville et sa banlieue ont vécu des pratiques des structures privées et publiques dans ce domaine. C'est le cas des pratiques de la DREDD, du GRADI, de l'ONEA.

La Direction Régionale de l'Environnement et du Développement Durable, est une structure déconcentrée de l'Etat, chargée de la mise en œuvre de la politique de l'environnement et du développement durable au niveau de la région administrative des Hauts-Bassins. Sa mission en matière d'hygiène publique et d'assainissement, consiste à sensibiliser et informer les populations sur la nécessité d'entretenir leur cadre de vie.

À cet effet, sa stratégie d'intervention se résume à : faire une approche participative qui se définit comme un processus dans lequel toutes les décisions relatives à l'identification des problèmes, à la recherche des solutions, à la mise en œuvre ainsi qu'au suivi et à l'évaluation des actions, sont décidées par les populations à la base. A cet effet, la direction régionale mène des actions de sensibilisation et le renforcement les capacités par la formation des différents partenaires intéressés à la question de l'éducation environnementale.

Elle le fait en menant les actions, en faisant des émissions radios sur les thèmes environnementaux, des conférences, la formation d'enseignants et d'élèves, l'appui à la préparation d'exposés et la mise à la disposition des documents sur l'environnement aux étudiants.

Au niveau du volet d'assainissement, nous avons : les ateliers de formation, de concertation et d'information avec des partenaires, des industriels et tous ceux qui produisent des déchets liquides, des acteurs de la collecte des ordures.

Pour sa part, le Groupe de Recherche et d'Appui au Développement Intégré, (GRADI) qui est une association d'utilité publique, a initié et mis en œuvre, dans les années 2000, une approche de gestion de proximité des problèmes de salubrité publique, dénommée « Opération Sanyia ». Cette approche a consisté à sensibiliser et à informer les populations de la ville et de sa banlieue sur la culture de l'assainissement. Elle a été mise en œuvre à travers l'organisation des concours de salubrité publique que le groupe a souvent organisée avec l'appui des organisations de la société civile. Les concours consistaient à la collecte des ordures, à des opérations de nettoyage des secteurs de la ville.

L'« Opération Sya Saniya » qui signifie « Opération salubrité de Sya » consiste à entretenir le cadre de vie à travers l'assainissement des secteurs, la gestion des déchets solides (ménagers et industriels), la collecte des déchets.

Le but de cette association a été de promouvoir la gestion de l'assainissement de la ville de Bobo-Dioulasso « Sya » par les populations elles-mêmes, en impliquant les acteurs à la base à partir des Arrondissements, des secteurs et des quartiers, cf. annexes. « L'Opération Saniya » est un concours de salubrité qui s'effectue entre les secteurs au sein des arrondissements et de la ville. Les secteurs en compétition sont appréciés par un jury qui est composé des personnes ressources issues de différents services techniques. Les secteurs les plus méritants sont primés en équipement de travail. Toutes les associations ayant participé au concours reçoivent aussi une prime de participation.

Les objectifs de l'opération ont été d'entretenir la propreté de la ville à partir des arrondissements et des secteurs et de stimuler chez les citoyens, des habitudes d'entretien de leur cadre de vie.

L'association a développé cette initiative pour appuyer la commune dans l'amélioration du cadre de vie des populations. La première édition s'est déroulée du 29 janvier au 14 avril 2000. Y ont pris part 74 associations de femmes surtout et de jeunes représentant 20 secteurs sur les 25 que compte la ville.

La deuxième édition qui s'est déroulée du 16 avril au 31 mai 2003 a vu la participation de 65 associations de 15 secteurs. La troisième édition s'est déroulée en 2005, avec 40 associations de 16 secteurs sur les 25.

Quant à l'Office national de l'eau et de l'assainissement (ONEA), il intervient par son volet assainissement qui s'occupe des eaux usées et excrétas (eaux usées domestiques, eaux usées industrielles, eaux usées agricoles, eaux usées pluviales, excrétas). 82 % de la population disposent des latrines traditionnelles, 4 % de fosses étanches, 6 % de fosses septiques et 8 % sont sans installations sanitaires. La situation de l'évacuation des eaux usées (lessive, toilette, vaisselle) est insatisfaite car plus de 90 % des ménages ne s'en acquittent pas convenablement. Seul 8,6 % des ménages recourent aux puisards qui sont pour 50 % situés à l'extérieur de la parcelle.

Les principales industries regroupées dans la zone industrielle produisent des eaux usées de caractéristiques très différentes selon le type d'activité et souvent très toxiques pour la faune, la flore et l'homme. Ces eaux sont directement évacuées dans la nature (marigot, caniveaux, terrains vagues) après un traitement sommaire et parfois sans traitement. Plus de 1000 m3 d'eaux usées industrielles chargées d'huiles, de produits toxiques et métaux lourds sont rejetés chaque jour dans l'environnement et constituent une menace pour les ressources en eaux de surface et souterraine.

Les principes d'assainissement retenus par le Plan Stratégique d'Assainissement des eaux usées de Bobo-Dioulasso (PSAB) sont :

- l'assainissement autonome qui intervient dans les ménages pour leur proposer des ouvrages améliorés pour l'élimination des rejets domestiques ;
- l'assainissement scolaire et communautaire dans les établissements scolaires et les lieux publics, de culte pour la construction des latrines communautaires à plusieurs postes ;
- l'assainissement collectif pour la mise en place d'un réseau d'égouts qui devra collecter les eaux usées de la zone industrielle ainsi que celles des gros pollueurs du centre ville et quelques riverains. Les eaux usées ainsi collectées aboutiront à une station de traitement par lagunage avant leur rejet dans le milieu naturel.

Actuellement, l'assainissement autonome est vulgarisé. La première étude du PSAB a été faite en 1997, la démonstration en 1998 et son adoption en 2001. Il a été testé dans l'Arrondissement de Dô avec un résultat satisfaisant et étendu aux autres Arrondissements avec plus de 10.000 ouvrages réalisés dans le volet assainissement autonome et 100 ouvrages dans le milieu scolaire.

Les études et appels d'offre pour la construction d'un réseau de mise en service d'une station d'épuration des eaux usées sont en cours. Les ouvrages utilisés pour l'assainissement autonome sont : les latrines VIP (latrines ventilées, douches, etc.), les toilettes à chasse manuelle (TMC) et le puisard lié à la douche pour l'évacuation des eaux usées.

L'analyse que nous faisons des résultats obtenus porte essentiellement sur la relation de « cause à effet » qui existe entre les pratiques socio-économiques et l'environnement.

Autrement dit, nous allons à travers les résultats de l'étude montrer que les pratiques socio-économiques ont des effets néfastes sur l'environnement. Ces effets sont entre autres, les pressions, les pollutions sur l'environnement voire sur sa dégradation. Par ailleurs, les résultats montrent qu'il y a une prise de conscience des populations des effets des pratiques socio-économiques sur l'environnement.

Le système de production au Burkina Faso est dominé par la petite exploitation familiale (3 à 6 ha) orienté vers l'autoconsommation. Les agriculteurs qui pratiquent ce type d'agriculture sont estimés à 73 % de l'ensemble de la population agricole contre 13 % qui exercent des activités à vocation commerciale.

Au niveau des agriculteurs de subsistance, le taux élevé d'analphabétisme constitue un handicap majeur pour la vulgarisation agricole (16 %) et au crédit (2 à 2,5 %). En outre, le taux d'utilisation des facteurs modernes de production (traction animale et engrais) demeure faible (10 %). L'accroissement de la production provient, essentiellement, de l'augmentation des superficies cultivées et non d'une évolution sensible des rendements. De ce fait, elle est consommatrice d'espace et se traduit par la disparition des jachères de longue durée et la dégradation du couvert végétal ligneux.

Les pressions exercées par l'agriculture sur l'environnement son essentiellement liées aux pratiques agricoles et sont amplifiées par les facteurs naturels. On note une surexploitation des terres à cause de la recherche de terres cultivables par les populations. De façon générale, on peut relever que près de 75.000 ha de terres sont défrichées annuellement au Burkina Faso à l'occasion de l'ouverture de nouveaux champs (MEE, 1999).

Ces diverses pressions s'observent essentiellement dans la banlieue de Bobo-Dioulasso où les terres agricoles deviennent rares.

La production annuelle de biomasse à l'hectare varie de 2000 kg pour les steppes à graminées annuelles à 10.000 kg dans la savane à graminées pérennes. Bien que le fourrage herbacé soit préféré par le bétail, la plupart des espèces ligneuses sont également consommées. Leur disponibilité, bien que limitée en saison sèche (feuilles, fleurs, fruits) contribue à la survie du bétail.

Le développement spatial accéléré et la croissance démographique rapide des villes de l'Afrique de l'Ouest doivent être accompagnés de la fourniture et de l'accès des populations aux services de base, de santé, d'éducation, d'eau potable, d'assainissement, etc. Force est de constater que les pays ont rarement les moyens de réaliser ces investissements qui concourent à l'amélioration du cadre de vie et de la santé des citadins. La question de l'assainissement, longtemps masquée par les problèmes d'eau potable dans les centres urbains, n'en est pas moins digne d'intérêt et d'attention particulière. Dans ce secteur, la mise en œuvre des actions a souvent été confrontée à des multiples difficultés parce que les questions « quelle technologie, à quel prix, et quel financement pour quel usager ? » n'ont pas toujours trouvé des réponses appropriées.

L'évacuation, le traitement et le recyclage des eaux usées domestiques et ordures ménagères dans les villes africaines requièrent des méthodes et des technologies alternatives adéquates, compte tenu du contexte socio-économique et géographique que des associations et les collectivités locales mettent en œuvre avec les différents acteurs de la ville. Il s'agit de la collecte des ordures ménagères avec des charrettes, des camions ; des fosses septiques, des égouts petit diamètre à faible coût, de l'épuration extensive des eaux usées,... Les eaux épurées ainsi que les composts fabriqués avec la partie organique des déchets collectés sont directement utilisés dans l'agriculture urbaine et périurbaine.

La plupart des programmes d'assainissement s'inscrivent dans une vision globale de gestion urbaine. Les opérations d'assainissement s'accompagnent de toute une série d'actions intégrées qui contribuent à l'amélioration du cadre et des conditions de vie des populations, tant du point de vue sanitaire, social, politique, économique, agricole qu' écologique. Ceci s'effectue tant au niveau des activités de recyclage et de valorisation agricole des eaux usées et ordures ménagères, qu'au niveau du système de collecte.

Dans la ville de Bobo-Dioulasso, le problème des ordures ménagères et des eaux usées est d'actualité. La situation de la gestion des Services Urbains de Base notamment dans le domaine de l'eau et de l'assainissement se caractérise par de grandes difficultés rencontrées par les autorités communales. Elle se traduit par un accroissement rapide de la production de déchets tant solides, liquides que gazeux. Cet accroissement est lié à l'augmentation de la population et à la diversification de leurs consommations. Malgré les efforts déployés tant en matière de réflexion que dans le domaine de l'appui technique, matériel et financier, cette tendance perdure et connaît même une aggravation dans la ville de Bobo-Dioulasso.

Selon l'ONEA/GTZ/Psab/Pacvu 1993, l'état des lieux dans le domaine des déchets solides a révélé que la population de la Commune est organisée en 34 685 concessions qui sont autant d'abonnés potentiels et qui produisent annuellement 73 000 tonnes de déchets environ. Au regard de cette production, la capacité annuelle de collecte des entreprises et Groupements d'Intérêt Economique (GIE) de la ville est estimée à 3 200 concessions soit une couverture de 9,5%.

Concernant l'état des lieux dans le domaine du drainage des eaux pluviales, l'ONEA/GTZ/Psab/Pacvu 1993, indique que dans la commune, des collecteurs principaux ont été réalisés dans le cadre des projets urbains 2 et 3. La gestion et l'entretien des ouvrages de collecte des eaux pluviales restent un problème qui se pose en termes d'absence de réseaux de collecte des eaux usées ou d'ouvrages d'assainissement individuel. Souvent, les caniveaux servent de dépotoirs d'ordures ménagères. Cette mauvaise utilisation des caniveaux et le manque d'entretien, entraînent des problèmes de stagnation des eaux et des problèmes d'inondation en cas de fortes précipitations.

S'agissant de l'assainissement, l'ONEA/ GTZ/ Psab/Pacvu 1993, indique que 82% de la population utilisent les latrines traditionnelles, 10% les fosses étanches et fosses septiques, 8% sont sans installation. S'agissant de l'élimination des eaux usées, 46,10% utilisent la cour, 37,6% la rue, 8,5% les puits perdus et puisards, 4,7% les caniveaux, 2,8% les latrines et autres.

Au regard de la persistance des problèmes liés à l'hygiène et à l'assainissement, il est légitime de s'interroger sur les causes d'une telle situation.

Les questions d'hygiène et d'assainissement comme l'évacuation des ordures ménagères, des eaux usées et des excrétas se présentent donc avec acuité dans la ville de Bobo-Dioulasso. Cette situation devient perplexe quand ont sait qu'elle peut rendre la collaboration difficile entre l'administration communale, les populations et les opérateurs privés.

Elle devient complexe au secteur 20 de Bobo-Dioulasso (site de notre étude de cas). Sa topographie fait de lui une zone d'inondation pendant la saison pluvieuse, ce qui provoque la dégradation des voies. Cette dégradation est accélérée par le mauvais état et l'insuffisance de caniveaux. La résolution de ce problème constitue une préoccupation prioritaire des habitants.

Malgré des travaux d'assainissement (eaux pluviales) et les aménagements anti-érosifs récents, l'évacuation des eaux usées industrielles et domestiques, l'élimination des excrétas sont des problèmes prioritaires pour les populations. En effet, les vidanges des fosses (manuellement) sur la voie publique et le développement de l'élevage (bovins, porcins, ovins) par endroit, entraînent des nuisances. En résumé la situation dans le domaine de l'hygiène et de l'assainissement n'est pas satisfaisante dans le secteur 20. Nos observations ont révélé l'existence de nombreux problèmes. Au niveau des actions de gestion des ordures et des eaux usées, nous avons noté la participation de personnes de ressources ainsi que de structures privées comme publiques.

Selon les enquêtés, le secteur est confronté à des nombreux problèmes d'hygiène et d'assainissement. L'un d'eux affirme : « On jette partout les ordures ménagères. On a des difficultés pour circuler dans certains sous-secteurs. Quand il pleut, l'eau stagne dans ma cour et devant mon portail.» Un autre soutient : « Le secteur est très sale, l'insalubrité est totale.»

Le même constat est fait par toutes les structures administratives ou politiques intervenant dans les secteurs publics et privé, que nous avons rencontrées lors des enquêtes. Il y a des dépôts d'immondices avec des espaces transformés en dépotoirs d'ordures ménagères, d'excrétas de déchets divers.

La Direction des Services Techniques Municipaux (service de la propreté) estime que seulement 1 sur 10 ménages a recours à un service de ramassage. La ville, selon les mêmes sources, produit deux cent vingt huit (228) tonnes de déchets par jour soit plus de quatre vingt trois mille (83.000) tonnes par an ou encore plus de cent quatre vingt dix (190) kg par habitant et par an. Le taux de collecte actuel des ordures est estimé de 20 à 30 %. L'ONEA constate qu'il y a des eaux usées de WC, de toilettes et des excrétas dans la rue au secteur.

De part sa proximité de la zone industrielle, le secteur reçoit des déchets industriels et des décharges sauvages. Le service d'hygiène a fait état de plusieurs puisards construits hors des ménages, aux bordures des rues. Cela dégage des odeurs répugnantes. Les eaux de pluie stagnent en hivernage, entraînent des inondations et servant ainsi, de réservoirs des germes de maladie. Il se dégage aussi de l'appréciation des enquêtés, des positions nuancées. En effet, selon le Secrétaire Général d'un groupement d'intérêt économique du secteur, il y a une diminution de l'insalubrité, présentement comparée à une période. Pour lui, des changements sont en train de s'introduire et les mentalités, les comportements, évoluent en faveur de la lutte contre les ordures et les eaux usées.

Pour la police municipale, les conditions d'hygiène et d'assainissement au secteur sont acceptables par endroits. Les difficultés majeures rencontrées dans les ménages sont la stagnation des eaux de pluie et l'évacuation des excrétas, des eaux de douche, de vaisselle, de lessive et de toilette des enfants. Les ordures ménagères sont directement versées dans des dépotoirs pour ceux qui sont proches de ces lieux de dépôts. Elles sont parfois brûlées ou utilisées comme fumure organique dans les champs sur demande.

Au plan national, la problématique de l'assainissement est abordée avec une approche de type socio-économique comme le préconise la Stratégie Nationale d'Assainissement (SNA). Elle recommande l'appropriation des programmes d'assainissement par les bénéficiaires, pour contribuer à l'amélioration de leurs conditions de vie et à la lutte contre la pauvreté.

Dans cette optique, les populations bénéficiaires doivent être étroitement impliquées dans le processus décisionnel, conduisant au choix de la technologie à employer, au niveau du service et aux options de financement. Elles devraient également être étroitement impliquées dans la construction et la gestion des infrastructures.

L'approche choisie est « l'Ingénierie participati-ve ». Autrement dit l'étude est menée de manière interactive, comme un Projet de Développement : l'équipe pluridisciplinaire et les autres partenaires identifient ensemble, les problèmes à résoudre, discutent des solutions possibles, décident des mesures nécessaires et choisissent les technologies à mettre en œuvre. Cette conception interactive de l'étude, valorise le savoir et le savoir-faire local, responsabilise les communautés bénéficiaires et assure la durabilité des actions.

Le choix de cette approche a abouti à la méthodologie bâtie autour de la latrine traditionnelle améliorée qui se compose habituellement d'une fosse simple couverte par une dalle percée d'un trou de défécation et une superstructure, généralement en matériau local (banco, paille, bois).La dalle peut être faite en bois (parfois renforcé de banco) ou en béton armé. La superstructure permet l'abri et l'intimité de l'utilisateur.

Figure 8 : Latrine traditionnelle

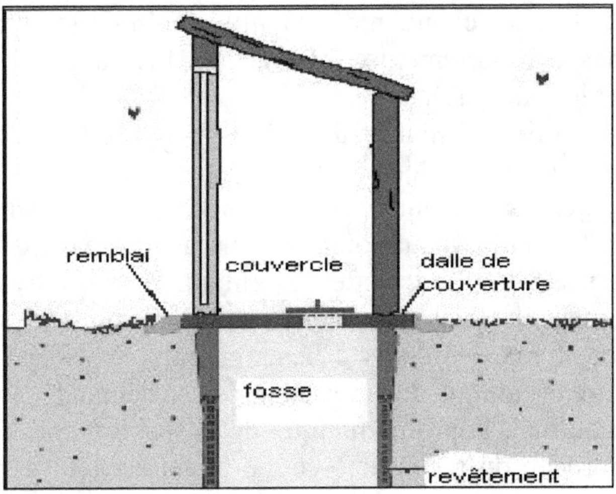

Les principales améliorations possibles de la latrine traditionnelle sont les suivantes :

- un plancher hygiénique auto drainant fait avec un matériau résistant et comportant des poses pieds (dalle préfabriquée en BA) ;
- un couvercle ajusté au trou de défécation qui réduit les odeurs et empêchent les insectes de pénétrer dans la fosse ;
- un plancher surélevé d'au moins 15 cm pour empêcher les eaux de ruissellement de pénétrer dans la fosse ;
- une fosse réalisée dans les règles de l'art pour éviter les risques d'effondrement ;
- une fondation solide pour bien supporter la dalle et la superstructure ;

- la couverture de l'abri et l'installation d'une conduite de ventilation qui permet le contrôle des odeurs et des mouches.

Le coût des travaux d'amélioration d'une latrine sèche traditionnelle avoisine 21,500 FCFA.

Il y a aussi les latrines sèches ventilées à simple fosse qui sont conçues pour résoudre deux problèmes fréquemment rencontrés avec les latrines traditionnelles : les mauvaises odeurs et la prolifération des mouches. Une latrine VIP diffère d'une latrine traditionnelle par l'installation d'une conduite de ventilation et d'une couverture sur la superstructure. Ces deux dispositifs combinés permettent un contrôle efficace des odeurs et des mouches.

Lorsque le vent souffle à travers le bord supérieur de la conduite de ventilation, il se crée un courant d'air qui aspire les mauvaises odeurs vers l'extérieur. En conséquence, l'air frais est attiré dans la fosse par le trou de défécation et la cabine est maintenue exempte d'odeurs.

Figure 9 : Latrine sèche ventilée simple fosse

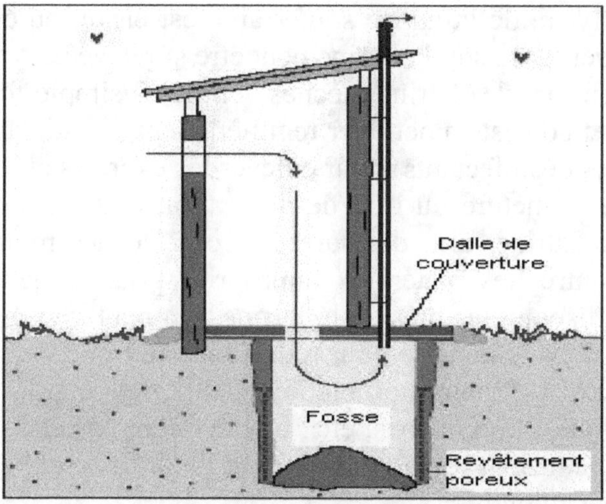

La conduite de ventilation joue également un grand rôle dans l'élimination des mouches. Ces dernières sont attirées par la lumière. Du fait de l'obscurité de l'abri, elles ont tendance à remonter la conduite, attirées par la lumière du jour et sont piégées par le grillage. Elles meurent déshydratées. Quant aux mouches femelles, cherchant un lieu de ponte, elles sont attirées par les odeurs provenant de la conduite mais ne peuvent y pénétrer.

Lorsqu'elle est remplie, on la ferme pour permettre la décomposition anaérobie des excrétas sur une période de deux années. Au bout de cette période, le contenu s'est minéralisé et ne contient plus de germes pathogènes. On peut alors vidanger manuellement les résidus de fosse et les utiliser comme fertilisants agricoles.

Les fosses sont généralement circulaires, de 1,0 à 1,5 m de largeur. La profondeur (habituellement de 3 à 5 m) dépend des conditions de sol et du niveau de la nappe souterraine.

Dans les sols instables, une consolidation de la paroi de la fosse (par ex. un revêtement en pierres) peut être nécessaire. La cabine peut être construite avec divers matériaux, disponibles localement : en parpaings creux de ciment, en briques de pierre latéritique ou en banco. En général, la forme doit être architecturalement similaire aux maisons de la localité, et ce principe détermine normalement les matériaux à utiliser.

En règle générale, les latrines doivent être au moins 15-30 m des sources d'eau potable. La distance réelle dépendra des conditions hydrogéologiques locales, telles que les caractéristiques de sol, et la profondeur et la direction d'écoulement des eaux souterraines. Lorsque le niveau de la nappe souterraine est élevé, ou qu'il est trop difficile de creuser le sol, la latrine peut être surélevée.

La maintenance des latrines sèches ventilée à simple fosse, est tout à fait facile, et consiste à nettoyer régulièrement la dalle avec l'eau (et si possible des désinfectants) pour enlever les excrétas et les urines. Le couvercle de fermeture du trou de défécation doit être replacé après l'usage de la latrine, afin d'assurer le contrôle des mouches et des odeurs. En outre, les matériaux appropriés pour le nettoyage anal, doivent être disponibles près de la latrine. On peut verser des cendres ou de la sciure dans la fosse pour réduire la multiplication d'odeurs et d'insectes. Des matériaux non biodégradable, tels que les pierres, les verres, plastiques, les chiffons, etc., ne devraient pas être jetés dans le puits, car ils réduisent le volume efficace de la fosse et peuvent gêner la vidange mécanique.

L'entretien mensuel comporte l'examen de la dalle pour déceler les éventuelles fissures et s'assurer que le couvercle reste bien ajusté, celui de la superstructure pour déceler les détériorations structurales. On doit vérifier également que l'eau de surface ne s'infiltre pas dans la fosse.

Avant que la fosse ne soit complètement remplie, on doit identifier un site pour le creusement d'une nouvelle fosse sur laquelle la dalle et la super structure pourront être transférées. L'ancienne latrine doit être comblée avec une couche d'au moins 0,5 m de terre.

La fosse pourra être vidangée manuellement, seulement au bout de deux années, lorsque le contenu aura subi une décomposition et se sera minéralisé.

Autrement, lorsque la fosse est pleine, elle peut être vidée mécaniquement et réutilisée aussitôt après.

Une latrine sèche ventilée à simple fosse (VIP) coûte entre 60.000 et 100.000 FCFA. Ces coûts incluent les matériaux (60-80%), le transport (5-30%) et la main d'œuvre locale (10-25%). Les coûts effectifs dépendront du volume de la fosse ; la qualité du revêtement, de la dalle de couverture et de la cabine. Ces coûts peuvent être amoindris si le bénéficiaire fournit la main d'œuvre et une partie des matériaux de construction.

Quant aux latrines sèches ventilées à double fosses, elles peuvent également être construites avec deux fosses indépendantes sous un seul abri. Chaque fosse possède son propre tuyau de ventilation et son trou de défécation.

Si le sol est instable ou lorsque la nappe est peu profonde, on peut renforcer les parois des fosses avec des briques pleines ou des blocs de pierres joints au mortier. Une seule fosse est utilisée à la fois. Lorsqu'elle est presque pleine (aux trois quarts par exemple), on la complète avec de la terre sèche et on la scelle avec du béton, pour permettre la décomposition anaérobie des excrétas sur période de deux années. Au bout de cette période, le contenu s'est minéralisé et ne contient plus de germes pathogènes. On peut alors vidanger manuellement les résidus de fosse et les utiliser comme fertilisants agricoles.

La latrine sèche à double fosse VIP coûte entre 100 000FCFA et 250 000FCFA.

S'agissant de la latrine à chasse manuelle ou latrine à siphon, elle est constituée des cinq éléments suivants : l'abri, l a cuvette de défécation similaire au WC à la turc, le siphon, la conduite d'évacuation, une ou deux fosses excentrées. On utilise une seule fosse à la fois, mais les deux sont hermétiquement fermées.

Les excrétas sont déposés dans la cuvette, puis évacués avec un faible volume d'eau (environ trois litres par chasse) versé à la main, à travers une conduite de liaison et se déversent dans les fosses. La cuvette est nettoyée après chaque usage et une réserve d'eau crée un siphon hydraulique contre les odeurs et les insectes.

Lorsqu'une fosse est pleine, la conduite dirige les déchets vers la deuxième. Après 12 à 18 mois, le contenu de la première fosse s'est transformé en fumier et n'est plus dangereux. On peut vider la fosse et la réutiliser lorsque la seconde est pleine.

Cette technique convient bien aux usagers utilisant l'eau pour le nettoyage annal. Elle élimine dans une grande mesure les problèmes de mouches et de moustiques, ainsi que ceux d'odeurs.

Les parois de la fosse sont revêtues de telle manière que l'effluent liquide puisse s'infiltrer dans le sol environnant : briques ou pierres jointes au mortier de ciment.

Figure 10 : Latrine à chasse manuelle

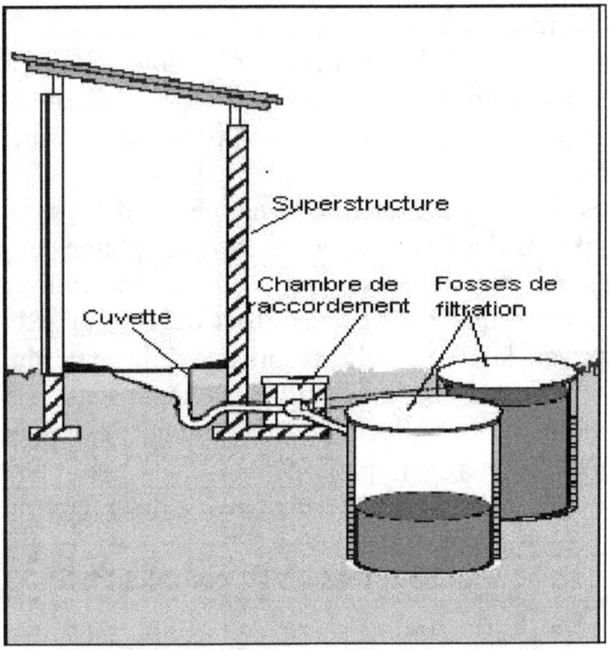

2.4. PRATIQUES ECO-CITOYENNES

L'éco-citoyenneté désigne l'ensemble des pratiques et des comportements des hommes visant à la préservation de leur environnement ou de leur cadre de vie. Il s'agit, entre autres, de la gestion des déchets, de l'assainissement.

La gestion des déchets, notamment des ordures ménagères, vise à débarrasser les villages et villes des déchets que produisent les ménages à travers les activités qu'ils mènent. Elle est assurée à Bobo-Dioulasso par des sociétés privées et publiques.

Le transport des ordures des ménages jusqu'à la zone de collecte doit être assuré par des entreprises privées. C'est dire donc que les ménages doivent obligatoirement s'abonner aux entreprises présentes dans leurs quartiers. Pour le cas du secteur 25, ce n'est que 13% des ménages enquêtés qui se sont abonnés pour l'enlèvement de leurs ordures à un prix compris entre 1000F CFA à 1500F CFA par mois ; les 87% préfèrent déverser leurs ordures dans les espaces vides, les champs, dans les rues et les brûlent souvent. Cette situation trouve sa confirmation dans les réponses recueillies auprès de nos personnes de ressources du Service d'Hygiène, de la direction régionale de l'environnement et du cadre de vie, du conseiller municipal, des responsables religieux.

De plus, tous les 30 enquêtés soit 100% reconnaissent qu'ils ne prennent pas le soin de jeter les petites ordures (sachets d'eau, coques d'arachides) dans une poubelle quand ils sont hors du ménage (au marché) ; ils les jettent dans la rue, les espaces vides. Enfin, les commerçants utilisent les sachets plastiques comme emballage pour leurs clients selon le responsable du marché du secteur. Et même certaines ménagères font les achats au marché avec des sachets plastiques.

Si 87% des ménages enquêtés ne se sont pas abonnés aux entreprises de ramassage, ils évoquent certaines raisons. En effet, le manque de moyens financiers (23,07%), est l'une des raisons avancées. SANOU, (2010), affirme que, parmi les raisons du non abonnement, il y a le prix élevé de l'abonnement (1500F CFA). Les résultats de l'enquête montrent que 70% des ménages ont un niveau de revenu moyen. « Si l'école peut faciliter la prise de conscience des avantages pour la santé d'un meilleur assainissement, la possibilité de se conformer est liée au revenu du ménage ». Or, la commune de Bobo-Dioulasso, dans sa politique de gestion des ordures, a confié la collecte des ordures aux entreprises privées.

En outre, la commune suppose un groupe humain soudé, non seulement par rapport au sol et par son passé, mais encore par un vouloir vivre en commun. A défaut, la communauté communale serait en voie de dislocation, (Secrétariat Social d'Alger, 1964). Effectivement, certains ménages (3,84%) ont la volonté de s'abonner mais, compte tenu des comportements non hygiéniques de leurs voisins, ils se désistent. Toute chose qui affecte négativement les relations interpersonnelles. La liberté des uns ne s'arrête-t-elle pas là où commence celle des autres ? La ville suppose une certaine identité, le respect de certaines normes. Et parlant de normes, les sanctions ne peuvent pas être mises en application parce que le SDGD n'est pas totalement mis en œuvre.

Par ailleurs, 34, 61% des enquêtés ignorent l'existence des entreprises de ramassage d'ordures dans le secteur. Notons que le relief du secteur rend difficile la circulation non seulement des habitants mais aussi des charrettes de ramassage d'ordures. C'est ce qui pourrait expliquer leur absence dans certaines artères du quartier. A cela, il faut ajouter que le taux d'analphabétisme élevé, peut concourir à cet état de fait, même si les enquêtés ne le disent pas ouvertement. Sur les 30 enquêtés, 63, 33% sont analphabètes. Or, la scolarisation des uns, creuse un fossé profond dans notre société, fossé qui se reflète dans le mode de vie et de pensée, (SAVANE, M.A. 1976). C'est pourquoi le nombre d'abonnés n'est pas élevé. Et le pape Paul VI, dans son encyclique Le développement des peuples d'ajouter, qu'un analphabète est un esprit sous-alimenté, (Institut Africain pour le Développement Economique et Social, 1967).

Au secteur 25, il y a une diversité ethnique, donc « une diversité culturelle, SAVANE, M.A. 1976)

En effet, parmi les16 Mossi enquêtés, c'est seulement ceux qui ont été instruits, à savoir 2 soit 12,50%, qui se sont abonnés à une entreprise de ramassage d'ordures. « Les résistances des individus et des groupes à la vie urbaine, résultent des valeurs, du vécu et des comportements qui ont été les leurs en tant que membres de telles ou telles sociétés, (FRANCEYS, R., 1995).

Ainsi donc, de la même manière qu'au village les ordures sont jetées à proximité des concessions ou dans les champs, en ville, les habitants ont tendance à perpétuer cette pratique. Ils ignorent les risques sanitaires voire environnementaux, auxquels ils sont exposés. Or, il fallait « une intégration harmonieuse de la tradition et de la modernité : prendre dans l'ancien ce qui peut servir le moderne, (SAVANE, S. A., 1976).

Il faut noter que les petites ordures (sachets d'eau, coques d'arachides,…) qui sont jetées anarchiquement par les enquêtés quant ils sont hors du ménage, montre une irresponsabilité de la part de la Mairie. Elle n'a pas placé en quantité suffisante de petites poubelles publiques pour ces genres d'ordures dans les secteurs et le long des voies. Aussi, ceux qui se sont abonnés devraient fournir l'effort pour emporter leurs ordures dans les ménages et les jeter à la poubelle. Cela dénote l'incivisme de leur part. Les dépotoirs anarchiques ont d'énormes conséquences. Selon notre personne de ressources de la DRECV/HB, les habitants de Bobo-Dioulasso n'ont pas encore pris conscience que leurs gestes ont des répercussions, souvent négatives, sur l'environnement, sur leur santé ».Outre, le dégagement d'odeurs nauséabondes, la prolifération des vecteurs de maladies (cafards, mouches), « l'incinération occasionne l'émanation de gaz comme le monoxyde d'azote, le monoxyde de carbone, le dioxyde de carbone et l'entassement des ordures provoque l'émanation de l'ammoniac, DEMBELE, et al., 2002).

La cohabitation des hommes avec les ordures est donc incompatible avec l'amélioration de la santé des populations. Pour preuve, le docteur Gisèle BADOUM-OUEDRAOGO nous dit que les causes des bronchites sont pour la plupart, liées à la pollution urbaine telle les incinérations anarchiques, les pollutions des industries, (BADOUM, 2010). Notre personne de ressource du CSPS souligne que le paludisme, les infections respiratoires sont les principales causes de consultations dans sa structure. Pour SANOU Christophe, (2012), il y a même des risques concernant les silures sacrés présents dans le marigot de Kwa.

Notre enquête indique qu'aucun habitant ne procède au tri des ordures ne serait-ce que les sachets plastiques. Les sachets plastiques sont donc abandonnés. Ainsi, ils « envahissent le paysage en s'accrochant aux arbres, arbustes et ne sont pas biodégradables. Tous les sachets empêchent l'eau de s'infiltrer, (OUEDRAOGO, B., 2010). Cela limite donc la productivité surtout que l'agriculture est pratiquée dans la périphérie du secteur 25 et dans les villages environnants comme Pala. Par ailleurs, les sachets constituent l'une des sources de mortalité du bétail. Des enquêtes menées au Burkina Faso auprès des producteurs, ont montré que 80% des petits ruminants et 10% des bovins meurent en ville pour cause d'ingestion de sachets plastiques, (BICABA, 2005).

Aussi, faut-il souligner que cette situation est cruciale car le GAFREH, qui est habilité à recevoir les sachets afin de les recycler en divers objets (jouets, habits, sacs à main, etc.) ne dispose pas de moyens financiers nécessaires.

En définitive, nous pouvons retenir que la majorité des habitants du secteur n'est pas abonnée aux entreprises de ramassage d'ordures. Les ordures sont donc abandonnées dans les rues, les espaces vides, les champs. Nos enquêtes indiquent que moins de la moitié des enquêtés (40%) ont connaissance du concept et ce, grâce à la télévision (83,33%). Par ailleurs, tous ne sont pas en mesure de donner une définition du concept.

Les messages en éducation environnementale sont souvent diffusés à la télévision. 83,33% de ceux qui sont au courant du concept d'écocitoyenneté nous le confirment. Pourtant, tous les habitants ne la possèdent pas pour des raisons financières. Notre étude nous a montré que 13,33% des enquêtés ont un revenu faible c'est-à-dire moins de 50.000F CFA par mois.

Par ailleurs, le contenu des spots publicitaires en matière d'écocitoyenneté, ne laisse passer que quelques bribes de l'information. Toute chose qui ne permet pas aux téléspectateurs de cerner le sens profond du concept comme celui de l'écocitoyenneté. Et le plus souvent, ces messages sont diffusés en français ; alors que « nos langues sont des instruments indispensables à notre émancipation économique, culturelle ». D'après nos résultats, 63,34% des enquêtés sont analphabètes.

Notons que les spots publicitaires ne sont diffusés que quelques mois. Or, les messages de sensibilisation doivent durer dans le temps, car ne dit-on pas que la répétition est pédagogique ?

Le concept d'écocitoyenneté devrait « faire naître chez les populations le désir de transformer leur environnement ». Cependant, tel n'est pas le cas au secteur 25. Le message d'écocitoyenneté n'est pas encore ancré dans les mentalités des habitants de ce secteur pour des raisons d'analphabétisme, de stratégie de communication de la part du MECV…Ainsi, au lieu que les ordures soient bien gérées, elles sont jetées dans la rue, les espaces vides. Toute chose qui compromet la santé, agit sur l'environnement et par ricochet sur le développement de la commune.

Afin de mieux promouvoir le concept d'écocitoyenneté et d'œuvrer à ce que chaque habitant du secteur 25 voire de la ville de Bobo-Dioulasso soit éco-citoyen, nous proposons quelques suggestions.

La sensibilisation demeure indispensable. La prise en compte des femmes dans les sensibilisations est importante car « éduquer une femme, c'est éduquer toute une Nation ». Ainsi, les groupements et les associations de femmes sont des cadres privilégiés pour passer des messages en éducation environnementale.

Par ailleurs, la sensibilisation des leaders religieux dans les quartiers, l'intensification des émissions en éducation environnementale dans les principales langues (mooré, dioula, fulfuldé) à la radio, à la télévision s'avère nécessaire.

Ensuite, la DRECV/HB pourrait faire un plaidoyer auprès de son ministère de tutelle pour que :

- des actions soient entreprises par le Ministère de l'Enseignement de Base pour l'introduction effective de l'éducation environnementale dans le programme scolaire des écoles primaires. Et des concours de salubrité peuvent être initiés dans les écoles ;
- l'Etat mette en place une politique de lutte contre les sachets plastiques, et ce, en vue d promouvoir l'utilisation des sacs éco-citoyens, des sacs en tissu.

Elle pourrait collaborer avec les institutions comme l'ONEA pour voir dans quelle mesure, une taxe peut être ajoutée dans la taxe assainissement afin de prendre en charge les sociétés privées de ramassage d'ordures. Ce sera une forme de solidarité voilée entre riches et pauvres.

La Mairie pourrait, à l'instar des opérations « mana mana » faites pendant le temps de la Révolution, instaurer des journées de salubrité dans les quartiers de la ville, chaque trimestre. Et dans ce même cadre, créer dans chaque secteur des comités de salubrité (à l'exemple des clubs éco-citoyens créés dans les établissements secondaires) qui seront chargés de l'appuyer dans les actions de sensibilisation par exemple.

La mairie doit elle-même avoir des comportements éco-citoyens en accordant une priorité à l'assainissement. Elle doit mettre en œuvre le SDGD et assurer le système d'écoulement d'eaux pluviales par la construction de caniveaux. Ainsi, la question du mauvais état des rues sera résolue. Par ailleurs, les lotissements doivent être suivis de la mise en œuvre effective du SDGD (la construction de zones de collecte d'ordures, l'emplacement des poubelles le long des voies), du plan d'assainissement de la ville (réseau d'égout).

Enfin, elle doit former les conseillers municipaux en matière d'écocitoyenneté afin que ceux-ci soient des relais dans les secteurs.

Être éco-citoyen, c'est aussi être un relai de la DRECV/HB. Des actions de sensibilisations, de ramassage d'ordures peuvent être organisées par ceux qui sont déjà informés du concept d'écocitoyenneté.

De ce qui précède, nous pouvons retenir que l'écocitoyenneté est un tremplin pour une prise de conscience de la portée des actes posés quotidiennement en matière de gestion des ordures ménagères. Cependant, au secteur 25 de Bobo-Dioulasso, l'objectif de faire de chaque habitant un éco-citoyen n'est pas encore atteint. Notre thème « Etude de l'écocitoyenneté à Bobo-Dioulasso : cas de la gestion des ordures ménagères dans le secteur 25 » nous le confirme à travers ces conclusions :

- la majorité (87%) des enquêtés du secteur ne se sont pas abonnés aux entreprises de ramassage d'ordures ;
- plus de la moitié (60%) des enquêtés ne sont pas informés du concept d'écocitoyenneté ;
- les raisons sont entre autres l'analphabétisme, les pesanteurs culturelles, la non-mise en œuvre du SDGD, les stratégies de communication.

Quant aux personnes de ressources, surtout de la DRECV/HB, de la DSTM, du Service d'hygiène,…elles soulignent que beaucoup de ménages abandonnent leurs ordures dans les rues, les espaces vides, les champs,…. Les habitants ne sont donc pas éco-citoyens. Face à cet état de fait, le renforcement des sensibilisations, la mise en œuvre effective du SDGD et l'instauration de journées de salubrité pourraient contribuer à améliorer le cadre de vie des habitants du secteur 25. Ainsi, l'écocitoyenneté ne serait plus un simple mot mais un comportement.

La notion d'éco citoyenneté est abstraite pour la quasi-totalité des populations enquêtées. Seuls les intellectuels et les élèves qui ont bénéficié d'une formation en éducation environnementale la définissent comme étant la façon des individus et des communautés de voir et de se comporter vis-à-vis de l'environnement. Le mot environnement et son contenu sont méconnus de plus de 80 % des enquêtés.

Le sexe apparaît comme une variable qui influence le comportement des individus envers l'environnement. En effet, la femme de par les tâches que lui attribue la société est plus productrice d'ordures et de déchets que les hommes. Ses tâches sont entre autres :

- la cuisine avec la consommation du bois et de charbon, engendre la production de CO2 ;
- la lessive et la vaisselle avec la production d'eaux usées ;
- le balayage de la maison et de la cours avec les résidus récoltés.

L'âge est également une variable non négligeable car les enquêtés ont démontré que les enfants et les adultes ont des comportements et des activités domestiques ou professionnelles qui affectent l'environnement plus que les personnes de troisième âge qui sont moins actives.

L'ignorance qui n'est pas du tout liée au niveau d'instruction est la variable la plus importante, car un grand nombre (plus de 50%) des enquêtés intellectuels et analphabètes disent n'avoir aucun comportement affectant l'environnement parce qu'ils ne mènent aucune activité professionnelle qui dégrade l'environnement.

La nature et l'importance des actions éco citoyennes sont souvent tributaires du revenu des individus ou des ménages. Il s'agit notamment de celles liées à l'assainissement domestique tels que les WC modernes, les latrines améliorées, les puits perdus, les poubelles, l'abonnement à un service d'enlèvement des ordures.

Tous les ménages et les individus enquêtés accordent de l'importance à la plantation d'arbres dans les concessions pour divers motifs notamment l'esthétique, l'ombrage, les fruits, la pharmacopée/

Notons toutefois que la nature des aménagements et le choix des espèces exotiques à 95 % sont fonction du statut social et économique des ménages au regard de leur coût relativement élevés et des charges des entretiens permanents. Les ménages qui ne sont pas abonnés à un service d'enlèvement des ordures déversent leurs ordures dans les caniveaux. Les fosses septiques étanches sont vidées et les boues de vidange sont déversées dans la rue et dans les caniveaux.

Cependant 100 % des enquêtés savent que l'hygiène est une des conditions de bonne santé. Ils déplorent l'éloignement, l'inexistence ou la non-vidange des décharges publiques qui finissent par être une source de nuisance.

Avec une population de près 500 000 habitants, la ville de Bobo-Dioulasso ne dispose que de cinq (05) camions vidangeurs de fosses septiques dont le coût de vidange variant de 15.000 à 35.000 francs CFA n'est pas accessible à près de 80 % de la population.

La totalité des unités industrielles enquêtées ont donné des définitions satisfaisantes de l'éco citoyenneté. Elles reconnaissent qu'il n'est pas évident que leurs employés maîtrisent la notion car n'ayant jamais reçu une formation dans ce domaine.

Il existe dans toutes les unités un responsable ou une cellule chargée des questions environnementales. Dans la plupart des cas, nous avons constaté qu'il ne s'agissait pas de spécialiste.

Le code de l'environnement rend obligatoire l'Etude d'impact Environnemental ou la notice d'impact environnementale avant l'installation de toute unité industrielle. Elle nous a révélé qu'aucune unité industrielle ne dispose de ce document. D'ailleurs, certaines (environ 30%) unités ignorent son contenu ou son existence. Ceci s'explique en partie par l'antériorité des unités par rapport au code de l'Environnement qui est paru en 1992.

La moitié des unités ont une notion imprécise de l'effet de serre. Cependant, elles reconnaissent que l'activité industrielle contribue à l'augmentation de l'effet de serre. En termes d'actions concrètes pour limiter l'effet de serre, les unités disent être au stade de la sensibilisation du personnel ; seule une unité dispose d'aspirateurs géants qui liquéfient les gaz qui s'échappent de l'unité. Les unités industrielles produisent des déchets solides, liquides et gazeux.

Aucune industrie n'a été à mesure de fournir les données chiffrées des quantités des déchets produits. Si les équipements de collecte et de transport existent dans la moitié des unités enquêtées, l'autre moitié ne se limite qu'à la collecte.

En réalité la plupart des unités redoutant des pénalités, font la rétention de l'information de toute évidence. Elles n'accordent pas suffisamment de l'importance à l'élimination des déchets gazeux, sauf quand les odeurs dégagées commencent à irriter la population.

Les principaux gaz rejetés par les industries sont au nombre de ceux dits « Gaz à Effet de Serre » (GES). Ce sont le dioxyde de carbone, le méthane, le protoxyde d'azote, l'hydro fluorure de soufre. Cela est confirmé par une étude du CONAGES en 2001 qui a évalué la production de CO2 au niveau national à 5 962 tonnes, imputable à l'énergie et aux industries.

Au regard des conclusions du sommet de Kyoto, la production des GES de nos Etats, bien que faible, contribue au déséquilibre du système climatique accentuant du coup la vulnérabilité de nos populations. La menace de pollution des importantes ressources en eau souterraine et en eau de surface, est présente et d'actualité. Elle est à prendre au sérieux car elle seule peut mettre en péril la vie dans la commune.

Les citoyens accordent une grande importance à la salubrité. La salubrité prenant en compte la propreté de la cour, (domaine privé) et celle des rues et autres lieux du domaine public. Pour ce dernier cas les citoyens ne se sentent pas responsables de cette tâche beaucoup pensent qu'elle est du ressort du service de la voirie. L'absence ou l'éloignement des décharges expliquent l'abandon des ordures ménagères dans les rues et les caniveaux.

Le lien entre les maladies et l'insalubrité à travers les différents vecteurs n'est pas bien perçu par certains citoyens. Or, les différents acteurs reconnaissent que la présence des décharges sauvages et le reversement des boues de vidange et des eaux usées dans les caniveaux ; ne sont pas éco citoyens mais ils rejettent la responsabilité à la municipalité.

Il y a environ une quinzaine d'association qui se chargent de la pré-collecte des ordures ménagères moyennant un abonnement mensuel. La commune avec ses 500 000 habitants produit par jour 235 tonnes de déchets solides. Les associations ne disposant que de charrettes asines et quelques tracteurs ceci explique la faiblesse de la capacité de pré-collecte dans toute la commune.

L'éloignement et l'insuffisance des sites de décharge, le coût mensuel de 750 F qui est au-delà du pouvoir d'achat de la majorité des ménages et l'absence de bacs à ordure sont les principales contraintes liées à la gestion des déchets solides.

Les services municipaux ne sont guère nantis avec une capacité matérielle qui se limite à dix (10) bacs et quatre (04) camions porte-bacs.

Les questions environnementales semblent ne pas êtres prioritaires au niveau des services techniques et des décideurs. Ce constat est fait par N'DIAGNE S., 2007, qui dit que « l'activité privée de gestion des déchets, souffre d'une certaine marginalité. En effet, les opérateurs exercent dans une certaine indépendance quasi-totale. Car ils ne sont interpellés par l'administration publique que lors le constat de flagrant délit de pollution est établi ».

L'évacuation des eaux usées industrielles et domestiques, l'élimination des excréta sont énumérés par les acteurs éco citoyens comme un problème prioritaire à résoudre. En effet (PASUB, 2004) estime que 95 % de la population dispose de moyens d'évacuation des excréta même si ceux-ci ne respectent pas les normes de préservation de l'environnement.

Nous avons constaté que près de la moitié des populations dispose de douche sans être à mesure de gérer convenable les eaux ménagères. Il en est de même des eaux usées industrielles qui ne font pas l'objet de collecte et de traitement. Elles sont évacuées à l'aide de canaux dans les cours d'eau du Houet et du Bingbélé où elles posent d'énormes problèmes de santé publique et de destruction de faune aquatique avec de risque majeur de pollution de la rivière Kou, des sources et des sols situés en aval.

Il en résulte que les unités industrielles de la ville posent des problèmes écologiques qui sont entre autres, la pollution des eaux, des sols, de l'air et la dégradation du cadre de vie des populations.

L'écocitoyenneté est donc sous-tendue par des enjeux politiques, économiques et socioculturels. Elle est de ce fait une stratégie de développement durable pour la ville de Bobo-Dioulasso.

Les enjeux politiques se posent en termes de prise de conscience des populations, des organisations de la société civile et du conseil municipal de la nécessité d'avoir des comportements responsables vis-à-vis de leur environnement et de leur cadre de vie. En effet, les résultats des enquêtes terrain montrent que les populations mènent de nombreuses activités en vue de la préservation de l'environnement. C'est le cas des plantations d'arbres qu'elles font chaque année dans la commune et dans sa banlieue.

Au niveau des organisations de la société civile, il y a des associations qui se créent dans le cadre de la gestion durable de l'environnement. D'une manière générale, la plupart de ces associations mettent un accent particulier sur la préservation de l'environnement. A titre d'illustration, le GRADI travaille depuis quelques années à l'éveil des consciences des populations par rapport à l'environnement et au cadre de vie. Au niveau de l'environnement il a fait de la réhabilitation du cours d'eau « Kou » une des préoccupations majeures de la jeunesse de Bobo-Dioulasso. Pour ce faire, il organise chaque année un camp d'éducation civique et environnementale. Ce camp s'articule autour des thèmes de formation dans le domaine de la préservation de l'environnement. Les jeunes apprennent ainsi les techniques de plantation et d'entretien des arbres.

L'éco citoyenneté amène les populations à une plus grande prise de conscience et la nécessité d'avoir des comportements qui préservent leur environnement et leur cadre de vie.

C'est dans cette perspective qu'elle permet à la commune de gérer au mieux les quatre (04) forêts classées qui sont sur son territoire. La préservation et l'exploitation judicieuse de ces ressources forestières, à travers un plan d'aménagement communal permettront d'accroître le potentiel forestier, de préserver le climat, d'améliorer les précipitations atmosphériques, de séquestrer le carbone produit par l'énergie et les industries et enfin de permettre à ces forêts d'être les poumons de la ville.

Au plan hydrologique, la commune qui renferme 60 % des ressources en eaux souterraines du pays, doit les gérer de manière rationnelle pour les générations futures. C'est le cas de la source d'eau aquifère du Kou qui sert de source d'approvisionnement de la commune de Bobo-Dioulasso en eau potable principalement. Il devra en être de même de la douzaine de sources importantes de la commune.

C'est à ce niveau que l'éco citoyenneté bien assumée par les populations, (bon comportement éco citoyen) va permettre d'assurer la pérennité de ces sources et du bassin versant des principaux fleuves de l'ouest qui y ont leur origine.

La promotion de l'écotourisme dans certains sites tels les forêts classées et les sources ; peut constituer un atout majeur pour le développement durable de la commune de Bobo-Dioulasso.

L'éco citoyenneté est sous-tendue par de grands enjeux économiques. Ainsi, la préservation des ressources naturelles et de l'environnement, entraîne nécessairement la protection du potentiel de production économique de la commune. Elle contribue de ce fait à une meilleure productivité qui entraîne nécessairement une amélioration des revenus des populations. De même, la préservation de l'environnement et du cadre de vie, implique une amélioration de l'état de santé des populations de la commune. Or une population qui se porte bien est nécessairement une population capable de produire des biens et services.

Par ailleurs, une éco citoyenneté bien assumée implique une gestion rationnelle de l'environnement, ce qui permet à la commune d'exploiter au mieux les ressources naturelles disponibles. La contribution des ressources naturelles à l'économie nationale est très importante car 80 % de la population y tirent leurs richesses, (PNE, 2007).

La promotion de la valeur économique des ressources forestières apparaît de nos jours comme un point incontournable permettant d'amener les différents acteurs en particulier les populations riveraines, à s'investir dans la préservation des ressources forestières. Ces populations devraient davantage être intéressées au partage des actions de protection et de valorisation des immenses forêts protégées et classées que renferme la commune.

En effet, les ressources forestières et hydrauliques d'une façon générale sont sources de multiples services pour les populations de la commune, ce sont entre autres le support de la production agro sylvo pastorale. Ainsi, une bonne production et productivité agro-sylvo pastorales sont rendues possibles par l'environnement écologique favorable de la commune et de sa banlieue qui compte 35 villages. Dans le contexte actuel de la pauvreté, la prise en compte de ces aspects de production permettra de créer plus d'emplois, de main d'œuvre et un accroissement du revenu par la diversification de la production.

La population communale estimée à près de 500 000 habitants répartis dans 85.000 ménages a pour principale source d'énergie le bois de feu provenant des forêts classées et des forêts protégées avoisinantes. En termes de revenu monétaire, le seul secteur des forêts avec l'exploitation du bois de feu, du bois de service, des produits non ligneux et la pharmacopée, contribuera considérablement à rehausser l'économie de la commune.

L'éco citoyenneté est basée sur le changement de mentalité des différents acteurs. L'environnement faisant partie intégrante de la vie sociale, ce lien doit être renforcé par la stimulation de la recherche du savoir et de la prise de conscience des populations.

Il n'existe aucun doute que l'éducation et l'école sont le creuset du savoir. À cet effet, il faudra développer une éducation environnementale dans le formel et l'informel comme étant le socle d'une éthique environnementale, base de l'éco-citoyenneté. La valorisation de la culture et de la tradition sont des gages d'intéressement et d'implication des populations dans la gestion durable de l'environnement.

Le Burkina Faso s'est doté sur le plan institutionnel des textes législatifs. Il a aussi ratifié un certain nombre de conventions et protocoles internationaux portant sur la préservation écologique des écosystèmes. Ces textes sont entre autres :

- les Codes forestiers de l'Environnement, de santé publique, d'hygiène, de l'urbanisme, etc.;
- la convention de Vienne pour la protection de la couche d'ozone ;
- le protocole de Montréal relatif à l'appauvrissement de la couche d'ozone ;
- les textes du Sommet de Rio ;
- la convention sur la diversité biologique.

Le processus de transfert de pouvoir de gestion de l'Etat aux collectivités notamment aux communes n'est souvent pas accompagné de ressources (financières, matérielles, humaines) nécessaires à l'appropriation et à l'autonomie des communes.

La coordination des actions à travers la mise en commun des ressources et des réalités pour aboutir à une politique éco citoyenne cohérente peut comporter les éléments de stratégie suivants la sensibilisation et la formation des acteurs, les infrastructures sanitaires de base, les infrastructures d'assainissement, la gestion des déchets, etc.

Elle a pour objectif de changer positivement la façon des citoyens de voir, de penser et de se comporter individuellement et collectivement envers l'Environne-ment.

Un accent particulier doit être mis sur l'information et la communication à travers les mass medias accessibles aux différentes couches sociales, la formation. Elle concernera les différentes tranches d'âges des populations (enfants, jeunes, adultes). Le milieu scolaire peut servir de cadre pour les enfants et les jeunes scolarisés. Les non scolarisés étant très souvent difficilement accessibles, on développera un système de formation approprié à leur endroit. Un accent particulier sera mis sur le cas des couches défavorisées que l'on identifiera au préalable.

La pluviométrie de la commune qui est de 1100 mm/an est un facteur favorable à la plantation des arbres. La norme de superficie aménagée préconisée par l'OMS est de neuf (9) m^2 par habitant. Pour ce faire, les secteurs et les arrondissements à travers les élus locaux devront rendre accessibles les plants ornementaux, fruitiers et d'ombrage, préférés des populations.

L'existence de 04 forêts classées dans les limites de son territoire, représente un atout majeur pour promouvoir l'écotourisme. En raison de la forte pression des populations sur les forêts, la vocation de protection peut leur être concédée tout en créant l'engouement des populations à l'effort de protection. L'exemple d'aménagement participatif en cours dans la forêt classée de Kou, peut être appliqué aux 3 autres forêts. La construction d'infrastructures d'écotourisme peut engendrer une source d'emplois et de revenus pour les riverains ; ce sont entre autres les aires de détente, un répertoire de la diversité biologique, l'aménagement de jardins zoologiques.

L'écocitoyenneté consiste en une prise de conscience des citoyens, de la place et du rôle qu'ils doivent jouer dans la gestion durable des ressources naturelles et dans l'amélioration du cadre de vie.

Au plan individuel et collectif, l'écocitoyenneté se traduit par l'exercice des droits et devoirs en matière de préservation de l'environnement.

Elle est donc la manière de penser, de se comporter et d'agir en faveur de la gestion durable des ressources naturelles et de l'amélioration du cadre de vie. En d'autres termes, l'écocitoyenneté vise à :

- promouvoir une gestion durable des ressources naturelles au bénéfice des générations futures ;
- développer des comportements et réflexes positifs pour garantir un environnement sain et de qualité ;
- encourager toutes les initiatives locales visant à promouvoir des actions qui concilient gestion de l'environnement et lutte contre la pauvreté.

Le concept d'écocitoyenneté appliqué à la politique d'amélioration du cadre de vie donne à celle-ci une dimension à la fois sociale, économique et culturelle.

2.5. EDUCATION ENVIRONNEMENTALE

Le monde vit des mutations profondes sociales, économiques, politiques et même écologiques. Ces mutations s'inscrivent dans la quête perpétuelle des hommes et de leurs sociétés d'un « mieux-être ».

Si cette quête est légitime pour les hommes et pour leurs sociétés, elle ne devrait pourtant pas porter préjudice à leur environnement. Or, force est de constater que de par leurs actions, (pressions démographiques, pressions agricoles, pratiques agricoles non appropriées, etc.), les hommes contribuent à la dégradation de l'environnement. Ce qui a sans doute abouti aux changements climatiques qui se manifestent de plusieurs manières, (inondations, mauvaise répartition spatio-temporelle des pluies, élévation des températures, etc.).

Cette situation constitue certainement une menace pour l'avenir de l'humanité entière qui, pour y faire face s'est engagée, depuis les années 90 dans un processus de prise de conscience globale. C'est dans cette perspective qu'elle a organisé successivement les sommets mondiaux de Rio en 1992, (préservation de la planète terre) et de Johannesburg en 2003 sur le développement durable. Il en est de même de l'adoption du protocole de KYOTO en 1998.

Le Burkina, à l'instar des autres pays du monde, s'est engagé dans ce processus de prise de conscience globale à travers non seulement la signature du protocole de KYOTO et autres conventions de protection de l'environnement mais surtout à travers des actions concrètes de préservation de l'environnement, (actions de reboisement, création d'un Ministère de l'Environnement et du Développement Durable, etc.).

Outre les initiatives publiques, beaucoup d'organisations de la société civile ont entrepris des actions d'information et de sensibilisation des populations sur la nécessité de préserver l'environnement. C'est le cas du Groupe de Recherche et d'Appui au Développement Intégré « GRADI » qui a initié et réalisé pendant plus d'une décennie des actions d'éducation environnementale et civique au profit des jeunes scolarisés ou non. Il a ainsi organisé des camps d'éducation environnementale et civique au profit d'une douzaine d'écoles dont les enfants démunis ont été parrainés. Ces écoles appartenaient alors, à la même inspection de l'enseignement de base notamment inspection 2 communément appelée IP 2. Ainsi, le GRADI initia des actions pour la promotion de l'éducation environnementale dans ces écoles.

En effet, le Groupe de Recherche et d'Appui au Développement Intégré a créé et réalisé « l'Opération SANYA » qui était une forme d'éducation des populations de Bobo-Dioulasso et de sa banlieue à l'assainissement de leur cadre de vie. Elle se faisait à travers un concours d'entretien des secteurs de la ville et même entre les villages de sa banlieue. Autant dire qu'il s'agissait d'une éducation de ces populations à une citoyenneté responsable ou d'une écocitoyenneté.

Après une décennie d'actions, il est légitime de se demander quels sont les impacts de ce groupe sur l'éducation environnementale des populations de Bobo-Dioulasso et de sa banlieue. C'est en vue de répondre à cette question que nous avons entrepris d'évaluer les différentes approches de l'éducation environnementale de cette association sur son groupe cible. A cet effet, nous avons réalisé les enquêtes auprès de 79 personnes qui ont pris part à ces différentes actions d'éducation environnementale et éco-citoyenne assorties des observations directes sur le terrain.

Le présent rapport que nous avons produit dans le cadre académique fait la synthèse des résultats de l'évaluation et pourrait être un support d'ajustement des futures actions du GRADI. Nous le soutiendrons en vue de l'obtention de la Licence en sociologie du développement à l'Université Catholique de l'Afrique de l'Ouest « UCAO », Unité Universitaire à Bobo-Dioulasso. Notre rapport comporte essentiellement deux grandes parties. Nous présenterons le cadre de l'étude dans la première partie et nous analyserons ses résultats dans la seconde.

Depuis plus de deux décennies, il est de plus en plus question de la dégradation de l'environnement. Cette dégradation se vit à travers la pollution de l'air et des eaux, la baisse de la fertilité des sols, la disparition progressive de la flore, avec pour conséquence les changements climatiques. Cette dégradation a des impacts négatifs sur la qualité de la vie des hommes et de leurs sociétés. Elle constitue d'ailleurs une menace pour leur développement voire de leur existence. C'est pour y faire face que la communauté internationale s'est engagée à préserver l'environnement, (Rio, 1992) et à assurer un développement durable, (Johannesburg, 2003).

Ces deux approches complémentaires du développement des sociétés contemporaines se fondent sur la mise en œuvre d'une utilisation et d'une gestion rationnelles des ressources naturelles, et ce, dans l'optique de satisfaire de manière appropriée les besoins fondamentaux de l'humanité. Leur mise en œuvre implique nécessairement l'emploi des stratégies susceptibles d'aider la planète terre d'éviter l'épuisement des ressources naturelles à travers la prise de conscience des hommes de la nécessité de les exploiter de manière durable. Cela ne peut se faire que par une éducation environnementale à la base.

Ce type d'éducation est l'un des principes majeurs de l'Agenda 21 adopté en 1992 par le sommet de Rio. Ce principe fait de la participation des citoyens à la protection de l'environnement la meilleure façon de traiter les questions environnementales. Le principe 10 et le chapitre 36 de la déclaration finale de cet agenda 21 fait la promotion de l'éducation à l'environnement. En 2005, l'UNESCO a lancé la Décennie des Nations Unies pour l'Education Environnementale en vue du Développement Durable donnant une impulsion véritable à l'éducation environnementale.

L'éducation à l'environnement devient rapidement un secteur prioritaire et à structuration complexe nécessitant l'intervention d'acteurs d'origines diversifiées. Associations, Etat, collectivités, entreprises sont tous dans le domaine. Ce sont cependant les associations qui s'en occupent le plus. L'objectif de ces associations est de promouvoir et développer l'éducation à l'environnement pour tous, à travers la mise en relation des acteurs, la création et la diffusion de ressources pédagogiques, l'information et la mutualisation des ressources, le soutien et la formation des acteurs, etc.

C'est ainsi que le GRADI en a fait l'un des axes stratégiques de son appui au développement intégré à Bobo-Dioulasso, et ce, à travers l'éducation environne-mentale et civique des jeunes et l'éducation éco-citoyenne de populations de Bobo-Dioulasso et de sa banlieue. Il a ainsi mené de nombreuses actions dans ces domaines notamment au cours de la dernière décennie. Il serait alors nécessaire de mesurer l'impact de ces actions sur les habitudes de la population cible.

En 1972, la Conférence des Nations Unies sur l'Environnement Humain (CNUEH), dite « conférence de Stockholm » a placé les questions écologiques au rang des préoccupations internationales et a marqué le début d'un dialogue entre pays industrialisés et pays en développement concernant le lien entre la croissance économique, la pollution de l'environnement (l'air, l'eau, les sols) et le bien-être des peuples dans le monde entier. Vingt (20) ans après, en 1992, la conférence sur l'Environnement et le Développement a défini les principes fondamentaux et le programme d'action permettant d'assurer un développement durable.

C'est ainsi que L'Organisation des Nations Unies « ONU » va décréter la période 2005-2014 comme étant la « Décennie des Nations Unies pour l'Education en vue du Développement Durable.

L'UNESCO, Organisation des Nations Unies pour l'Education, les Sciences et la Culture, est l'organisation responsable de la coordination de cette décennie. Les défis de cette décennie sont d'aller au-delà de l'éducation pour passer à l'éducation à l'environnement en vue du développement durable ; de dresser un état des lieux de la situation de la décennie dans chaque pays afin d'accélérer l'intégration de cette nouvelle vision de l'éducation dans les plans nationaux ; de mobiliser les médias, puissant moyen de sensibilisation et diffusion des principes, valeurs et expériences du développement durable ; et d'établir des partenariats et créer des synergies entre les initiatives et programmes, car aucune institution même d'envergure mondiale ne peut parvenir seule à atteindre de tels objectifs.

Au cours de la décennie, l'éducation en vue du développement durable contribuera à former des citoyens capables d'affronter les défis du présent et du futur, et des décideurs opérant des choix pertinents pour un monde viable. Pour y parvenir, la décennie s'attachera à la promotion et l'amélioration de la qualité de l'éducation, la réorientation des programmes d'enseignement, la sensibilisation du public au concept de développement durable et la formation de la population active.

Concernant le réchauffement climatique qui est le principal moteur des bouleversements environnementaux ; le protocole de KYOTO, programme international de la lutte contre le changement climatique par la réduction des émissions de gaz à effet de serre, qui a été négocié en 1997 et ratifié par 175 pays cherche à le réguler. Les pays signataires se sont engagés pour atteindre en 2012 un objectif de réduction de leurs émissions de gaz à effet de serre d'environ 5 % par rapport aux émissions répertoriées en 1990. Les engagements de Kyoto prenaient fin début 2013. Un accord international de lutte contre le réchauffement climatique devait prendre sa succession lors du Sommet de Copenhague qui s'est déroulé en décembre 2009 dans la capitale danoise.

Mais, le sommet de Copenhague s'est achevé sur un échec, aboutissant à un accord à minima juridiquement non contraignant : il n'a pas pu prolonger le Protocole de Kyoto. Les scientifiques et le GIEC (Groupe d'Experts Intergouvernemental sur l'Evolution du Climat) attendaient de l'accord de Copenhague la division de moitié des émissions de gaz à effet de serre d'ici 2050 par rapport à celles de

1990, afin de limiter l'augmentation des températures à 2°C et ses conséquences humaines et environnementales catastrophiques.

Pour limiter l'augmentation des températures à 2°C, principe global figurant dans l'accord de Copenhague, des engagements chiffrés, précis et datés, des contraintes juridiques et des sanctions en cas de non-respect des engagements auraient dû être pris par tous les pays signataires. L'échec de ces négociations vient principalement des Etats Unis et de la Chine ; les deux géants industriels qui n'ont pas voulu prendre des engagements contraignants pour leur économie.

L'éducation à l'environnement à l'école étant un enjeu majeur, un atelier de réflexion sur la protection de l'environnement de l'école a été organisé par le Groupe d'Action Francophone pour l'Environnement (GAFE). Cet atelier de réflexion s'est tenu à Miragoâne en république Dominicaine du 21 au 23 juin 2006. Il a permis aux participants que sont les parents et les enseignants dont l'éducation des enfants dépend de faire l'état des lieux, de s'enrichir sur les questions relatives à l'environnement et d'être des relais auprès des élèves pour promouvoir l'éducation environnementale. Ainsi, au niveau des écoles, un changement progressif et qualitatif de comportement des élèves a été constaté, impactant sur le cadre de vie scolaire et environnemental. Cela s'est fait par la sensibilisation, l'exemplarité, la responsabilisation, la participation active, l'explication claire des risques latents, la mise en place des groupes de volontaires pour la protection de l'environnement de l'école.

L'éducation environnementale » et ce, en commençant par le concept de l'environnement.

L'environnement est « un ensemble de milieu d'influence (milieu humain, naturel, économique) qui agit sur l'individu à tous les instants de sa vie quotidienne et déterminent en grande partie son comportement dans toutes les dimensions de l'être, sociale, intellectuelle, affective, spirituelle et culturelle » Dr KABALA, Harmattan 1994.

Selon l'ONG Greenschoolbf (2001), l'environnement est « l'ensemble des éléments physiques, chimiques et biologiques et des facteurs sociaux, économiques et culturels, dont les interactions influent sur le milieu ambiant, sur les organismes vivants, sur les activités humaines et conditionnent le bien-être de l'homme ». Cette définition révèle que l'environnement est l'ensemble des éléments qui constituent le cadre dans lequel on vit : atmosphère, paysages naturels, ou urbains, les arbres, les classes, les bureaux, les structures sanitaires, etc. IL y a l'environnement naturel (montagne, les cours d'eau, forets, etc.) et l'environnement créé par l'être humain (école, le patrimoine architectural, centre de formation, etc.).

Elle se définit comme « l'ensemble des actions de sensibilisation, de formation et d'information visant à responsabiliser sur la nécessité absolue de promouvoir un environnement sain » (code de l'environnement, loi N°005/97/ADD du 30 janvier 1997).

Cette notion d'éducation à l'environnement remonte au début du XVIIIe siècle avec Jean Jacques ROUSSEAU qui met en relief l'importance d'une éducation basée sur la notion d'environnement dans son œuvre littéraire Emile ou De l'éducation, 1762. Plusieurs décennies plus tard, Louis AGASSIZ, naturaliste suisse, fit écho à la philosophie de Rousseau en encourageant les jeunes gens à « étudier la nature et non les livres ».

L'expression « éducation à l'environnement » ne commença à être réellement employée que dans la seconde moitié du XXe siècle, époque à laquelle l'être humain commence, encore marginalement, à réaliser que la terre et ses ressources ne sont pas infinies et ont des capacités de recyclage limitées. Très progressivement, cette préoccupation diffuse des scientifiques et des protecteurs de la nature aux éducateurs, aux professionnels de la santé, aux organismes de solidarité, puis aux élus et à des cercles de plus en plus larges de citoyens, jusqu'à être intégrée par certaines entreprises et donner lieu à des forums internationaux. L'éducation à l'environnement devient ainsi une réponse nécessaire aux catastrophes causées par les sociétés industrielles et commerciales qui n'observent plus le principe de respect des ressources et de responsabilité de nos gestes vis-à-vis des générations à venir.

Dans son aspect global, l'éducation à l'environnement réel est un enseignement requis pour évoluer en dehors des modèles sociaux infantilisants, générateurs de comportements dépendants et de pratiques polluantes. L'enseignement d'une éducation à l'environnement réel développe la perception et la compréhension des enjeux environnementaux et civiques, et permet un engagement individuel : c'est ce que l'on nomme l'« écocitoyenneté ». Dans son aspect localisé, l'éducation à l'environnement réel identifie le rapport symbiotique entre l'activité spécifique des différentes espèces, entre les habitats et leurs habitants, par-delà des diverses identités humaines communautaires, sociologiques ou religieuses.

En relation avec les huit Objectifs du Millénaire pour le Développement (OMD) proposés par l'ONU, l'éducation à l'environnement réel comprend une dimension comportementale à promouvoir. Cette éducation fournit des informations sur les paramètres nécessaires à la réalisation des objectifs, par exemple faire évoluer l'habitat, les modes de déplacement, de production, de consommation. Au plan personnel, l'éducation à l'environnement réel permet le développement d'une identité personnelle et collective des personnes, plutôt qu'individualiste et/ou communautariste, dans le cadre d'une culture de respect de la vie.

En somme, l'éducation à l'environnement qui est une composante clé du développement durable vise à diffuser des connaissances et des valeurs, à promouvoir des comportements et à développer des compétences nécessaires pour participer de façon responsable et efficace à la prévention et à la solution des problèmes liés à la vie humaine dans l'environnement, et au maintien (ou à la restauration) de la qualité de l'environnement.

L'éducation à l'environnement est étroitement liée à la recherche d'un développement durable dans le temps et solidaire dans l'espace. D'abord centrée sur l'étude de la nature, elle se préoccupe aussi des effets de l'interaction entre l'Homme et son milieu. Elle s'intéresse à l'épanouissement de l'individu et à l'organisation de la société et au respect des équilibres de l'environnement naturel. De plus en plus, les actions d'éducation à l'environnement ont pour rôle d'accompagner les politiques publiques nationales et locales. Elle vise à former des citoyens conscients, responsables et respectueux des autres et de leur environnement, capables de participer à l'action et la prise de décision collective.

Il n'existe pas de cadre formel en éducation à l'environnement, mais diverses manières de l'aborder, en s'appuyant sur ces trois principes : le savoir, c'est-à-dire avoir une connaissance objective des systèmes et processus concernés, le savoir-faire, posséder les techniques, la méthodologie pour aborder le problème, et le savoir être, se comporter respectueusement de soi, de son environnement et de la société.

Le « KOU » a été une nouvelle forme de pédagogie traditionnelle appliquée à l'éducation civique et environnementale des jeunes, dans le contexte de la décentralisation. Il s'est inspiré donc des valeurs de l'initiation traditionnelle africaine depuis 2005 jusqu'en 2012. Chaque année, le « KOU » réalisait les activités ci-après :

Environ 300 jeunes de 10 à 15 ans ou 150 jeunes de 15 à 25 ans sont formés comme animateurs communautaires environnementaux de base ;

Le développement et/ou le renforcement des capacités et des compétences des jeunes pour la sauvegarde et la promotion de l'environnement ; L'acquisition et/ou le renforcement des consciences citoyennes des jeunes et des réflexes pour la sauvegarde et la promotion de l'environnement. La plantation d'environ 3000 arbres pour la réhabilitation des berges du « Kou ».

Après les formations, les jeunes mènent des actions concrètes qui consistent à la réhabilitation de cours d'eau, à la mise en place de pépinières forestières, des pare-feux, des sites anti-érosifs, des mises en défens, la conservation des eaux et des sols, la mise en place des retenues d'eau, la création de forêts villageoises, l'entretien d'espaces verts, la protection de forêts, le reboisement, la protection de sources, etc.

Du 6 au 12 août 2007 s'est déroulé à Diassaga un camp d'éducation environnementale. Les communications qui y ont été faites ont ^porté sur :

- les ressources naturelles et les politiques nationales sur la gestion des ressources naturelles,
- les techniques de production, de plantation et d'entretien des plants et création des forêts communautaires,
- les techniques de reboisement, (trouaison et plantation d'arbres) ;
- l'éco-citoyenneté et techniques d'animation de groupe ;
- la désertification et le financement de projets de lutte contre la désertification ;
- la conception et la gestion de projets,
- la décentralisation et le développement local.

Grâce au camp, les élèves ont pris conscience de la nécessité de gérer au mieux les ressources naturelles. Ils ont développé un comportement responsable vis-à-vis de la protection de l'environnement. En plus de cela, les élèves ont connu les vertus thérapeutiques de certains fruits (par exemple le citron). Leur leçon d'agriculture porte sur le jeune plant. L'école primaire de Nasso a une politique d'amélioration du cadre de vie.

Il en résulte que les camps d'éducation environnementale ont impacté positivement la population de Bobo-Dioulasso, notamment dans sa frange jeune. En effet, ces camps ont apporté chez les élèves des connaissances sur leur environnement et du danger qu'ils encourent s'ils ne le protègent pas. Ces derniers, de retour dans leurs écoles respectives, ont avec le concours de leurs maîtres mis en pratique les enseignements reçus. Ils n'ont donc ménagé aucun effort pour transmettre les connaissances acquises à leurs pairs. En effet, à travers les disciplines comme l'observation et l'exercice sensoriel, l'éducation environnementale et écocitoyenne a eu droit à une large explication. Le changement de comportement en matière de gestion de l'environnement et les attitudes positives visant à améliorer le cadre de vie ont vite été perceptibles au sein de ces écoles.

L'éducation environnementale a stimulé chez les élèves des attitudes comportementales positives vis à vis de la nature. Ils ont été outillés dans le sens du maintien, de l'importance de l'écosystème et de la nécessité de le préserver. Dans le souci d'intéresser davantage les élèves aux leçons sur l'éducation environnementale, des diapositives ont été projetées pendant le cours. Cela a été accompagné de la pratique sur le terrain par des camps organisés pour montrer et faire exécuter la technique de mise en œuvre de certaines activités comme la plantation des arbres. Les apports sont très révélateurs :

Des enseignements donnés aux élèves sur les plantes, un accent particulier a été mis sur l'Acacia Albida qui améliore la fertilité des sols. Ces plantes permettent une meilleure production avec une faible utilisation des engrais minéraux qui, non seulement ont un coût élevé mais, contribuent à la pollution des sols.

Les plantes constituent à la fois une source de production nutritive mais également, de production médicinale. De par leurs feuilles, nous nous nourrissent mais aussi nous nous soignons. C'est le cas des feuilles de manioc qui jouent ce double rôle.

Quant à l'huile de palme, il permet la croissance des enfants si elle est utilisée dans la préparation des repas.

La mise en place des bosquets a transformé la physionomie des écoles. En plus, ils ont permis aux élèves de travailler en groupe à l'ombre des arbres et dans de meilleures conditions. La connaissance des dangers de l'insalubrité ont changé les habitudes anciennes. Les latrines sont désormais dotées de bouilloires et de savons pour le lavage des mains.

Les classes sont nettoyées et les ordures sont jetées dans des bacs installés dans la cour de l'école. Sur ces bacs sont inscrits d'une manière visible et lisible « Ayons le bon geste » Les élèves ont également changé leur attitude dans la gestion des divers déchets (la consommation des aliments, le balayage, le nettoyage…) que génèrent leurs activités. Ces déchets abandonnés çà et là dans la cour de l'école sont nuisibles pour les élèves.

Tout cela nous donne un environnement malsain avec parfois des puanteurs où l'on peut voir les cafards, les mouches qui transportent des germes. Les déchets qui ne sont pas biodégradables, c'est à dire ne subissant aucune modification physique, chimique ou biologique importante (par exemple les sachets plastiques, les emballages pastiques de biscuits, de jus de fruits…), vont s'accumuler autour des classes.

Pour pallier ce cela, les élèves ont disposé des bacs à ordure dans la cour de l'école. Sur ces bacs sont inscrits des messages de sensibilisation : « ayons le bon geste ». Cela permet aux élèves de bien gérer les déchets de leur milieu scolaire afin de garder d'une part, leur environnement propre et d'autre part leur corps sain. En plus, pour maintenir un milieu scolaire propre et hygiénique en respect des normes sanitaires favorisant la prévention des maladies propagées principalement par l'insalubrité du milieu, les élèves arrosent et balayent leurs classes chaque matin, nettoient la cours de leurs établissements, vident les poubelles dans un trou puis les faire brûler chaque fois qu'ils sont remplis, utilisent des latrines propres. Tout cela a permis que dans ces établissements scolaires, les élèves répondent à des exigences hygiéniques et sanitaires minimales permettant de garantir leur santé et leur développement physique et intellectuel.

Pour les adultes, cela a été un véritable challenge. L'opportunité leur a été donnée de renforcer et approfondir des acquis et de mettre en pratique les connaissances depuis longtemps acquises et de contribuer à la mise en application des leçons enseignées. En apprenant, on s'enrichit soi-même et on garde d'une manière définitive les techniques employées. L'enseignement ainsi acquis fait prendre conscience et amène à agir pour changer la donne pendant qu'il est encore temps.

Au cours de cette éducation environnementale, les adultes ont découvert les vertus des plantes surtout celles qui contribuent à la croissance des enfants. En effet, la découverte que l'huile de palme permet la bonne croissance des enfants est une incitation à faire consommer cette denrée dans leur famille respective. Il en de même pour la patate. Ces vertus ont été prouvées scientifiquement.

Cette formation à montrer aux enseignants le rôle qu'ils ont à inculquer aux jeunes esprits les initiations à préserver par leurs actes au quotidien la planète terre. Initier ses enfants sous entend que l'on est a connaissance des risques que la planète coure, que l'on soit soi-même un modèle. Aussi, le GRADI a en plus du CAMP KOU au préalable encadrer les enseignants à HOUNDE. Au cours de cet atelier, les techniques d'approches furent élaborées pour inclure cette dimension éducation environnementale et éco-citoyenne dans le programme. Il est vrai que des thèmes abordant l'environnement existe dans certaines disciples mais l'éducation environnementale en tant que discipline à par entière n'existe pas. D'où la faisabilité de l'insertion de cet enseignement avait toute sa raison d'être. Les méthodes de transmissions de l'enseignement furent étudiées pour susciter une grande participation des élèves.

Pour une émulation et une constance dans la motivation, des brochures, des documents firent remis aux enseignants. En plus, un prix fut institué pour encourager l'école qui se serait la mieux perçue dans ce domaine d'ici à la fin de l'année. La discipline d'observation fut retenue pour les cours élémentaires et moyens. Pour ce qui est des cours préparatoires, cet enseignement est inclus au niveau des exercices d'observation. Les enseignements n'ont pas été seulement théoriques, des phases pratiques ont été faites. C'est ainsi que pour mettre en sol les plants, il faut respecter un certain nombre d'actes. En effet, la manière de mettre un plant dans le sol obéit à des normes si l'on veut qu'il fixe bien ses racines et qu'il puisse grandir. Le trou doit être un peu profond et avant de mettre le plant, il faut le débarrasser du sachet qui maintient ses racines. L'évolution des plants dépend ensuite du suivi sur le terrain.

Le GRADI a invité les adultes à impliquer les parents d'élèves et toute la population pour l'aboutissement des objectifs visés. Avec la sensibilisation des habitants du milieu, un cadre de surveillance continue pourrait être mis en place afin de freiner les agissements des animaux divagants qui nuisent au développement des arbres. Ainsi formés les enseignants et leurs élèves diffuseront les connaissances acquises en matière d'éducation civique et environnementale dans leurs familles respectives.

La zone de Bobo-Dioulasso étant l'une des régions où les conséquences de la pollution sont importantes, il devient un impératif d'inviter la population à s'approprier les enseignements sur l'environnement. Cette zone regorge de nombreuses richesses en flore, comme en attestent les forêts classées. Protéger cette faune et cette flore par un véritable programme de sensibilisation des populations sur les différentes espèces d'arbres et d'animaux qui y vivent et de leur interdépendance. Aussi, le camp Kou a mis l'accent sur la formation également des jeunes et adultes riverains des berges du KOU.

L'enseignement a porté sur l'importance de la préservation de l'écosystème et comment la sauvegarder des prédateurs de tout niveau. En effet, la visite des berges du Kou a été l'objet d'une consultation et les maux qui ont entrainés son ensablement ont été démontrés. De ce fait, des mesures idoines pour éradiquer ces maux furent donnés ; parmi lesquelles, des démonstrations pratiques de plantations d'arbres faites par les encadreurs, où ils ont indiqué la lisière à ne pas franchir pour les cultures.

Et, cela s'est constaté dans l'engagement qu'ont pris les populations riveraines des berges du KOU dans le cadre de la préservation de cette espace.

En tout état de cause, l'éducation environnementale et éco citoyenne ont révélées aux adultes la nécessité de prendre leur responsabilité dans cette situation préoccupante. Leur attention fut également attirée sur la convergence de l'idée principale du document de la décentralisation et de l'éducation environnementale.

Le GRADI a ciblé les habitants notamment les jeunes autour des berges du KOU pour une éducation environnementale et civique. La gestion des ressources naturelles étant confiée aux collectivités, il est essentiel que ces derniers sachent de prime à bord ce qu'est la décentralisation et leur niveau d'engagement en tant que citoyen. La nature ne donne aux hommes que ce qu'elle contient. Il va donc de soi que si elle est pauvre, ses habitants refléteront cette pauvreté.

C'est pour éviter cette situation aux habitants de la zone que la bonne manière d'exploitation des ressources leur a été enseignée à travers le camp de formation civique et environnementale intitulé « KOU ». Le défi est donc d'éveiller et d'activer la responsabilité des communautés de base et le développement de leurs capacités pour la gestion de leur environnement.

La société traditionnelle avait trouvé des mécanismes pour sauvegarder son environnement tels que : l'existence de forêts sacrées, l'interdiction de cultiver jusqu'à une certaine distance des berges d'une rivière, le caractère sacré de certains animaux aquatiques (poisson, caïman,...) ou totem, la vénération d'eaux bienfaitrices (ex. don de fécondité); la réglementation de la coupe du bois, etc. L'initiation des jeunes filles et garçons qui se font en brousse permettant d'assurer l'éducation des jeunes aux normes communautaires et à la défense des intérêts de la société fait partie de ces mécanismes. Cette initiation des garçons et des filles qui se fait séparément, à l'âge de passage à l'adolescence leur permet d'assumer des responsabilités futures.

Cet aspect des valeurs traditionnelles fut mis en évidence pour montrer que c'est en exploitant les coutumes du passé que le GRADI a élaboré cette technique d'apprentissage. C'est dire qu'en étant dans le milieu on acquiert mieux et vite. C'est dire aussi que l'importance de la préservation des richesses naturelles a été depuis longtemps instaurée sous les formes vues plus haut, ce qui montre à quel point nos ancêtres étaient visionnaires. Aujourd'hui, nous nous référons d'une certaine façon à leur leçon de vie pour soigner notre environnement malade à cause de la marche galopante de la technologie. Les études scientifiques (KYOTO, 1997) montrent que les gaz à effet de serre ont un impact négatif sur l'environnement et partant sur la survie des êtres vivants (sol, atmosphère, végétaux et animaux).

Les impacts des activités du GRADI sur l'éducation environnementale dans la ville de Bobo-Dioulasso et ses banlieues sont visibles sur le plan social, économique, culturel et politique.

2.6. GESTION DES CONFLITS LIES AUX RESSOURCES NATURELLES

La gestion des flux migratoires constitue de nos jours l'un des grands défis auquel l'humanité doit faire face. Les émigrations, qu'elles soient choisies N. SARKOSY (2007) ou non, se posent aujourd'hui en termes de développement durable de la planète. Il en est de même des migrations internes à chaque pays. C'est le cas du Burkina qui connaît des flux migratoires importants de sa population notamment de la région septentrionale (pôle des départs) vers les régions occidentale et australe (pôles d'accueil dénommés fronts pionniers).

C'est dans ce contexte qu'est né le nouveau front pionnier dans la zone de Sidéradougou. Cette zone vit depuis plus de deux décennies d'importants flux migratoires et leurs corollaires les nombreux conflits sociaux et économiques. Les fondements de ces conflits sont entre autres, les luttes pour la conquête et le contrôle des ressources naturelles, surtout pour la reconnaissance du droit de tout Burkinabé de migrer et de s'installer partout dans le pays. Paradoxalement, ils peuvent devenir un facteur dynamogène du développement durable s'ils sont gérés au mieux.

Les phénomènes migratoires que connaît la zone du front pionnier créent d'importants conflits sociaux entre les différents acteurs de la production agricole de la zone. Ces conflits opposent paradoxalement les allochtones entre eux. C'est le cas des conflits Karaboro/Peuhl et Mossé/Peuhl. Ils opposent surtout deux groupes socioprofessionnels, grands consommateurs d'espace agro-pastoral. Il s'agit des Peuhl pasteurs et des Mossé et des Karaboro, tous deux agriculteurs. Le premier groupe (les éleveurs) a besoin des pistes à bétail et des pâturages, le second (les agriculteurs) pratiquent l'agriculture sur des grandes superficies.

Ces faits nous autorisent a priori à établir une corrélation entre les pratiques agro-pastorales et les conflits. Dans cette optique, les nouvelles dynamiques agro-pastorales qui se développent dans la zone impliquent nécessairement des changements de mentalité, des comportements des éleveurs et des agriculteurs. C'est ainsi que les agriculteurs tendent à devenir des éleveurs et les éleveurs des agriculteurs. Il se crée alors un nouveau groupe socio-professionnel (les agro-pasteurs). Ce groupe peut constituer à l'avenir la pierre angulaire de la régulation durable des conflits sociaux de la zone. L'objet du présent article est d'analyser les fondements des conflits et les mécanismes de régulation.

L'Ouest du Burkina constitue l'une des régions agro-écologiques qui possède encore des potentialités agricoles appréciables. A titre d'illustration, ses isohyètes sont de 1000 à 1200 mm. Aussi, est-elle devenue une zone d'accueil des migrants ; d'où l'appellation front pionnier de migrations. Le premier front a été la zone Nord Ouest de la ville de Bobo-Dioulasso. Elle est actuellement assez saturée. Les migrants se sont alors installés dans la zone Sud-ouest (deuxième front).

La zone est située à cheval sur les provinces du Houet et de la Comoé. Elle est limitée au Nord par la ville de Bobo-Dioulasso, au Sud par la Côte d'Ivoire, à l'Ouest par la falaise de Banfora puis la rivière de la Comoé et à l'Est par le pays lobi. Elle couvre une superficie de près de 10 000 km². Ses isohyètes varient de 1000 à 1200 mm.

Administrativement, la zone est constituée de six départements (Bobo-Dioulasso, Péni, Sidéradougou, Mangodara, Karrankasso-Vigué et Ouo). Elle compte environ 200 villages et campements. Elle est formée de six à huit groupes ethniques autochtones (les Tiéfo au Nord Ouest, les Dogossé et les Komonon au Sud, les Bobo au Nord, les Dioula et les Vigué au Sud-Est). Elle comporte une dizaine de groupes ethniques allochtones (les Karaboro, les Mossé, les Peuhl, les Toussian, les Goin, les Lobi et autres).

Démographiquement, la zone est dans sa globalité touchée par les flux migratoires. Elle est surtout caractérisée par des densités variant d'une sous zone à l'autre. Il y a des sous zones à faible densité (10 à 15 habitants/km²), à densité moyenne (15 à 30 h/km²) et à forte densité (plus de 30 habitants au km²). Les conséquences des flux migratoires sont les pressions agricoles et l'accroissement de la population de la zone. Les pressions agricoles s'établissent comme suit, faibles 10 à 15%, moyennes 15 à 50% et fortes plus de 50%. S'agissant de l'accroissement de la population, nous le décrivons dans le tableau I à travers celui du département de K.Vigué, un des six départements du front pionnier qui constitue le principal site de nos travaux de recherche.

À propos des systèmes agraires et fonciers, la zone est constituée de terroirs tiéfo, dogossé, komonon et bobo. Les terroirs sont régis par les coutumes de ces groupes. L'accès à la terre se fait par héritage (65%), par des dons ou cessions volontaires (30%), des prêts (5%). Chaque groupe a un chef de terres qui gère les terres. Il existe aussi des formes de co-gestion des terres. C'est le cas du terroir tiéfo sous gestion bobo à Dingasso, sous gestion dioula (Sidéradougou, Dergoué), sous gestion karaboro (Dégué Dégué, Kassandé), du terroir komonon sous gestion Karaboro (Koflandé). Cette co-gestion est établie de manière séculaire et selon des clauses qui n'autorisent personne à les remettre n'en cause.

Les caractéristiques économiques se résument en l'identification des systèmes de production pratiques dans la zone. Au plan agricole, la zone peut être répartie en trois sous zones. Au Nord (autour de Soumousso), il y a l'amorce de la modernisation et de l'intensification agricoles. A titre d'illustration, le village de Koro a un taux de 75%

d'exploitations équipées en matériel de culture attelée. Cette partie est surtout caractérisée par le développement de la culture du coton. Au Sud (autour de Mangodara), l'agriculture vivrière est prépondérante. La production d'igname y est importante. On y observe également le développement de l'arboriculture fruitière (manguiers, anacardiers) et quelques forêts classées. Par ailleurs, l'élevage devient de plus en plus important dans la zone, suite aux migrations successives des éleveurs du Nord dans la zone.

Par ailleurs, les systèmes agro-forestiers sont fortement marqués par la présence des forêts classées (Gouandougou, Kongouko, Koflandé, Boulon, etc.). Ces forêts sont interdites d'accès au cheptel et pourtant, elles renferment d'importantes ressources pastorales (points d'eau permanents, bons pâturages de saison sèche). Dans tous les cas, elles constituent une source importante d'affouragement et d'abreuvement du bétail. Dans la partie australe de la zone, il se développe de plus en plus l'arboriculture qui se traduit par les vergers d'anacardier *(Anacardium Occidentale*) et de manguier *(Mangifera indica).* Il y a aussi la plantation des haies vives de protection. Cette situation devient alors source de conflits dont nous allons analyser les fondements à travers la discussion des résultats.

De tout ce qui précède, il se dégage une occupation rapide et importante de l'espace agro-sylvo-pastoral. Dans ces conditions la lutte pour l'occupation de cet espace devient un enjeu stratégique très important. Consciente de l'importance de cet enjeu, la population de la zone autochtone et allochtone mène cette lutte de contrôle et gestion de l'espace à travers des conflits dont la fréquence varie d'un département à l'autre et d'un groupe social à l'autre. Avec les populations et les autorités administratives, nous avons estimé que les conflits sont :

- très fréquents lorsqu'ils se produisent 5 ou plus de 5 fois par an, ils opposent les allogènes aux autohtones ;
- fréquents lorsqu'il y a 3 à 4 conflits par an, ils opposent aussi les allog-nes aux autochtones ;
- peu fréquents ou rares lorsqu'ils ne se produisent qu'une fois par an, ils opposent au cas échéant, aux autothones entre eaux.

Par ailleurs, les conflits opposent les agriculteurs aux agriculteurs, les agriculteurs aux éleveurs et les éleveurs entre eux. Leur fréquence varie d'un groupe socio-professionnel à l'autre, voire d'un village à l'autre. Dans la plupart des cas, les conflits portent sur l'accès aux ressources naturelles notamment à la terre et aux points d'eau permanents. Ils se font à travers les dégâts des cultures qui en sont la principale source. Entre 2005 et 2008, il y a eu 33 cas des dégâts constatés dans sept villages de la Commune rurale.

Les causes essentielles des conflits sont d'ordre historique, culturel, politique, économique, technique. Pour les besoins des analyses, nous les avons répartis en fondements philosophiques (vision du monde) ; socio-culturels (rivalités séculaires, différences des cultures et des pratiques, conflits de génération, de sexe etc.), économiques, (enjeux financiers, monétaires, etc.), socio-professionnels (modes d'exploitation des ressources naturelles qui constituent un patrimoine communautaire).

Les fondements philosophiques portent essentiel-lement sur la définition du concept de conflit. Selon le dictionnaire Petit Labrousse (2000), le conflit est une situation de détérioration de l'état des rapports socio-humains. Il oppose deux personnes ou des groupes de personnes sur la base de la divergence voire de l'opposition des intérêts. Pour G. SIMMEL (1981), l'un des fondements des conflits serait la domination d'un individu et d'un groupe d'individus sur l'autre. Il en découle une tension qui selon lui est l'un des traits propres de l'homme.

Il soutient que la faculté de l'homme est de se diviser lui-même en parties et de ressentir une quelconque partie de lui-même comme constituant son véritable Moi, qui entre en conflit avec d'autres parties et lutte pour la détermination de son activité. Cette faculté met fréquemment l'homme, pour autant qu'il ait la conscience d'être un être social, dans une relation d'opposition aux impulsions et intérêts de son Moi qui restent extérieures à son caractère social. Ainsi, le conflit qui existe entre la société et l'individu est une sorte de combat entre les parties de l'homme.

Pour HONNETH A. (2000), le conflit social doit être analysé comme une lutte pour la reconnaissance. Il convient donc d'aller au-delà du modèle classique qui analyse les conflits sociaux comme des conflits d'intérêts. Dans ce modèle, les hommes et les groupes d'hommes dont les intérêts ne sont pas satisfaits luttent donc pour les satisfaire. Dans ces conditions, les conflits sociaux ont des dimensions psychologiques et éthiques. Ils consistent à défendre l'honneur bafoué, à combattre le mépris et le déni de reconnaissance.

Ils vont donc au-delà de la défense des intérêts économiques pour devenir des luttes pour la reconnaissance des droits fondamentaux de l'homme. Cette approche des conflits montre qu'ils ont des fondements psychologiques et moraux (sentiments de mépris, d'humiliation et de déni de reconnaissance). Ainsi, les hommes sont psychologiquement des personnes extrêmement sensibles et vulnérables à la manière dont la société les a traités.

En réalité, les principes de reconnaissance s'inscrivent dans des perspectives anthropologiques et historiques. Ainsi, la dimension anthropologique montre que les hommes ne peuvent développer leur identité et une relation positive sans reconnaissance. De même, il ne peut y avoir leur intégration dans le système social. C'est dans cette perspective que G. SIMMEL (2000), présente le conflit social comme étant un affrontement entre plusieurs groupes sociaux antagonistes. L'objet de tout conflit est de modifier le rapport de forces qui existent entre les parties. De ce fait, les conflits sont « normaux » au sens sociologique du terme. Car, la vie en société débouche inévitablement sur les conflits. De plus à l'intérieur des groupes en conflit, ce dernier renforce leur identité commune. Il devient alors un facteur d'intégration sociale des individus et des groupes.

Par ailleurs, beaucoup d'institutions religieuses accordent une place de choix aux phénomènes migratoires. C'est le cas de l'Eglise catholique qui a tenu en mai 2008 un conseil pontifical sur la pastorale des migrants et des familles migrantes. Le Pape lui-même (Benoît XVIè, 2008) en a fait un point important lors de sa visite aux Etats-Unis qu'il a encouragés à poursuivre l'accueil de tous ces frères et sœurs qui arrivent de pays pauvres. Cet appel solennel papal s'adresse à tous les peuples qui vivent les conflits des migrations des hommes.

Les fondements socio-culturels des conflits dans la zone du front pionner se situent dans une double approche individuelle et communautaire des migrations. Dans ces conditions, il ne sied pas de réduire toute chose au plan individuel. Cette approche limite la réflexion sociologique et n'offre aucune possibilité d'utiliser comme base d'analyse, des unités plus complexes comme les familles, les réseaux sociaux et les communautés, PORTES A. (1997).

D'ailleurs, le migrant vit dans une sorte des rapports complexes et contradictoires. Il se situe, en effet, à un point de rencontre entre l'action individuelle (décision de migrer) et l'action collective (décision de la communauté d'accueillir ou non le migrant). Il convient alors d'avoir une lecture politique des migrations contemporaines si l'on veut mieux comprendre les forces qui déterminent la vie du migrant, et son option de migrer même dans des conditions périlleuses.

Historiquement, les conflits agriculteurs/éleveurs font partie des pratiques séculaires. Ces groupes cherchent à conquérir et à contrôler le pouvoir local de gestion et de l'utilisation des ressources naturelles notamment la terre et l'eau. Jadis, les agriculteurs de la zone avaient le monopole de ce pouvoir. En réalité, cette zone n'avait pas les dynamiques agro-pastorales actuelles (développement de la culture, des élevages à grands troupeaux, etc.). Il y avait des contrats qui liaient les deux groupes. Ces contrats leur permettaient d'avoir des rapports socio-humains courtois et mutuellement enrichissants. Les éleveurs avaient la possibilité d'habiter chez les agriculteurs en saison sèche leur fournissant ainsi la fumure pour les champs.

En retour, les agriculteurs les prenaient en charge. De nos jours, le contexte a beaucoup évolué compromettant cette coexistence pacifique des agriculteurs et des éleveurs d'où les conflits dont les premiers (les plus graves) qui ont eu lieu dans les années 1984. Interrogés sur l'histoire de ces conflits, les agriculteurs comme les éleveurs les situent dans la tradition séculaire. Ils n'avaient l'envergure actuelle parce que les ressources naturelles étaient généreuses et abondantes et les flux migratoires moins importants.

Culturellement, les conflits trouvent leurs fondements au niveau de la division du travail agro-pastoral et de la méfiance réciproque séculaire. Traditionnellement, les sociétés ont établi une répartition des travaux agricoles. C'est ainsi que les tâches de production végétale (cultures des céréales et de coton, etc.) étaient exclusivement exercées par les agriculteurs. L'élevage notamment celui des bovins était exclusivement pratiqué par les Peuhl. Les premiers confiaient souvent les rares bovins qu'ils avaient aux seconds.

Généralement, ils étaient déçus de la gestion que les seconds en faisaient. Ils constataient qu'ils perdaient leurs animaux par maladies, vols, mort. A tort ou à raison, ils accusaient les Peuhl de les avoir vendus. Pour leur part, ces derniers avaient coutume d'éviter d'avoir des rapports intimes (distanciation sociale) avec les agriculteurs. Ils n'avaient ni les mêmes pratiques professionnelles, ni les mêmes pratiques confessionnelles. Les agriculteurs étaient dans leur majorité des traditionalistes "animistes" alors que les Peuhl étaient musulmans. Il en résulte un manque de confiance devenu historique se transmettant de générations en générations (culture de la méfiance réciproque).

D'une manière générale, les comportements et les pratiques sociales tendent à montrer que les migrants cherchent à jouir d'une certaine autonomie. Aussi, HOLLIFIEL B. (2000) parle-t-il de l'autonomie des migrations et des migrants. Il convient toutefois de souligner l'apport essentiel des réseaux familiaux et communautaires dans la détermination de chaque phase du processus migratoire. Il y a une impulsion nouvelle dans la recherche des formes ethniques qui apparaissent à l'intérieur des espaces diasporiques et transnationaux construits par les migrations, DUVELL J. (2003).

Dans tous les cas, il convient de se demander si les conflits sociaux sont porteurs de changement social. Ils créent les conditions d'interaction entre les membres d'une société. Ces interactions contribuent à l'évolution de la société. Ainsi, la situation conflictuelle n'est pas une maladie de la société puisqu'elle est socialisante.

Les fondements politico-économiques des conflits sont nécessairement liés aux phénomènes migratoires qui souvent ne respectent pas les lois et décisions gouvernementales. C'est dans cette optique CASTLES S. et al. (2003) soutiennent que les migrations peuvent aussi être caractérisées par une autonomie relative. Elles peuvent se développer d'une façon indifférente aux politiques gouvernementales qui manquent souvent leurs objectifs, et peuvent même déterminer des effets opposés à ceux attendus. Ce sont les gens, par delà les gouvernements, qui donnent forme aux migrations. Les décisions de migrer ou non sont prises par les individus, les familles et les communautés souvent à partir d'informations et des enjeux politico-économiques qu'ils se fixent.

En tout état de cause, tout migrant cherche à être politiquement voire économiquement indépendant. Dans ces conditions, il vit un double conflit. En effet, il entre en conflit avec les familles qu'il quitte pour migrer et aussi avec la zone d'accueil. Dans tous les cas, sa décision joue un rôle essentiel dans la détermination du processus migratoire, (CASTLES S. et al. 2003).

Economiquement, il y a des enjeux importants qui sont à l'origine des conflits. En effet, les productions végétales et animales occupent une place très importante dans les économies familiales et villageoises. Cette importance se caractérise aujourd'hui par le développement de la culture du coton et de celle de l'igname. De même, les élevages deviennent, de plus en plus importants. Dans ce contexte, les systèmes agraires et fonciers sont devenus des enjeux déterminants des conflits sociaux.

En effet, dans les villages où les conflits entre les agriculteurs et les éleveurs sont plus importants (Gouankoro et Kouéré), il y a des problèmes de gestion des ressources agro-pastorales et d'accès à ces ressources. L'occupation de l'espace agro-pastoral dans ces villages s'est faite sans des pistes de passage du bétail. Cette pratique ne posait pas de problèmes quand les pressions démographiques et agro-pastorales étaient moins importantes. Les problèmes sont devenus cruciaux dès qu'il y a eu la saturation de l'espace, et ce, suite à l'accroissement des effectifs d'animaux, et à l'explosion démographique rendant difficile la conduite.

Les dégâts des animaux sur les cultures sont alors devenus de plus en plus fréquents et de plus en plus importants. Dans ce contexte, les éleveurs ont toujours cherché à créer des passages d'animaux. Ce qui a été difficile à réaliser. Les agriculteurs n'ont jamais voulu accepter cette pratique. C'est à ce niveau que se situent les enjeux des systèmes agraires et fonciers et des modes de faire valoir.

Ainsi, les migrants jouent un rôle stratégique dans la production de nouveaux espaces et de nouveaux réseaux politiques et même économiques. Il doit être pris en compte dans la nouvelle économie des migrations. C'est dans cette optique que s'explique l'approche de la « new economics of migrations », MASSEY D.S. et al. (1993).

Aussi, partageons-nous la vision de SASSEN S. (1988) qui soutient qu'avec la création des zones de production des cultures d'exportation, il y a nécessairement le bouleversement de l'agriculture traditionnelle. Il en est de même des changements des techniques, des mœurs en profondeur de la société dont parle SIMMEL. G pour lequel, les conflits sociaux sont en quelque sorte des remises en cause des rôles dévolus aux membres d'une société surtout quand celle-ci subit des forts flux migratoires comme c'est le cas de la zone du front pionnier de Sidéradougou.

L'intégration des migrants à la société qui les accueille ne pouvait donc se faire sans heurts surtout lorsqu'il s'agit de la conquête et du contrôle des ressources naturelles notamment de la ressource terre qui est le capital des productions agro-pastorales. Ainsi, les migrants qui subissent les aléas économiques (source de leurs migrations) n'ont pas d'autres alternatives que celle de lutter pour accéder aux ressources naturelles. Autant dire que les migrations ont des fondements économiques (recherche et jouissance d'une certaine indépendance économique.) qui passent nécessairement par un accès équitable de tous, autochtones comme allochtones, agriculteurs comme éleveurs aux ressources naturelles.

Les fondements socio-professionnels se situent au niveau des pratiques agro-pastorales qui ont été transmises d'une génération à l'autre. Ces pratiques sont à la fois sociales et professionnelles. Elles sont sociales parce qu'elles sont liées fondamentalement aux traditions, aux coutumes et à la mentalité des groupes. Elles sont professionnelles parce qu'elles sont exercées dans le cadre de la spécialisation des tâches. Nous avons en présence deux grands groupes socio-professionnels, les agriculteurs tiéfo, mossé, karaboro, etc. et les éleveurs peuhl. Il y a l'émergence d'un troisième groupe constitué des agriculteurs pratiquant l'élevage à une grande échelle et les éleveurs pratiquant l'agriculture à une grande échelle.

Leurs pratiques sont souvent la principale source de conflits sociaux. C'est le cas de la gestion des troupeaux des éleveurs et de l'extension des exploitations agricoles des agriculteurs. Concernant la gestion difficile des troupeaux, elle se situe au niveau des effectifs et de la conduite des troupeaux. L'évolution historique de l'élevage dans la zone de Sidéradougou, (partie septentrionale de la zone d'étude) montre un important accroissement des effectifs d'animaux, cf. tableau N° II.

Initialement, cette zone jouait un rôle d'accueil des troupeaux transhumants en provenance du Nord du pays à la recherche d'eau et de pâturages. Avec les changements climatiques, beaucoup d'éleveurs se sont sédentarisés dans la zone. Le tableau II présente quelques exemples d'augmentation du cheptel à l'échelle village de la zone Nord. Le cheptel était plus important dans l'extrême Nord, proche de Bobo-Dioulasso (Dingasso, Koro, Soumousso). Il y a des villages qui n'avaient pas d'importants effectifs bovins. L'effectif de leur cheptel a doublé entre 1978 et 1997. Actuellement, le mouvement de sédentarisation du bétail touche les parties australes et méridionales. La partie septentrionale connaît déjà une pression animale importante.

Quant à la conduite des troupeaux, elle serait de l'avis des agriculteurs à l'origine des dégâts des cultures. Pour OUEDRAGO S. (2006), cette pratique est source de conflits qui peuvent provenir de la taille des troupeaux et de la qualité du berger. Le troupeau constitue l'unité de conduite du cheptel bovin. Sa taille est déterminante dans les possibilités de surveillance par le berger. Ils soutiennent que dans les zones à fortes pressions agricoles, beaucoup d'éleveurs (80%) ont adapté leurs pratiques en répartissant leurs cheptels en plusieurs troupeaux de taille réduite et en les faisant conduire par plusieurs bergers.

D'autres (20%) ont conservé par contre des troupeaux de taille importante, ce qui les amène à se déplacer. Les troupeaux de plus de 60 têtes représentent 42 % des troupeaux de la zone pour deux bergers en moyenne (cf. tableau III).

La qualité du berger est reconnue par les éleveurs eux-mêmes comme étant l'élément principal de la gestion du troupeau. Dans le cas de la séparation du cheptel en plusieurs troupeaux, les éleveurs ont recours à des bergers salariés. Cette situation favorise la mauvaise conduite des animaux. C'est pour cette raison que les éleveurs ne situent pas le problème de la mauvaise conduite des troupeaux au niveau d'une responsabilité collective. C'est dire que la mauvaise conduite des troupeaux relève de la responsabilité individuelle. Cependant, ils ne sont pas disposés à se donner des règles de conduite. En effet, chaque éleveur est indépendant et la conduite relève d'une responsabilité individuelle.

Un autre facteur non moins important est la qualité des parcs de gardiennage nocturne des bovins. Selon les agriculteurs, la plupart des dégâts sur les cultures interviennent la nuit. Dans la plupart des villages étudiés, les dégâts causés par les troupeaux des agriculteurs sont rares. Pourtant, certains troupeaux des agriculteurs sont de taille plus importante que certains éleveurs Peuhl. En saison sèche, les éleveurs développent le pâturage nocturne pour bénéficier des conditions ambiantes de température favorable à l'ingestion alimentaire. Cette pratique occasionne des dégâts pour les cultures et les stocks d'ignames dans les champs.

Au niveau des productions végétales, la culture de l'igname constitue la source des conflits sociaux. Dans le Sud de la zone, elle est traditionnellement pratiquée en culture itinérante et sur des longues périodes. Elle a connu au cours de cette dernière décennie un grand essor à travers son extension en superficies. Ce système de culture provoque des dégâts des animaux, (réduction de l'espace pastoral). Elle pose deux contraintes au fonctionnement des systèmes d'élevage. La première est sa mise en place précoce au mois de mars, période d'augmentation de la charge animale. La seconde est que sa récolte intervient tard en novembre/décembre, et les stocks restent sur place jusqu'au mois de février. Les dégâts causés sur ces stocks lors des pâturages nocturnes en saison sèche sont importants et obligent les agriculteurs à rester en permanence sur le champ.

Outre la culture de l'igname, il se développe dans cette partie de la zone l'arboriculture. Il y a de nombreuses plantations de manguiers, d'agrumes et d'anacardiers. Cette nouvelle dynamique agricole s'insère sans modification des pratiques dans le système agro-pastoral sans précaution particulière. Elle est à l'origine d'une occupation continue de l'espace le long de l'année et pose des problèmes objectifs de conduite du cheptel.

En saison des pluies, pour la direction régionale des ressources animales des cascades (DRRAC, 2007), la restriction de l'espace pastoral et le besoin de protéger les cultures obligent les éleveurs à garder les animaux, jour et nuit. L'abondance relative de ressources fourragères de qualité variable permet de compenser la restriction des espaces de parcours. Par contre, en saison sèche, la raréfaction des ressources fourragères suite au dessèchement des herbages et à l'action des feux de brousse, le gardiennage devient plus complexe. Les animaux doivent parcourir de longues distances à la recherche des pâturages. Au niveau des pratiques socioprofessionnelles, il existe des problèmes de gestion des ressources en eau. En réalité, la zone a un grand potentiel en ressources hydrauliques. Une étude, (MAHRH, 2002) a permis d'identifier les principaux points d'eau pastoraux (33 points d'eau pastoraux dont 13 retenues et 15 forages).

Les études de l'Institut de l'environnement et de recherches agricoles (INERA, 1997) du Centre international des recherche-développement sur l'élevage en zone subhumide (CIRDES, 1997) font ressortir l'existence d'une quarantaine de points d'eau de surface que l'on peut considérer comme spécifiquement des points d'eau pastoraux. Ces points d'eau se localisent pour la plupart sur le réseau hydrographique (Koba dans la partie Nord de la zone). L'analyse de la disponibilité en eau et des charges animales fait ressortir que les éleveurs n'ont pas une stratégie d'appropriation des ressources en eau en raison de leur manière de s'installer.

La régulation est l'ensemble des actions et des règles qui permettent à un système d'assurer son fonctionnement et de maintenir une certaine constance malgré les variations extérieures et intérieures. Elle est l'ensemble des mécanismes socioculturels qui permettent à un groupe social ou à une société de fonctionner malgré les antagonismes qui opposent les différents éléments qui le ou la composent. Les conflits sociaux font partie de la vie sociale et culturelle des villages de la zone des migrations. Ils tendent même à devenir des phénomènes sociaux et culturels qui créent des dysfonctionnements à leur niveau. Si les populations vivent ces événements souvent tragiques, elles n'en font pas pour autant une source de schisme, d'ostracisme. Presque tous les enquêtés (90%) affirment qu'ils ne sont pas des faits ethniques (non liés à une ethnie donnée). Ils les lient aux manières de faire des groupes socioprofessionnels et surtout aux antagonismes des intérêts.

Parlant de la gestion des conflits, 75% des enquêtés trouvent que la tradition, la famille et l'administration contribuent à leur régulation. La tradition est le premier niveau de régulation des conflits. Elle apprend aux hommes à adopter l'attitude de la banalisation des conflits. Ils font partie de la vie des hommes surtout quand ils ont des pratiques socio-culturelles différentes. Ils se référent à la maxime de la querelle fréquente de la langue et des dents. Elle exige que la société assume collectivement ces événements en instituant selon les coutumes des médiateurs sociaux.

C'est le cas des cousins de plaisanterie (Mossé et Samo, Bobo et Peuhl, Vigué et Lobi, etc.). Ils s'investissent véritablement dans la régulation des conflits. Il en est de même de griots et des forgerons. En réalité, la tradition fait des conflits un mal inévitable qu'il convient de gérer au mieux. Elle est la résultante d'un déterminisme socioculturel voire divin. Cette attitude n'est pas celle de l'impuissance, ni de la fatalité. Pour les anciens (personnes les plus âgées), les conflits étant inévitables, il convient de chercher les voies et les moyens pour les rendre moins fréquents et moins violents.

Cette attitude dictée par la sagesse interdit les pratiques qui alimentent de manière continue les conflits. Elle est assortie d'un autre mécanisme traditionnel qui consiste à assumer les événements à travers des procédés traditionnels de gestion de conflits. A ce niveau, les responsables coutumiers accomplissent souvent des rites d'expiation et d'exorcisation du mal à travers des sacrifices et des démarches de réconciliation. A cette occasion, ils rappellent chaque groupe à l'ordre et à l'obligation de respecter les clauses qui leur ont permis de s'installer dans les villages. L'essentiel de ces clauses est le respect de la vie humaine (éviter de verser le sang') autre que celui des animaux qui ont été sacrifiés lors des rites agraires.

Dans les villages comme Soumousso, Kassandé, Dégué Dégué, Dergoué, ces clauses sont assez bien respectées. Dans ces villages, les autochtones et les migrants gèrent collectivement les conflits à travers des structures de concertation et de négociation.

Le deuxième niveau de régulation sociale des conflits est la famille qui constitue une passerelle de régulation des conflits surtout quand ils portent des préjudices graves aux familles (dégâts matériels, perte en vie humaine, etc.). La sagesse recommande que tout processus de négociation et de réconciliation passe par les familles qui sont capables de sceller des alliances et des pactes de paix. Généralement, ce sont les anciens qui font le jeu de tampons sociaux entre les familles en conflits. Traditionnellement, les familles acceptent les médiations permettant ainsi au village de se réconcilier avec lui même. C'est la règle sociale de la survie des familles, des groupes et de la société.

L'administration locale est aussi un niveau de régulation des conflits sociaux. Les populations y ont recours quand elles n'arrivent pas à trouver des solutions appropriées aux conflits qui les opposent. Dans leur ensemble, 90% des enquêtés n'aiment pas recourir à l'administration locale qui souvent peut rendre difficile la recherche des solutions. Les enquêtés estiment que l'administration subit beaucoup le jeu d'influences extérieures qui ne lui permet pas d'être toujours objective dans la gestion des conflits. C'est surtout les agriculteurs qui s'estiment souvent lésés lorsqu'ils font appel à l'administration.

Aussi, 95% des enquêtés évitent-ils d'y avoir recours. Cette attitude les amène le plus souvent à se rendre justice eux-mêmes. Ce qui rend les conflits violents et parfois sanglants. Quand l'administration locale ne parvient à trouver des solutions appropriées, la régulation se fait par voie judiciaire. Presque tous les enquêtés 98% ont l'intime conviction que cette voie n'arrive à résoudre fondamentalement aucun problème. Premièrement, elle est longue. Deuxièmement, elle est onéreuse (entraînant des déplacements onéreux). Troisièmement, elle crée des rancœurs et des situations de non retour. C'est ainsi que les populations se contentent de s'appliquer la maxime selon laquelle « un mauvais arrangement vaut mieux qu'un bon procès ».

De l'ensemble de nos analyses, il se dégage que les sources de conflits dans la zone du front pionnier sont diverses et diversifiées. Il en est de même de leurs fondements qui attestent que les conflits sont des luttes pour la conquête, le contrôle des ressources naturelles assorties des luttes de reconnaissance des droits des migrants à migrer (droits fondamentaux de tout être). Il va de soi que ces luttes sont des formes de conquête du pouvoir local et des prestiges socio-économiques auxquels les migrants comme ceux qui les accueillent ont droit.

Par ailleurs, il se développe dans la zone de nouvelles dynamiques agro-pastorales (développement de la production cotonnière, culture extensive de l'igname, sédentarisation des éleveurs, évolution importante des effectifs animaux, flux migratoires continus, etc.), et de nouvelles valeurs socio-économiques. Pour gérer au mieux ces conflits, les responsables administratifs, politiques et techniques déploient des efforts appréciables. Ils sont convaincus comme les populations de la zone que les conflits sont inhérents à la vie des familles, des institutions, des communautés de base, des groupes socio-professionnels. Car, il y aura toujours des rivalités traditionnelles, des besoins de reconnaissance, etc. Il convient de travailler dans ces conditions à faire des conflits un outil de développement. C'est dans cette optique SIMMEL G. soutient que les conflits assurent la cohésion du groupe et organisent le changement social et un nouvel équilibre post conflit.

CONCLUSION

Les efforts déployés par le Burkina Faso depuis les années 90 en matière de développement durable ont permis d'enregistrer des acquis certains sur le plan des engagements politiques et la réalisation d'actions concrètes, l'élaboration des politiques et stratégies, un arsenal juridique important et un cadre institutionnel performant.

Malgré ces nombreux acquis, la promotion en matière de développement durable reste difficile. Outre l'insuffisance de financement, l'engagement du Burkina Faso en faveur du développement durable reste donc confronté à des contraintes structurelles, parmi lesquelles, la faible maîtrise de la démographie, la pauvreté persistante, la non-maîtrise de l'urbanisation, la faible résilience de l'économie nationale face aux effets des changements climatiques. On observe jusqu'à l'adoption de la SCADD en 2010, la faible prise en compte du pilier environnement dans la planification nationale.

C'est dans cette optique que s'inscrit l'élaboration d'une Politique Nationale de Développement Durable (PNDD) et d'un Programme National d'Investissement pour l'Environnement et le Développement Durable (PNIEDD). Ces exercices offrent au Burkina Faso une opportunité importante pour prendre en compte les résultats de la conférence de Rio + 20. Toutefois, quelques mécanismes et initiatives sont en cours pour une prise en compte effective de l'environnement et des pratiques d'économie verte. Compte tenu de son niveau de développement, le secteur public doit progresser à son propre rythme en y associant les autres acteurs (secteur privé et société civile).

Le Burkina Faso est confronté à de multiples défis, notamment la protection et l'exploitation rationnelle des ressources naturelles de manière à en garantir la durabilité. Il cherche également à promouvoir un développement à la fois dynamique et durable afin de léguer aux générations futures, un environnement sain et enfin à lutter prioritairement contre la pauvreté.

C'est depuis 2006 que le pays s'est engagé dans la communalisation intégrale du pays. Cette décentralisation est une dynamique dont l'enjeu est de permettre aux populations, grâce à leur participation et à leur responsabilisation, de construire les chantiers de leur développement économique et social de manière durable. Elle participe de la volonté politique de promouvoir et de renforcer la bonne gouvernance au niveau local. Le transfert des compétences et des ressources qui laisse la responsabilité significative aux collectivités dans la gestion durable de leur développement constitue une opportunité pour les acteurs au niveau local de promouvoir le développement durable de leurs communes conformément aux textes en vigueur à savoir le Code Général des Collectivités Locales, le Code Forestier, le Code de l'environnement, le Code de l'Hygiène publique, etc.

La présente recherche montre que les populations des communes urbaines et rurales des sites de la recherche ont leur propre perception du développement durable. Elles ont véritablement pris conscience qu'elles sont les principales actrices du développement de leurs communes. Dans ce sens, elles mènent de nombreuses actions par lesquelles elles cherchent à jouer leur partition dans le développement de leurs communes.

Sur l'évolution du climat, les populations situent les variations surtout au niveau de la baisse de la pluviométrie marquée souvent par une mauvaise répartition occasionnant des poches de sécheresses. Il y'a aussi les vents violents et la tendance à la hausse de la chaleur. Pour faire face, elles entreprennent des initiatives visant à les aider à résister aux effets négatifs des variations climatiques sur la gestion durable des ressources. C'est dans cette perspective qu'elles pratiquent des techniques de conservation des eaux et du sol et utilisent des variétés adaptées au régime pluviométrique.

De tous ces faits, nous pouvons affirment qu'il existe des logiques et des pratiques ancrées aux différentes cultures des sociétés étudiées. Il convient aussi d'admettre que les populations de ces communes ont véritablement pris conscience qu'elles sont les principales actrices du développement de leurs communes. D'ailleurs, elles affirment qu'elles ne réaliser le développement durable que si elles arrivent à faire des leurs cultures qui sous-tendent les logiques et les pratiques écologiques la pierre angulaire de leur développement.

Au regard des résultats récoltés sur le terrain, nous recommandons :

1) Aux populations des ces communes :

- l'adoption des stratégies de protection des ressources naturelles notamment la flore par l'emploi des foyers améliorés, la gestion durable des forêts classées ;

- le développement des stratégies d'adaptation aux changements climatiques, (pratiques d'agroforesterie, des variétés à cycle court, la gestion rationnelle des forêts classées, la lutte anti-érosive, etc.) ;
- la participation efficace des populations au développement de leurs communes par des actions visant à l'amélioration de leurs conditions de vie, (lutte contre la pollution, accroissement des revenus, assainissement, développement de la micro-finance, etc.) ;
- la production et la consommation de produits locaux et l'agriculture biologique.

Aux conseils municipaux :

- l'élaboration des programmes de gestion des ressources naturelles au niveau communal ;
- l'implication des populations à la mise en œuvre des programmes communaux de développement ;
- l'appui au développement des activités génératri-ces de revenus susceptibles d'aider les populations à améliorer leurs conditions de vie ;
- la promotion des stratégies de mobilisation des populations autour du développement de leurs communes ;
- le contrôle de la gestion des sites aurifères dévastateurs des ressources naturelles ;
- l'amélioration du capital humain par la santé et l'éducation pour tous et la maîtrise de la démographie ;
- le développement des activités culturelles et touristiques pour renforcer l'accroissement des revenus, tout en préservant le capital environnemental.

2) À l'État :

- La poursuite, de manière efficace, du transfert de compétences aux autorités locales des communes du Burkina Faso en général et celles des communes urbaine et rurale de Houndé et de Koumbia en particulier ;
- Le développement de véritables indicateurs de développement durable, pertinents, accessibles et instructeurs à moindre coût qui mettent l'accent sur la durabilité des interventions en matière

de développement dans tous les secteurs. Cela, pour mieux évaluer les multiples efforts fournis par tous les acteurs et intervenants de tous les secteurs de la vie économique et sociale ;

- La promotion de la femme, pour mieux réduire les inégalités liées au genre ;
- Le développement d'idées novatrices pour aboutir à des propositions concrètes et un agenda clair de mise en œuvre des politiques liées aux questions de l'environnement et du développement durable ;
- La meilleure contribution à la promotion du développement durable à travers l'économie verte ;
- La prise en compte de l'environnement dans tous les secteurs.

3) Aux partenaires des deux communes :

- L'accompagnement des communes dans la mise en œuvre des plans communaux de développement ;
- La contribution à la viabilité et à la croissance économique des communes ;
- La promotion des modes de production et de consommation durables ;
- La contribution à l'atténuation du changement climatique global ;
- La contribution à la gestion durable des ressources naturelles et à la préservation de l'environnement.

4) Aux services techniques d'appui-conseil :

- Le renforcement des compétences techniques du monde rural par des formations appropriées dans les domaines agro-sylvo-pastoraux ;
- Le renforcement de la recherche sur les variétés capables de s'adapter aux changements climatiques ;
- La poursuite de la recherche sur le développement durable.

RÉFÉRENCES BIBLIOGRAPHIQUES

OUVRAGES

ADJI Boukary, 2003, *L'Afrique à la croisée des chemins, problématique du développement,* Editions Eburnie, Abidjan, 216 p.

ANZIEU (D), 2007, *La dynamique de groupes restreints*, PUF, Paris 203 p.

BERTHIER (N), 1998*, Les techniques d'enquête. Méthodes et exercices corrigés,* Armand Colin, Paris, 254p

BRET, (Bernard), 2006, *Le tiers-Monde : Croissance, développement, inégalités,* Ellipses, Paris, 215 p.

KI-ZERBO, (Joseph), 2012, *Réflexions sur le développement, Ouagadougou, Fondation pour l'histoire et le développement endogène de l'Afrique,* 185 p.

LOADA, (Augustin), et al, 2012, *État de la gouvernance en Afrique de l'ouest : Burkina Faso, Ouagadougou, Projet de suivi de la gouvernance en Afrique de l'Ouest*, 174 p.

OUATTARA, (Soungalo), 2007, *Gouvernance et libertés locales pour une renaissance de l'Afrique*, KARTHALA, Paris, 242 p.

THÈSES, MÉMOIRES, RAPPORTS

BELEM. (P.C), 1985, *Coton et système de production dans l'ouest du Burkina Faso, thèse de doctorat de 3ème cycle, Montpelier (France*), 322p.

BONANE, (Dominique), 2013, *Gouvernance locale et intensification agricole,* Rapport de stage de TSA, CAP/ M, 44 p.

DAKUYO, (Anani), 2012, *Analyse de la chaîne de valeur du maïs dans le village de Koumbia,* TSA, CAP/M, 48 p.

DOLLY (Sié Rolland), 2013, Etude *des contraintes économiques de l'intensification agricole dans la commune rurale de KOUMBIA au Burkina Faso,* CAP/M, Bobo-Dioulasso, 44 p.

HIEN (Koufanou), 2013, *Les déchets phytosanitaires sur les périmètres rizicoles et maraichers de laVvallée du Kou : Diagnostic et perspectives de gestion,* CAP/M, Bobo-Dioulasso, 49 p.

OUEDRAGO (Kidiki), 2013, *A partir du concept des mots éducation et société, essayez à partir de votre expérience de terrain pour montrer comment le système éducatif permettait la cohésion dans le temps et proposer des améliorations du système éducatif pour un développement durable,* CAP/M, Bobo-Dioulasso, 12 p.

SAWADOGO (Victor), 2012, *Incidences des pratiques de fertilisation sur fertilité des sols et la production en maraicher-culture urbaine de Bobo-Dioulasso*, CAP/M, Bobo-Dioulasso, 73 p.

THIAMOBIGA D. J., 1998, *Contribution à l'élaboration d'une approche appropriative du développement rural, étude de cas de la société madaré du Burkina, Thèse de 3è cycle de sociologie du développement rural* Université de Coccody/ Abidjan, 1998. 475p.

TOE, (Charlène Lawali), 2014, *Perception des variations climatiques et stratégie d'adaptions des populations de Bobo-Dioulasso et de Sabanlieue en vu d'une gestion durable des ressources Edaphiques et Hydriques*, IDR, Bobo-Dioulasso, 51 p.

RAPPORTS TECHNIQUES

Commission de la CDEAO, 2012, *Rapport sur la revue du progrès vers le développement durable en Afrique de l'Ouest,* 65 p.

Cmmune urbaine de Houndé, 2009, Plan *Communal de Développement PCD 2010-2014 de Houndé,* Houndé, 139 p.

Conseil régional des Hauts-Bassins, 2010, *Plan Régional de Développement-Région des Hauts Bassins 2010-2014, Bobo-Dioulasso,* CR-HB, 148 p.

FAO, 2011, Rapport *Panorama II Burkina Faso*, FAO, Ouagadougou, 73 p.

INSD, 2007, *Le Burkina en chiffres,* Ouagadougou, Ministère de l'Economie et des Finances, 8 p.

INSD, 2008, Recensement *général de la population et de l'habitation de 2006-Résultats définitifs,* Ouagadougou, Ministère de l'Economie et des Finances, 52 p.

MEDD, 2012, *Rapport national sur le développement durable au Burkina Faso, MEDD,* Ouagadougou, 67 p.

Ministère de l'agriculture, de l'hydraulique et des ressources halieutiques, 2004, *Etude pour l'élaboration du plan de développement de la filière fruits et légumes, Ouagadougou,* MAHRH, 164 pages.

Ministère de l'économie et des finances, 2011, *Stratégie, de croissance accélérée et de développement durable2011-2015,* Ouagadougou, 108 p.

MECV, 2010, *Plan d'action décennal pour la promotion des modes de consommation et de production durables au Burkina Faso, Secrétariat Permanent du Conseil National pour l'Environnement et le Développement,* MECV, Ouagadougou, 94 p.

Ministère de l'Economie et des Finances, 2010, *Stratégie de Croissance Accélérée et de Développement Durable SCADD 2011-2015,* Ministère de l'Economie et des Finances, Ouagadougou, 116 p.

Ministère de l'Agriculture et de la Sécurité alimentaire, 2012, *Programme national du secteur rural PNSR 2011-2015,* Ministère de l'Agriculture et de la Sécurité alimentaire, Ouagadougou, 82 p.

Ministère de l'Environnement et du Développement Durable, 2013, *Critères et Indicateurs de Développement Durable, Ministère de l'Environnement et du Développement Durable,* Ouagadougou, MEDD, 81 p.

Mission interministrielle de l'effet de Serre, 2005, *Changements climatiques : Guide explicatif des accords internationaux,* Paris, 60 p.

PNUD, 2012, *Rapport National sur le Développement durable au Burkina* Faso 1992 – 2012, Burkina Faso, 85 p.

PNUD, 2012, *Rapport sur le développement humain en Afrique - Vers une sécurité alimentaire durable*,PNUD, 24 p.

Secrétariat Permanent du Conseil National pour la Gestion de l'Environnement, 2000, *Démarche pour la Conception et la Promotion d'une Stratégie Nationale de Développement Durable,* Secrétariat Permanent du Conseil National pour la Gestion de l'Environnement, Ouagadougou 9 p.

SP/CONEDD, 2003, *Atelier de concertation des points focaux sur la synergie entre les conventions de la génération de rio, organise par l'institut de l'énergie et de l'environnement de la francophonie, en coopération avec le gouvernement du royaume de Maroc, Rabat, 27-31 janvier 2003,* MECV, Ouagadougou, 8 p.

ARTICLES

BADOUM G, 2010, *Etude des maladies pulmonaires et de la tuberculose) au Centre Hospitalier Universitaire Yalgado Ouédraogo,* l'UFR/SDS à l'Université de Ouagadougou p 7.

BADOUM G. 2010, *Bronchites, pneumonies, tuberculose. Halte sur les maladies respiratoires,* in Votre Santé, N°166, p. 20.

BICABA, P., 2005. *La plastomortalité ou le nouveau péril urbain,* http//www.zecom.bf/actualite/op41603.htm.consulté le 23/04/2010

COLLIN, B.et FAETANNI, M. 2010. *Rendez-vous à Rio pour des villes à visage urbain, in SHS Regards, Le magazine du secteur des sciences sociales et humaines* de l'UNESCO, N°25, p.25.

CLOUET Y. 1987 *Intervention des tehniques modernesen agriculture traditionnelle l'exemple du Yémen du Nord* cité dans les cahiers de la recherche-développement CIRAD 11 - 25 page 78

DATAR L. 1987, O*rganisation du développement, C*ahiers de la recherche-développement N_3 page 5

DAJOZ, Roger, 2000, *Précis d'écologie.* Dunod, (Paris) 615 p.

DEMBELE, S.G., DRABO, B.M.et KEIPP, W. 2002. *Plaidoyer pour un assainissement écologique en Afrique de l'Ouest-Un moyen de lutte contre la pauvreté,* Info CREPA, Trimestriel du Centre Régional pour l'Eau Potable et l'Assainissement à faible coût, N°36, p.5.

DUVIGNEAUD, Paul, 1984, *La synthèse écologique : populations, communautés, écosystèmes, biosphère, noosphère* Doin éditeurs 1984

FRANCEYS, R., PICKFORD, J. et REED, R., 1995. Guide *de l'assainissement individuel*, Genève, p.22.

IADES, 1967. *Lettre du Pape Paul VI .Le développement des peuples,* Abidjan, p.48.

KREBS Charles J., 2001, *Ecology, Benjamin Cummuins,* 5è édition

SERRES Michel, 2006, Retour au contrat naturel, in Ctheory

MATAGNE, Patrick, 2002, *Comprendre l'écologie et son histoire. La bibliothèque du naturaliste. Les origines, les fondateurs et l'évolution d'une science...*, Delachaux et Niestlé,

OUEDRAOGO, B., 2010. *Recycler les déchets plastiques pour assainir l'environnement* http://www.ipinternational.org/fr/-note.asp ?id news=4126.htm consulté le 23/04/2010.

POUTIER, 2003, *Les savanes africaines entre local et global : milieux, sociétés, espace, Cahiers Agricultures,* Volume 12, Numéro 4,213-8

SAVANE, M.A. 1976. Langues *nationales et développement, in Famille et Développement,* N°6, p.1

Secrétariat Social d'Alger, 1964. *Responsables dans la commune, Traité Pratique de la participation à la vie communale dans les régions rurales en voie de développement*, Editions du Secrétariat Social d'Alger, Alger, p.14.

SHORROCKS B., 2007, *The biology of African Savannahs,* Ed.Orford University Press, 2007, 268p.

SEINY-Boukar L. 1997, *La Savane dans tous ses états* Extrait vidéo/Archive INA, p 9.

L'HARMATTAN ITALIA
Via Degli Artisti 15; 10124 Torino
harmattan.italia@gmail.com

L'HARMATTAN HONGRIE
Könyvesbolt ; Kossuth L. u. 14-16
1053 Budapest

L'HARMATTAN KINSHASA
185, avenue Nyangwe
Commune de Lingwala
Kinshasa, R.D. Congo
(00243) 998697603 ou (00243) 999229662

L'HARMATTAN CONGO
67, av. E. P. Lumumba
Bât. – Congo Pharmacie (Bib. Nat.)
BP2874 Brazzaville
harmattan.congo@yahoo.fr

L'HARMATTAN GUINÉE
Almamya Rue KA 028, en face
du restaurant Le Cèdre
OKB agency BP 3470 Conakry
(00224) 657 20 85 08 / 664 28 91 96
harmattanguinee@yahoo.fr

L'HARMATTAN MALI
Rue 73, Porte 536, Niamakoro,
Cité Unicef, Bamako
Tél. 00 (223) 20205724 / +(223) 76378082
poudiougopaul@yahoo.fr
pp.harmattan@gmail.com

L'HARMATTAN CAMEROUN
TSINGA/FECAFOOT
BP 11486 Yaoundé
699198028/675441949
harmattancam@yahoo.com

L'HARMATTAN CÔTE D'IVOIRE
Résidence Karl / cité des arts
Abidjan-Cocody 03 BP 1588 Abidjan 03
(00225) 05 77 87 31
etien_nda@yahoo.fr

L'HARMATTAN BURKINA
Penou Achille Some
Ouagadougou
(+226) 70 26 88 27

L'HARMATTAN SÉNÉGAL
10 VDN en face Mermoz, après le pont de Fann
BP 45034 Dakar Fann
33 825 98 58 / 33 860 9858
senharmattan@gmail.com / senlibraire@gmail.com
www.harmattansenegal.com

www.ingramcontent.com/pod-product-compliance
Lightning Source LLC
LaVergne TN
LVHW011017061026
849535LV00006B/1918